主权财富基金对外投资中的法律问题研究

ZHUQUAN CAIFU JIJIN DUIWAI
TOUZI ZHONG DE FALÜ WENTI YANJIU

张亚丽⊙著

知识产权出版社
全国百佳图书出版单位
—北京—

图书在版编目（CIP）数据

主权财富基金对外投资中的法律问题研究／张亚丽著.—北京：知识产权出版社，2020.9
ISBN 978－7－5130－7100－0

Ⅰ.①主… Ⅱ.①张… Ⅲ.①投资基金—对外投资—金融法—研究 Ⅳ.①D912.280.4

中国版本图书馆 CIP 数据核字（2020）第 145579 号

责任编辑：彭小华　　　　　　　　　　责任校对：谷　洋
封面设计：刘　伟　　　　　　　　　　责任印制：孙婷婷

主权财富基金对外投资中的法律问题研究

张亚丽　著

出版发行：**知识产权出版社** 有限责任公司	网　　址：http：//www.ipph.cn
社　　址：北京市海淀区气象路 50 号院	邮　　编：100081
责编电话：010－82000860 转 8115	责编邮箱：huapxh@sina.com
发行电话：010－82000860 转 8101/8102	发行传真：010－82000893/82005070/82000270
印　　刷：北京建宏印刷有限公司	经　　销：各大网上书店、新华书店及相关专业书店
开　　本：720mm×1000mm　1/16	印　　张：12.5
版　　次：2020 年 9 月第 1 版	印　　次：2020 年 9 月第 1 次印刷
字　　数：225 千字	定　　价：68.00 元

ISBN 978－7－5130－7100－0

目　录

绪　论

所谓主权财富基金是指一国政府通过特定的税收与预算分配、可再生的自然资源收入或国际收支盈余等方法积累形成的，由政府控制与支配的，通常以外币形式持有的公共财富。[①] 比较公认的看法认为，主权财富基金的起源可以追溯到 20 世纪 50 年代。1953 年，科威特设立投资委员会，该委员会旨在将盈余的石油出口收入进行投资，以减少国家对石油资源的依赖性。因此，它被视为主权财富基金的起源。尽管主权财富基金已不是全新现象，但它在 2008 年国际金融危机爆发后成为国际金融市场引人注目的焦点，大致出于以下原因：第一，最近 10 年来全球主权财富基金的数量正在快速增长。目前全球范围内已有 75 个主权财富基金（美国主权财富基金研究所，[②]，2014），其中有大约 40% 创立于 1953 年到 1999 年，而剩下的 60% 则创立于 2000 年之后；第二，近年来全球主权财富基金管理的资产规模快速攀升，到 2014 年年底已达到 6.6 万亿美元，而根据国际货币基金组织（IMF）的预测，到 2020 年主权财富基金的管理资产规模将进一步上升至 22 万亿美元；第三，全球范围内还存在多种类型的主权投资工具，尽管这些基金没有被称为主权财富基金，但其投资规模也在不断上升，而且其投资行为和主权财富基金也有类似之处，因此市场常将此类基金归为一类投资者；第四，主权财富基金投资策略体现出与其他投资者较大的差异，特别是母国能够对主权财富基金的投资行为施加较大的影响，这引起了发达国家的担忧和指责。[③]

随着主权财富基金规模的不断扩张，其进行的跨境投资已成为国际资本市场一股不可忽视的力量。主权财富基金的跨境投资起初集中在安全资产的范围内，如债券，但是为了追求更高的利益回报，投资逐渐从间接投资领域转向外

---

① 学术界对主权财富基金一直没有形成统一的概念，本书引用的概念是由美国道富银行学家安德鲁·罗扎诺夫（Andrew Rozanov）提出的。

② 美国主权财富基金研究所（SWF Institute）是研究主权财富基金、公共养老基金、央行和其他长期公共投资者的全球性机构，讨论这些投资者的投资、资产配置、风险、治理、经济、政策、贸易和其他相关问题。

③ 谢平、陈超："论主权财富基金的理论逻辑"，载《经济研究》2009 年第 2 期，第 45—50 页。

国直接投资领域。2005 年以来，全球主权财富基金参与的直接投资数额总体上升迅速，金融行业、公共事业及能源领域成为其投资交易的主要场所。在上述背景下，针对主权财富基金跨境投资制定的国际规范及国家政策不断产生，由于主权财富基金投资具有不同于其他私人直接投资的特性，各国对其投资的监管也提出更为苛刻的标准。

主权财富基金的快速发展引起西方发达国家的高度关注，特别是其所具有的政府背景，更是让西方国家认为此类投资并不是完全为了追求利润，怀疑投资背后隐藏的政治或其他目的。由此西方国家纷纷以国家安全及战略产业安全为借口，修改或出台相关法律法规或政策加强对国外主权财富基金的审查监管力度。随着关注度的提升，一些国际组织也开始制定相关的规范来规制主权财富基金，IMF 与经济合作与发展组织（OECD）先后出台了以旨在指导主权财富基金及其母国的"圣地亚哥原则"① 和以旨在限制投资接受国保护主义的《经合组织关于投资接受国应对主权财富基金指导方针》。迄今为止，主权财富基金与东道国的投资博弈关系仍在继续，是坚持东道国政府对外资的管制还是严格实行投资自由化仍是未解的难题。但是从各国的实践及国际投资法的发展趋势我们可以看出，东道国加强对外资的管制已经是大势所趋。那么如何在新形势下使得主权财富基金跨国投资健康发展，正是我们研究这一议题的意义之一。

主权财富基金跨国投资由来已久，学术界对其的论述也很多。但是由于国际投资环境的变化、各国投资策略的转变、主权财富基金自身复杂化以及东道国对外资要求提高等新因素的出现，让主权财富基金跨国投资这个议题又有了新的探讨意义。这些因素有的是东道国出于对本国政治、经济安全的考量，但有的则是对主权财富基金投资自由化的障碍。因此，对这些新的因素进行分析并归纳总结主权财富基金跨国投资应当注意的问题，将对我国主权财富基金对外投资的发展提供助力，同时也对我国基金自身治理结构的改善提供借鉴。

主权财富基金从设立之初到发展至今，已从社会稳定基金角色转变为母国重要的投资工具，对全球金融经济的影响力也逐渐加大，一些新设立的主权财富基金在组织设计、透明度、管理专业性等方面也更加趋向完善。但主权财富基金在对外投资扩张的过程中也引发了与东道国之间的一系列法律问题，这些问题一部分出于东道国对此类投资可能暗含了推进母国政治目标意图的担忧，一部分源于主权财富基金作为国家控制的投资工具可能援引主权豁免的担忧，

---

① 圣地亚哥原则是由 IMF 各成员制定的已公认的原则与实践确立的一套适用于主权财富基金的自愿性指导原则。

还涉及投资争端的解决以及社会责任的承担问题。

2008 年国际金融危机加剧了各国对主权财富基金的监管力度，东道国采取的一些监管措施明显超出适当的审慎标准，构成了投资保护主义，目前东道国采取的几种典型的监管措施包括更新投资审查制度、暂时中止表决权、设置投资份额上限、限制资金自由流动等。东道国的监管是以维护本国的国家安全及金融稳定为首要目的，尽管可能伴有经济利益的损失。但需要指出的是，东道国的监管措施应当是适当审慎的，否则有构成投资保护主义之嫌。对主权财富基金进行监管的问题症结不在于国家利益和金融稳定是否应当放在首位，而在于这些利益是否真正受到主权财富基金投资的威胁。由于主权财富基金一直以消极投资者的身份进行海外投资，对东道国带来实质性的政治、经济或其他风险并未得到确切证明。但是东道国的专门监管已经成为客观存在的事实，而且有理由相信此种专门监管将在未来很长一段时间内继续存在，因此，目前应当关注及解决的问题是东道国的监管措施在何种程度上能够取得成本效益的最优化结果，即取得监管方与被监管方的最佳利益平衡。

除了东道国监管外，主权财富基金为了树立良好投资形象，也在一直探索自我监管的模式，在自我监管实践领域最为成功的范例为圣地亚哥原则的达成，该原则对主权财富基金的透明度问题及治理进行了全方位的规制，但也暴露出了改革的有限决心，主要体现在原则可执行性的缺失上。为了弥补上述缺失，可从东道国及国际两个层面，将圣地亚哥原则间接转化为具有约束力或至少起到威慑作用的规则，转化途径包括东道国可将评估规则与圣地亚哥原则相结合，或者将圣地亚哥原则作为双边投资条约的基准，从而间接嵌入双边投资条约当中。

对于主权财富基金来说，监管和保护是最重要的两个方面，也是东道国与主权财富基金及其母国相互角力的场地。双边投资条约对主权财富基金的保护起着主导作用。虽然双边投资条约保护外国投资的宗旨一直得以延续，但在内容方面却表现出差异化以及新发展，与主权财富基金保护相关的新议题主要体现在"投资者"和"投资"概念的扩展、投资待遇标准、征收补偿权、例外条款等都加入了新内容。双边投资条约在主权投资领域的作用是不言自明的，但主权财富基金投资若要寻求双边投资法的保护仍面临重重挑战，最根本的问题在于主权财富基金投资者身份的认定。除此之外，双边投资条约能否以及在何种程度上将东道国监管措施归为间接征收，这将决定主权财富基金能否因限制性措施的实施获得东道国补偿；双边投资条约中新加入的国家安全例外或其他一般例外条款能否适用于主权财富基金投资，以及可否在涉及东道国重要利益的情形下免除东道国的条约义务；现有双边投资条约在解决投资争端方面的适当性是否应当重新加以衡量，上述问题都将对投资条约适用的充分性构成挑战。另外，WTO 多边协定①、OECD 出台的一系列与主权财富基金有关的文件（以下简称 OECD 文件）及欧盟法律能够为主权财富基金提供补充性保护，特别是在投资待遇及投资争端的解决方面可以提供多元化的法律依据。

虽然在双边及多边层面都能够找到保护主权财富基金投资的法律依据，但现有保护规则存在过度碎片化以及规定模糊的缺陷。在双边层面，即使能够援引双边投资条约，但条约的再谈判却表现出扩大保障条款范围的趋势，东道国利用根本安全利益例外条款就能轻易限制主权财富基金的行动余地；在多边层面，WTO 多边协定只能提供片面的保护，而 OECD 文件属于国际软法，加之缺乏争端解决程序，因此都无法为主权财富基金提供充分有效全面的保护。

近十年来，主权财富基金拥有的资产规模已达到数万亿元，在当今全球经济发展中发挥着重要作用，然而，随着主权财富基金对外直接投资额的不断上升，母国政府对主权财富基金的控制引发了广泛的政策关注，加之透明度的缺失及投资可能暗含的战略或政治目的使得主权财富基金与东道国的经济摩擦也不断增多。② 主权财富基金投资于发展中国家和发达国家的农业土地、自然资源、国防、关键基础设施和技术产业，除了引发东道国对国家安全和透明度的关切之外，还包括主权财富基金进出本国金融市场时对浅层市场增加的不稳定性、外国直接投资保护主义的加剧，以及通过带有政治目的的投资战略导致的流动性过度集中、扭曲资产价格等。③ 战略资产的收购或投资导致东道国的政策关切实属合理，但不可否认的是，发展中国家在改善农业产出、建设基础设施、提供就业机会和创造可持续增长方面存在巨大的融资缺口，主权财富基金的投资能够为弥补缺口、推动东道国发展提供资金支持。

东道国对主权财富基金投资的政策关切引发的后果之一就是制定相关的法律法规，通常会对投资流入进行更多的限制，其中一些针对主权财富基金直接投资的监管政策必然会对投资准入造成壁垒，进而引发主权财富基金与东道国的投资争端。东道国对主权财富基金的监管法律法规主要包括投资准入审查法

---

① WTO 多边协定是指由世界贸易组织管辖的《关于建立世界贸易组织的协定》以及作为该协定附件的《关税及贸易总协定》《服务贸易总协定》《与贸易有关的投资措施协定》以及其他专门协定组成的 WTO 协定体制。

② 李勋："主权财富基金监管及其争端解决的国际法研究"，载《南方金融》2015 年第 7 期，第 85—93 页。

③ Wouter P. F. Schmit Jongbloed, Lisa E. Sachs, Karl P. Sauvant, Sovereign Investment: An Introduction, in Sovereign Investment. Concerns and Policy Reactions, Oxford, 2012, p. 3.

规①以及进入市场后的其他法规，包括但不限于反垄断法、反海外腐败行为法等。主权财富基金受到东道国反垄断法的约束是因其既有动机又有反竞争行为的能力，某些基金可能采用具有反竞争效应的定价或其他商业策略谋取经济利益。一旦主权财富基金的行为在东道国境内被认定为扰乱市场竞争秩序，将受到东道国国内法的制裁，例如罚款、强制出售等。② 东道国的反海外腐败行为法也可能导致与主权财富基金的争端，反海外腐败行为法中禁止贿赂东道国官员的规定已成为在海外开展业务的公司必须重视的问题，尤其是该法适用范围及执法有不断扩张之势，③ 一旦进入东道国的反海外腐败程序，主权财富基金的利益恐遭损失。总而言之，无论是东道国普遍适用的外资准入前及准入后的规定，还是专门为主权财富基金投资设立的限制规范，都可能导致主权财富基金的投资受到歧视性待遇，从而违背东道国国内法或签订的投资条约，迫使主权财富基金向东道国法院起诉或向国际仲裁机构提起仲裁。

目前，在国际和国家层面都存在可被选择的解决此类争端的方案，但仍有不确定性。在国家层面，主权财富基金可以向东道国法院提起诉讼，但鉴于各国法治环境的差异，可能会对主权财富基金的权益保护造成不公，也存在解决效率低下的隐患；在国际层面，主权财富基金可以东道国违反相关的投资条约为由，向国际仲裁机构提起投资仲裁，但无论是向国际投资争端解决中心（简称 ICSID）还是国际常设仲裁机构提起，都面临主权财富基金是否为投资条约保护对象的准入门槛问题，这直接关系到仲裁庭对争端的管辖权。④ 仲裁庭对此类争端的管辖权涉及"投资者"和"投资"的内涵及外延的确定，如果投资者意欲在 ICSID 等仲裁机构的主持下援引投资者—国家仲裁，则必须满足特定投资条约中对"投资者"及"投资"的规定，同时，若在 ICSID 解决争端还要满足《解决国家与他国国民间投资争端公约》（简称 ICSID 公约）序言及第 25条对仲裁庭管辖权的规定。就现有国际投资法的实践看，只有少数投资条约明确规定其保护对象包括或不包括主权财富基金及其投资，大多数则规定模糊，

---

① 东道国对外国投资实施的市场准入法规最典型的为美国的《外商投资与国家安全法案》，德国也出台了《对外贸易和支付法》等，这些市场准入法规的监管对象都包括主权财富基金。

② 顾华："竞争法的域外适用有悖国际法的基本原则"，载《法学》1999 年第 11 期，第 51—52 页。

③ 刘岳川、胡伟："中国企业面临的海外反腐败执法风险及其应对——以美国《反海外腐败法》为例"，载《探索与争鸣》2017 年第 8 期，第 85—91 页。

④ 张瑞婷："论 ICSID 解决 SWFs 投资争端的管辖可行性"，载《兰州学刊》2012 年第 11 期，第 196—200 页。

需要对相关投资条约的条款进行解释。① 从 ICSID 公约的相关规定看，也无法确定主权财富基金投资者的身份，ICSID 也未曾就相关问题进行明确解释。

主权财富基金投资扩张引发的投资争端及解决现状表明该类投资争端能否援引投资者与国家间投资争端解决机制仍然存在不确定性。目前大多数国际投资条约中就主权财富基金"投资者"身份及"投资"的规定还是模糊不清的，但是这些投资条约中往往包含一些典型术语，对此类术语的法律解释赋予了主权财富基金被列入"投资者"的可能性，因此在认定主权财富基金投资者身份时需要就投资条约中的相关具体规定并同时结合条约目的及宗旨进行逐一解释。主权财富基金援引投资者与国家间投资争端解决机制涉及的另一问题为 ICSID 仲裁庭对该类争端管辖权的确定，解决这一问题的关键是对 ICSID 公约相关条款进行解释以确定主权财富基金投资为"私人投资"还是"公共投资"。除了在双边投资条约框架下解决争端外，在贸易领域以 WTO 多边协定为中心的多边贸易框架下也设立了专门的争端解决机制，主权财富基金与东道国的投资争端若能在该机制下解决，无疑将为其投资权利提供更全面且有别于双边投资条约的保护。

目前，我国的主权财富基金只有中国投资有限责任公司（以下简称中投公司）②，其下设三个子公司，包括中投国际有限责任公司（以下简称中投国际）、中投海外直接投资有限责任公司（以下简称中投海外）、中央汇金投资有限责任公司（以下简称中央汇金）。中投公司在成立初期主要将投资用于发达国家金融行业，但是近年来中投公司对其投资策略进行了转变，除了投资地域更为广泛外，最重要的是增加了对基础设施及公用事业的投资。除了中投公司外，我国设立的丝路基金不是主权财富基金，但也具有一些主权财富基金的性质，丝路基金主要用于"一带一路"沿线国的基础设施建设投资。至于亚洲基础设施投资银行（以下简称亚投行），其也不属于主权财富基金，但也具有一些主权财富基金的特征，而亚投行的资金也用于投资亚洲国家的基础设施建设。由此可以看出中国俨然已经成为主权财富基金投资的大国，那么我们在抓住机遇的同时也应该深入研究进行主权财富基金投资可能遇到的风险。

就我国目前存在的主权财富基金及具有类似性质的基金而言，其在对外开

---

① Basu A，Guha S K，The Role of Sovereign Wealth Fund in International Investment Law，Nirma University Law Journal，2012，Vol. 1，Available at SSRN：https：//ssrn. com/abstract = 3113319，accessed 7 March 2018.

② 中投公司于 2007 年 9 月 29 日在北京成立。它是经国务院批准设立的国有大型投资公司。该公司的资金来源于中国的国家外汇储备；成立初期的注册资本金为 2000 亿美元，是全球最大的主权财富基金之一。

放和"一带一路"倡议的大背景下如何找准投资角色定位及发展路径关系到我国的切身经济利益。在探讨投资角色定位时，公—私分化是围绕我国主权财富基金身份认定的关键问题，也是影响基金投资待遇的根源。基金自身需要"私人投资者"的身份认同，但投资接受国不可能视其为纯粹的"私人投资者"。我国主权财富基金自身的性质也决定了它是在私领域从事活动的公有主体。因此，我国主权财富基金不应刻意追求私人投资者法律地位，而是应从法律结构、治理和监管等方面改善外界对基金经营、运作的印象，从而为自身赢得公平合理的投资待遇。

我国主权财富基金进行内部改良的重点在于"去政治化"以及确保基金的独立性，具体到制度层面包括投资目的、透明度、投资决策、人员任命、风险评估、监管等都应避免政治因素对基金的干扰，给予基金充分的自由和话语权。在具体操作层面，应由基金与我国政府携手，从投资前、投资中、投资后的风险防范到争端解决及社会责任的承担等方面保护投资利益不受侵犯。在社会责任承担方面，为了监督本国主权财富基金的投资行为，母国可通过立法或政策指导鼓励督促其承担社会责任，以达到在不直接干预的情况下对主权财富基金行使监督权。目前各国在这方面已有实践，有的以伦理立法为基础，如挪威通过设立以政策为导向的监督机制，创新性地引入国际法规则，从而制定出一套以国际法规范为基础的行为准则，我国可以对它们的经验加以借鉴。

第一章 主权财富基金及其海外投资法律问题概述

第一节 主权财富基金概述

经济市场中公共与私人领域的界限一直在不断变化，历史上，政府曾以多种方式干预生产及劳资关系，最为人所熟知的是通过国有企业或产业政策等方式直接干预本国经济生产，从而实现国家宏观经济目标。主权财富基金是政府参与经济市场的新兴模式，本质上由政府所有，但在金融市场上则体现为以私营实体身份运作。所有主权财富基金都表现出两个主要特点：（1）由国家或公共机构（如中央银行或政府部门）所有；（2）兼具私人金融机构典型的投资目标、策略及手法。主权财富基金所表现出的特点使其与传统模式的公司区别显著，它的成功和传播证明，金融市场的力量和效用在世界各国政府中已越来越受欢迎，无论是民主制、君主制还是集体主义政权国家。主权财富基金作为新兴的投资工具，被政府用以将本国财富再投资于国际市场，经历晚近的发展更是成为经济舞台上不可忽视的力量。因此，无论在经济学领域还是国际经济法学领域，都出现了一大批研究主权财富基金的学者和相关文献，这些研究成果中不乏对主权财富基金基础理论的探讨，[①] 随着主权财富基金种类的多样化，对其概念及种类的论述也在不断跟进调整和更新。

早期的主权财富基金是从稳定基金发展演变而来，这一时期的主权财富基金都明确或隐含地承担了稳定基金的任务，抵消由于初级商品价格下跌或生产水平下降而造成的收入下降，因此可将这一时期的主权财富基金称为 1.0 时代。而得益于世界油价的大幅上涨及世界贸易格局的转变，在 2000 年之后设立的主权财富基金进入了 2.0 时代，新一代的主权财富基金更多地承担了金融投资者

---

① 谢平，陈超："论主权财富基金的理论逻辑"，载《经济研究》2009 年第 2 期，第 45—50 页；巴曙松，李科，沈兰成："主权财富基金：金融危机后的国际监管与协作新框架"，载《世界经济与政治》2010 年第 7 期，第 130—145 页；Truman E, Sovereign wealth funds: Threat or salvation?, Peterson Institute, 2010.

的角色，在投资组合上也表现出多样性的特征。除此之外，与主权财富基金类似的投资实体也不断出现，例如，很多国家央行正在仿照主权财富基金的形式来管理其储备，此类机构被称为影子主权财富基金。

一、主权财富基金的概念及设立

探寻主权财富基金的概念，应当从其源头开始。2005 年 7 月，美国道富银行经济学家安德鲁·罗扎诺夫首次提出了"主权财富基金"这一概念。根据安德鲁·罗扎诺夫最初的定义，主权财富基金的本质是主权财产池，它既区别于传统的公共养老基金，也不属于支持国家货币政策的储备资产。安德鲁·罗扎诺夫认为主权财富基金的定义应具备的要素包括：（1）由主权国家所有及管理；（2）所管理的资产既不是审慎的货币储备，也不是传统的养老基金。[①] 随着主权财富基金在国际投资领域强势扩张，安德鲁·罗扎诺夫首次提出的定义显得过于宽泛，之后便对提出的定义进行了补充，指出负债定义[②]的不同导致不同的基金类型及结构。[③]

通常，传统基金（如养老基金、捐赠基金等）的关键参与者首先必须明确基金设立的目的、时间及需要的资金额度，其次再通过优化以下关键参数，以确保满足今后的负债需求：捐资和供资政策、资产分配政策、风险承受能力及预算、其他如政治等制约因素。然而，就主权财富基金而言情况却不尽如此。国家政府（尤其是拥有大宗商品出口的国家）在面对因积极贸易条件冲击带来的额外收益时，其反应往往是将这些收益中的一部分积累圈护在海外，用于冲销[④]及消除潜在预算波动的目的。而后随着资金池的积累，这些资金被重新设计成具有自己身份、治理体系及规则的独立基金。随着基金资产的持续增长，最初设立基金的目的显得过于狭隘，政府也会重新审视基金的设计及结构，为基金设立更广泛的目的。[⑤] 在这一过程通常催生出一项正式的资产负债研究结果，用以帮助政府为基金确定最适合的一组负债，从而重新管理基金来满足负债。基于上述分析，主权财富基金的设立流程可总结为如图 1 - 1 所示。

---

① Rozanov A, Who holds the wealth of nations, Central Banking Journal, 2005, Vol. 15, pp. 52 - 57.

② 负债是指企业过去的交易或者事项形成的，预期会导致经济利益流出的现时义务。主权财富基金在设计和运作过程中对负债的定义主要通过对基金资金来源和基金投资策略、资产组合配置、投资者风险容忍度及预算等影响因素的优化，使基金能够达到预期的负债要求。

③ Rozanov A, Sovereign wealth funds: Defining liabilities, Revue d'Économie Financière, 2009, Vol. 9, pp. 283 - 290.

④ 冲销的目的主要在于通过干预货币市场（利率）或者外汇市场（汇率）稳定金融市场。

⑤ Rozanov A, Definitional challenges of dealing with sovereign wealth funds, Asian Journal of International Law, 2011, Vol. 1, pp. 249 - 265.

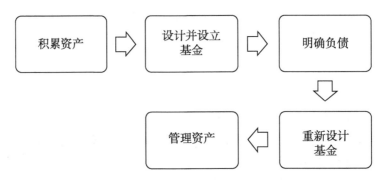

图 1 - 1　主权财富基金设立流程

安德鲁·罗扎诺夫总结了初期主权财富基金设立的过程，并认为设立和运营任何基金的最重要的一环在于负债的定义，对负债的定义决定了主权财富基金的种类及结构。安德鲁·罗扎诺夫根据负债概况的不同总结出六类主权财富基金，包括稳定基金、未来世代基金、国家养老储备基金、外汇储备管理机构/公司、国家发展基金、国有投资控股公司。① 安德鲁·罗扎诺夫同时将主权财富基金的概念与分类密切联系，由此主权财富基金的分类成为探讨概念时不可回避的议题，在一定程度上甚至会对主权财富基金的概念界定产生影响。

安德鲁·罗扎诺夫首次提出了主权财富基金的概念，并对这一概念及现象进行了描述，指出主权财富基金管理的是国家财富，主要采用组合化投资，可以承受高风险并追求高投资回报。② 彼特森研究所的埃德温·杜鲁门（Edwin Truman）则认为主权财富基金是一国政府拥有的或管控的独立的金融资产工具。③ 美国财政部认为主权财富基金是利用外汇储备设立的政府投资工具，但是与官方外汇储备是分开的。德意志银行则把主权财富基金定义为国家持有并且管理的公共资金，这部分资金的主要来源为公共部门过剩的流动资金，包括政府财政的盈余和中央银行的官方储备。由此可见，德意志银行对主权财富基金概念的外延设定得更为广泛。国际货币基金组织在其《普遍接受的原则和做法》中认为，主权财富基金是政府出于宏观经济目的而创建的。目前对主权财富基金的定义基本上都是从所有权、资金的来源、目的方面进行界定，尤其强

① Rozanov A, Sovereign wealth funds: Defining liabilities, Revue d′Économie Financière, 2009, Vol. 9, pp. 283 - 290.

② Rozanov A, Who Holds the Wealth of Nations, Central Banking Journal, 2005, Vol. 15, pp. 52 - 57.

③ Truman E, Sovereign wealth funds: the Need for Greater Transparency and Accountability, Peterson Institute for International Economics Working Paper No. PB - 6, August 2007, pp. 1 - 9.

调其主权性，但在资金来源、设立目标上则有所不同，在政府所有权方面是比较一致的。

为了后续对主权财富基金其他问题的研究，本书将主要采纳符合以下标准的基金作为研究对象：（1）投资基金，而不是一家营业公司；（2）由政府全资所有，但与中央银行或财政部分开组织，以保护其免受过度的政治影响；（3）对各种高风险资产进行国际和国内投资；（4）设立目的为寻求商业回报；（5）是作为财富基金而非养老基金的存在，即基金的资金来源并非养老基金领取者的缴款，也不对公民个人承担任何责任。①

二、主权财富基金的分类

在安德鲁·罗扎诺夫提出主权财富基金的概念及分类后，后续的学者、国际组织及其他团体也遵循了他的做法，学者根据主权财富基金的责任、设立目的标准或其他共同特征提出了不同维度的功能性定义。安娜·盖珀（Anna Gelpern）从承担的责任层面总结出了四类主权财富基金：一是承担公共内部责任的基金，即主权财富基金作为国家行为者管理国内公共资产，应当直接或通过政府机构对国内大多数公民承担责任；二是承担私人内部责任的基金，此类主权财富基金以商业行为者身份管理特定国内公民的资产，而非大多数公众的资产，因此也可描述成为完成特定任务而设立，最为典型的即是养老基金；三是承担公共外部责任的基金，此类主权财富基金主要进行海外投资，在东道国境内承担跨国经营的国家行为者的公共责任，此类基金更加注重自身透明度及对于国际法及国际公认的道德规范的遵守；四是承担私人外部责任的基金，即主权财富基金在东道国市场中以商业行为者的身份投资，因此受到东道国国内法及外资法的监管。② 从主权财富基金承担的责任层面进行的分类，无疑是以基金经营及投资行为的归属为出发点的，若主权财富基金的行为归属于母国，则其承担的是公共责任，无论基金行为发生在母国还是东道国境内，都应当承担国家责任；若主权财富基金的行为仅为商业行为，则不能归属于国家，其承担的责任等同于私营实体的责任。

从设立的目的维度，有学者总结出了五种类型的主权财富基金，包括稳定

---

① 该标准由主权投资实验室提出，该实验室由博科尼大学国际市场、银行、金融和监管应用研究中心的一群研究人员组成，主要跟踪全球主权基金投资活动的趋势，并对国家作为全球经济投资者的崛起进行开创性的研究。

② Gelpern. Anna, Sovereignty, accountability, and the wealth fund governance conundrum, Asian Journal of International Law, 2011, Vol. 1, No. 2, pp. 289 – 320.

型、抵销型、储蓄型、防御型、战略型。① 从具有的共同特点维度，主权财富基金都表现为：（1）由国家所有；（2）没有重大负债；（3）与中央银行的其他准备金分开管理。② 2007 年，IMF 在发布的全球金融稳定报告中提出了主权财富基金的一般定义，"各国政府为长期持有外国资产而设立或拥有的特别投资基金"，并提出主权财富基金分类的两个标准：（1）主权财富的来源；（2）主权财富基金的政策目的。③ 之后 IMF 针对主权财富基金成立了专门的国际工作组，该工作组成为后来的常设国际论坛，并将主权财富基金定义为由政府所有的、用以实现特定目的的基金或安排。主权财富基金一般由政府为实现宏观经济目标而设立，持有、经营或管理资产以实现金融目标，并采取一系列投资战略，其中包括对外国金融资产及其他类型财产的投资。主权财富基金的资产通常来源于该国的国际收支盈余、官方外汇业务、私有化的收益财政盈余和（或）商品出口收入。④

从不同维度对主权财富基金进行定义和分类，是理性探讨基金相关其他问题的前提和基础，如基金所有国的投资趋势及战略、"私人投资者"原则实施的范围和边界，以及主权财富基金在快速变化的国际经济形势中能否被视为可靠的参与者。虽然主权财富基金是独立的实体，但越来越多的国家央行正在仿照主权财富基金的形式来管理其资产储备，有学者将之称为影子主权财富基金。⑤ 事实上，在雷曼兄弟银行破产及引发的利率低谷之后，许多央行都加强了对资金储备的积极管理，最为典型的做法就是延长固定收益持有期限，但更为重要的转变是它们开始投资股票、房地产及对冲基金等另类资产类别。

无论是影子主权财富基金还是其他类型的公共基金，在所有权及设立目的方面都与主权财富基金有相似之处，为主权财富基金的界定增加了难度。资产管理公司美国道富银行提供了通过排除法来界定主权财富基金的建议，传统的

---

① C. Chao, The Rise of Global Sovereign Wealth Fund, Modern Bankers, 2006.

② Beck, Roland, and Michael Fidora, The impact of sovereign wealth funds on global financial markets, Intereconomics, 2008, Vol. 43, No. 6, pp. 349 – 358.

③ International Monetary Fund, Monetary, Capital Markets Department. Global Financial Stability Report: Financial Market Turbulence Causes, Consequences, and Policies, International Monetary Fund, 2007.

④ 主权财富基金工作组提出的定义明确排除了货币管理机构为传统国际收支或货币政策目的而持有的外汇储备资产、传统意义上的国有企业、政府雇员养老抚恤基金或者为个人利益而管理的资产。

⑤ Castelli, Massimiliano, and Fabio Scacciavillani, SWFs and State investments: A preliminary general overview, in Research Handbook on Sovereign Wealth Funds and International Investment Law, Edward Elgar, 2015, pp. 9 – 38.

公共养老基金及支持国家货币政策的传统储备资产都不是主权财富基金。[1] 此外，欧洲央行的一份临时文件中强调了主权财富基金应当具备的一个关键性因素，"主权财富基金没有或只有非常有限的负债，以便通过以下方式实现不同的宏观经济目标：（1）具有中长期时间表的广泛投资战略；（2）风险较高的行为；（3）外国投资。"[2] 综上所述，主权财富基金可进一步被界定为：（1）公有的（国内及国外）的实体和金融资产组合；（2）在法律、财务及业务方面与其他公共资产及负债相互独立；（3）可被政治机构（央行及金融管理当局除外）用以实现公共目标；（4）不受明确的、法定的、流动的、未来的负债影响。

主权财富基金可以被统一界定，但不应被视为一系列同质的机构，因为它们在设立目的、投资策略、开放性、规模、治理、问责等方面均存在差异。虽然很难给出准确的定义，但主权财富基金本质上是为实现特定目的收购及管理资产的公共投资工具，这里的特定目的包括弥补国家预算缺口、在受到不合理冲击时为政府提供支持，或为后代储存财富等。主权财富基金设立之初是为了专门管理中央银行投资过剩的外汇储备盈余，特别是在拥有大宗商品出口并积累大量外国资产的国家，但随着主权财富基金种类的增加，仅从主权财富基金的资产来源及设立目的进行界定和分类已略显不足，还需根据未来的发展变型不断加以补充。

三、比较主权财富基金与国有企业

要厘清主权财富基金的概念，另一个不可忽视的问题为将其与国有企业加以区分。除了主权财富基金外，一些国家还设立国有企业用于负责管理特定部门的活动及投资。[3] 国有企业与主权财富基金同为国家控制的实体，二者在对外投资时也有相似性，因此将二者进行区分将有助于凸显主权财富基金的概念特征。主权财富基金有别于国有企业的主要特点可总结为以下三个方面：（1）资金来源，前者由本国外汇储备及出口收入提供资金，后者则由政府拨款及公司

---

① Castelli, Massimiliano, and Fabio Scacciavillani, SWFs and State investments: A preliminary general overview, in Research Handbook on Sovereign Wealth Funds and International Investment Law, Edward Elgar, 2015, pp. 9 – 38.

② State Street, Sovereign Wealth Funds, Assessing the Impact, July 2008, See also www. statestreetglobalmarkets. com/wps/portal/internet/ssgm/home/industrysegments/sovereignwealthfunds/overview/! ut/p/c4/fc6xDoIwGATgR-oVEMrY1lrqUCgFNCyEAQ1RwcH4 _ KKTIdH _ xu8u-UlLlkz9czz3j3Ge-is5kjbub 2CCcqRs0jCcCe3 TEroIiF-mLrak8N7 – FXU2sVLkTna1 C70O6w8 V8UWxlhB06YCss1f16BrT1kC40 WgXaRtXg Vrr0oFE4VUASJwy6Mfx4_jIDabbwO5X_aqVCf-AtvwuRE! /dl3/d3/L2dBISEvZ0FBIS9nQSEh/.

③ 赵旭东："美国的国有企业——联邦公司"，载《中外法学》1996 年第 2 期，第 65—67 页。

利润提供资金;① （2）发挥的功能，前者除了获取利润外，还承担了政府赋予的其他功能，后者主要功能为获取投资回报;② （3）投资的形式，前者以投资组合的形式进行投资，而后者则是直接投资形式。虽然主权财富基金与国有企业在所有权方面都由国家控制，但前者完全由国家所有，后者则可能由中央或地方政府部分所有。此外，国有企业通常是具有独立法人资格的实体，并且被强制遵守国内及东道国的公司法及相关国际规定。国有企业需要对股东负责，主权财富基金也需对政府及利益攸关方负责，但根据设立的目的及本国的民主程度等存在很大差别。尽管主权财富基金与国有企业的差别是显而易见的，而且这种差别在一定程度上也适用于其他类型的投资基金与公司之间，但在实际操作层面，主权财富基金与国有企业的区别并不那么明显，因为国有企业也可以进行组合投资，③ 而主权财富基金也可通过间接投资取得经营实体的控制权。

在对外投资方面，主权财富基金主要进行的是金融投资，而国有企业则是实业投资，二者涉猎的投资领域的差别也导致了以下后果：第一，主权财富基金与国有企业相比，在所参与投资公司的经营中扮演的角色往往比较被动;第二，国有企业的投资以控制目标公司为目的，而主权财富基金的投资所占公司股份几乎不超过10%，极少主权财富基金将投资策略定位为通过收购取得外国公司的控股权;第三，与主权财富基金不同，国有企业不会特别倾向长期投资项目。在投资目的方面，国有企业追求的是私人（公司）利益，而主权财富基金则承担了谋求公共福利的任务，如为后代储蓄资金、稳定国民收入、防止社会和经济危机等。

将主权财富基金与国有企业进行区分，更能突出主权财富基金的特性。首先，国有企业带有"公共"色彩，而主权财富基金除了"公共"色彩，更多的是表现出"主权"色彩，因此可推断仅通过本国及东道国公司法及相关国际规则来规范主权财富基金是不够的;其次，虽然主权财富基金与国有企业的区别是明确的，但这并不能排除二者共同运作的可能性，一个典型例子就是卡塔尔电信公司与卡塔尔投资局（卡塔尔主权财富基金的管理部门）成立了一家合资

---

① Beck R, Fidora M, The impact of sovereign wealth funds on global financial markets, Intereconomics, 2008, Vol. 43, No. 6, pp. 349 – 358.

② Backer, Larry Catá, Sovereign investing in times of crisis: global regulation of sovereign wealth funds, state-owned enterprise, and the Chinese experience, Transnational Law & Contemporary Problems, 2010, Vol. 19, pp. 101 – 294.

③ 王政扬："浅析中央企业多元化投资战略"，载《社会科学战线》2015 年第 3 期，第 263—266 页。

企业，后者又收购了卡塔尔电信公司 55% 的股份。卡塔尔电信公司表示，该合资公司将主要进行海外电信及 IT 企业的投资。① 在主权财富基金概念不够明确的前提下，对于此类合营主体，在组织结构上属于单独组建的控股公司，投资目标、薪酬政策及基金经理的地位、财务透明度等方面都与主权财富基金存在显著差异，但与国有企业更为接近。

主权财富基金是由一国政府通过持有的公共财富设立的机构投资者，作为政府参与经济市场的新兴模式，本质上由政府所有，但在金融市场上则体现为以私营实体身份运作。主权财富基金作为新兴的投资工具，其本质是为实现特定目的管理国家资产的公共投资工具，与其他国有投资工具（如国有企业）相比，在资金来源、发挥的功能、投资的形式等方面存在差异，国有企业带有"公共"色彩，而主权财富基金兼具"公共"和"主权"色彩。

第二节　主权财富基金海外投资发展概况

随着全球经济一体化的推进，市场自由化和私有化的呼声越来越高，但这并不代表国家无法参与其中。在早期私有化浪潮中幸存下来的新兴市场国有企业正在逐渐复苏，特别是得益于全球商品价格上涨及出口收入的增加，新兴市场国家政府也利用积累的外汇储备设立主权财富基金用于海外投资。主权投资并不是新兴事物，自 20 世纪 50 年代以来，主权财富基金一直在国际经济中扮演着重要角色。② 晚近主权财富基金海外投资的发展主要表现在：一是对外直接投资的数额不断提升；二是资金流向趋于多元化；三是投资流向的空间范围也不断扩大。主权财富基金海外投资策略的转变使其在传统投资领域的影响不断增强，尤其是主权财富基金与基础设施建设项目的结合，更是提升了外界对其关注度。

一、主权财富基金投资领域的扩张

主权财富基金是管理部分以外币计价的金融资产组合的国有投资工具。过去十年来，主权财富基金在全球金融市场，尤其是在股票市场中的投资份额不断增加。在对 1995—2010 年的 1903 宗股权收购案的统计中，主权财富基金在

---

① Backer L C, Sovereign investing in times of crisis: global regulation of sovereign wealth funds, state-owned enterprises, and the Chinese experience, Transnational Law & Contemporary Problems, 2010, Vol. 19, p. 3.

② Sauvant K P, Sachs L E, Jongbloed W P F S, Sovereign investment: Concerns and policy reactions, Oxford University Press, 2012, pp. 3 – 23.

国际股票市场的投资活动在 2007 年达到高峰，总投资额达 1240 亿美元，① 到 2014 年主权财富基金控制的资产总量已达 7 万亿美元。② 主权财富基金的投资活动主要活跃于金融和资本市场，但用于对外直接投资的资金也在不断攀升。据统计，主权财富基金 2014 年用于对外直接投资的资金总量达到近五年来的最高水平。③ 除了追加投资数额外，主权财富基金的投资流向也更加多元化。主权财富基金对外投资最初主要集中在安全资产范围内，④ 但为了追求高额回报，主权财富基金正在逐步将对外投资转到金融及实体部门。以我国设立的主权财富基金管理公司中投公司为例，从 2008 年到 2012 年其持有的绝对收益及固定收益资产数量都有所下降，但对长期资产⑤的投资比例显著提升。⑥ 除此之外，主权财富基金对外投资的空间范围也不断扩张。以往主权财富基金对外投资偏向于发达国家市场，但近年来流向发展中国家的主权财富基金投资正在逐年增加。以中投公司为例，其增加了对非洲地区的投资，主要集中在基础设施和能源行业。由此可见，无论是从对外投资总量、投资部门还是投资地域方面，主权财富基金对外投资都显示出了强劲的发展势头，已经成为国际投资领域不可忽视的力量。

主权财富基金为了追求投资利益最大化，正在不断尝试投资到新兴领域，主权财富基金对基础设施建设项目的青睐就是表现之一。主权财富基金与基础设施建设有着天然的契合性，主要包括下列原因：一是基础设施建设正在成为越来越重要的投资部门，⑦ 一项最近的调查显示，预计到 2030 年全球所需的基础设施建设资金总计达到 67 万亿美元，而发展中国家所需的数额大约占总数额

---

① Ciarlone A, Miceli V, Escaping financial crises? Macro evidence from sovereign wealth funds' investment behaviour, Emerging Markets Review, 2016, Vol. 27, pp. 169 – 196.

② UNCTAD, UN, World investment report 2015: Reforming international investment governance, United Nations Publications Customer Service, 2015, p. 15.

③ Blyschak P, State-owned enterprises and international investment treaties: When are state-owned entities and their investments protection, Journal of International Law & International Relations, 2011, Vol. 6, p. 1.

④ 张庆麟、练爽："主权财富基金投资准入法律规范研究"，载《时代法学》2012 年第 2 期，第 91—100 页。

⑤ 长期资产包括对外国公司、私募、地产及基础设施、大宗商品等非流动性资产的直接投资。

⑥ 潘圆圆、张明："中国主权财富基金投资策略的转变及其原因"，载《上海金融》2014 年第 9 期。

⑦ United Nations Conferences on Trade and Development, World investment report 2015: Reforming international investment governance, 2015, p. 16.

的一半;[1] 二是主权财富基金近年来也趋向于进行长期投资,从而改良其资产组合;三是基础设施建设项目所需资金数额大、建设周期长,主权财富基金与私人投资者相比更能满足这些要求。因此主权财富基金投资基础设施建设项目,不仅有利于东道国的发展,也可以为主权财富基金带来稳定的收益,二者的结合将达到双赢的效果。基础设施建设项目对东道国经济发展及居民生活水平提高具有重要的推动作用,主权财富基金以投资参与东道国的基础建设将有利于其在东道国塑造良好的投资形象及社会责任的承担。另外,基础设施建设的投资回报安全稳定,也能满足主权财富基金对投资收益的要求。

二、影响主权财富基金投资的因素

(一) 主权财富基金类型对投资组合的影响

主权财富基金历来被视为保守的资产管理者,然而 2007 年爆发的国际金融危机对其投资行为产生了重大影响。一方面,许多主权财富基金转回国内为资金紧缺的国内部门或公司进行资本重组;另一方面,主权财富基金持有的大量资产也受到了严重的价值侵蚀。在这一背景下,主权财富基金被迫重新思考,改变原有的投资策略,并从宏观角度规划战略资产配置[2]。战略资产配置体现了基金所有者在风险和回报之间的权衡,也反映了基金在经营中承担风险的能力。

主权财富基金的战略资产配置受到多种因素影响。首先,主权财富基金的类型对于其投资组合的分配模式有重大影响。全球主权财富基金根据设立的目的大致可分为:宏观经济稳定基金、储蓄基金、养老金储备基金和储备投资公司等类型。主权财富基金投资目标的设立取决于各国的具体情况,而投资决策及投资组合的分配往往与既定的投资目标产生密切联系。根据 IMF 在 2012 年出版的《全球金融稳定报告》的数据,就股票一项在不同类型的主权财富基金投资组合中所占的份额表现为从稳定基金的 0—5% 增加到养老金储备基金投资组合的 40% 左右,而在储蓄基金和储备投资公司投资组合中所占份额则增加到

---

① Dobbs R, Pohl H, Lin D Y, et al, Infrastructure productivity: how to save $ 1 trillion a year, McKinsey Global Institute, 2013, p. 3.

② 战略性资产配置是根据投资者的风险承受能力,对个人的资产作出一种事前的、整体性的规划和安排。战略性资产配置是在一个较长时期内以追求长期回报为目标的资产配置。对于主权财富基金而言,则是根据自身的投资目标,规划投资策略及投资组合的分配,从而获得长期稳定的投资回报。

60% 左右。① 其次，主权财富基金的类型和投资目标也会影响到投资周期的选择，例如储蓄基金的投资周期比稳定基金的投资周期要更长，而养老储备基金则可以从未来预计债务到期的时间推算出投资周期。②

（二）投资周期对投资组合配置的影响

主权财富基金的战略资产配置还受投资周期的影响，选择长期投资项目通常与投资主体承担风险的能力呈正相关关系。风险一般可理解为相较于对比资产（如国库券或政府债券），在给定的时间范围内出现亏损或表现不佳的危险。根据以往的战略资产配置经验，进行短期投资的基金主要是投资债券类资产，并且具有再投资的风险，相较于短期投资，投资股票或类似资产的长期投资波动性要更小，对于进行长期投资的基金来说，在投资组合中分配更多的股票份额是有利的。影响投资者战略性资产配置的另一个因素是否有足够的能力投资于非流动性资产，以获得非流动性溢价。对于此类资产，如基础设施、房地产、私人股本等，可能需要很长的周期及大量的合同安排才能退出投资，但相应地该类资产的价值较为稳定。因此，只有真正具有长远前景并且不会被仓促剥离的主权财富基金才会选择非流动性资产投资。相反，主要进行短期投资或不确定投资周期的投资者，如稳定型主权财富基金，在它们的投资组合中将会有更多份额的投资是以现金或流动性较强的债券形式进行，以便能够应对潜在的或意料之外的资金需求。

（三）资金来源及国家政策对投资组合配置的影响

主权财富基金的资金来源也是影响其投资组合配置的因素之一。以稳定型和储蓄型主权财富基金为例，这两类主权财富基金的资金来源通常为一国主要商品的出口收入，③ 如果一国的收入过度依赖于主要商品，那么根据投资组合理论，通过投资于与实际资产成负相关或低相关性的金融资产来分散这种依赖性是自然选择。④ 主权财富基金的资金来源除了一国的商品出口收入外，还可能来源于该国的财政盈余，此类主权财富基金的投资目标可能会受到政府预算

---

① International Monetary Fund, Monetary, Capital Markets Department. Global Financial Stability Report, April 2012: The Quest for Lasting Stability, International Monetary Fund, 2012, pp. 92 – 93.

② Petrova I, Pihlman J, Kunzel M P, et al, Investment objectives of sovereign wealth funds: a shifting paradigm, International Monetary Fund, 2011, pp. 3 – 6.

③ 戴利研、赵磊："主权财富基金对国际投资格局的影响"，载《学习与探索》2014 年第 8 期，第 93—97 页。

④ 喻海燕、田英："中国主权财富基金投资——基于全球资产配置视角"，载《国际金融研究》2012 年第 11 期、第 47—54 页。

的动态影响。① 国家政策也是影响主权财富基金对外投资的因素之一。某个特定主权财富基金发挥的角色作用必须与来自同一个国家的其他主权财富基金（如果该国拥有一个以上的主权财富基金）或与主权财富基金发挥相似作用的其他投资机构协调一致，因此国家会通过政策干预平衡主权财富基金与其他同质机构的关系，但若干预过度则可能导致其偏离以效率为导向的投资管理目标。另外，经验及应对危机的能力也是影响主权财富基金安排投资组合的因素。发展成熟且有丰富经验的主权财富基金更有能力对投资组合进行广泛的多样化安排，也更倾向投资于非传统资产类别并采取更加复杂的组合策略，但新创建的主权财富基金往往需要更长的实践来达到预期的资产分配目标。在最近一次全球金融危机期间，不少主权财富基金就被迫重新安排其投资组合，转而注重提高投资流动性，广泛分散投资于另类资产②以及新兴市场等。

（四）区域差异对投资组合配置的影响

主权财富基金的投资分配还表现出区域差异的特征。北美地区的主权财富基金相较其他地区在投资分配方面最为多样化，其中包括对另类资产的大量投资，这也证明了此区域主权财富基金的投资专长及对投资效率的追求；而对于主权财富基金新兴地区（主要位于拉丁美洲和非洲），此区域的主权财富基金更注重对风险的规避，投资领域集中丁固定收益项目及公共股权⊥具，对非传统资产的投资比例明显低于其他主权财富基金；尽管临近具有全球竞争力的金融中心，欧洲主权财富基金仍倾向于相对保守的投资策略，也未表现出对投资多样性的追求，其投资也是主要围绕固定收益和公共股权工具；亚洲和中东地区主权财富基金在投资组合的异质性方面则与北美地区相似，尤其是亚洲主权财富基金对对冲基金表现出浓厚兴趣。③

---

① 谢平、陈超、柳子君："主权财富基金、宏观经济政策协调与金融稳定"，载《金融研究》2009 年第 2 期，第 1—16 页。

② 另类资产是相对于股票、债券、共同基金等主流或常规资产外，诸如房地产、大宗商品、艺术品、珠宝、对冲基金、风险投资等对资本要求较高的资产。此类资产的流动性低于常规资产，并且投资期限较长，投资者承担的风险也较高。

③ Wiśniewski P, The Recent Investment Activity of Global Sovereign Wealth Funds, Social Science Electronic Publishing, 2017, Available at SSRN: https://ssrn.com/abstract = 2920876, accessed 5 January 2018.

三、主权财富基金在投资领域的角色转变

世界上第一个主权财富基金设立于中东国家,[①] 到目前为止主权财富基金数量已达一百多个。[②] 主权财富基金数量的增长主要得益于以下经济因素的影响：第一，在 1997—1998 年的东亚金融危机影响下，各国央行在过去的十几年中增持了大量外汇（主要是以美元计价的）储备，这促使政府将其中一部分资产重新分配给主权财富基金，以寻求商业回报，而不必转换成美元；第二，全球油价的上涨也推动了主权财富基金数量及规模的增长，国际油价从 1998 年的每桶 10 美元升至 10 年后超过 148 美元每桶，这无疑为石油国家积累了大量财富，其中一部分财富则被用于主权财富基金投资。主权财富基金数量及管理资产的增长也导致了其在国际投资领域角色的转变，主要表现为以下方面：

（一）由稳定基金到金融投资者

大多数发展成熟的主权财富基金的前身是商品稳定基金[③]，此类稳定基金设立的主要目的是抵消由于初级商品价格下跌或生产水平下降而造成的收入下降，多用于那些财政预算高度依赖自然资源的国家，如主要依赖石油、铜、钻石或其他商品的国家。但 20 世纪 80 年代早期的商品稳定基金多受经营不善及国内经济政策变化的困扰，80 年代中期这一情形发生了重要的转变，当时芝加哥学派的经济学家正在负责智利的经济改革，并在改革过程中设立了智利社会和经济稳定基金，并得到了世界银行的部分资助。该基金具有现代主权财富基金的多项特征，更为重要的是，由独立的董事会确定基金的应计费用和提款，以降低对基金的政治干预，从而限制公共开支。[④] 智利社会和经济稳定基金后来的成功也促使世界银行建议其他国家复制这一模式。

从稳定基金向主权财富基金的演变是一个渐进的过程，但值得注意的是许多现代主权财富基金都隐含或明确地承担了部分稳定基金的任务，而与主权财

---

① Blyschak P, State-owned enterprises and international investment treaties：When are state-owned entities and their investments protection, Journal of International Law & International Relations, 2010, Vol. 6, p. 1.

② UNCTAD, UN, World investment report 2015：Reforming international investment governance, United Nations Publications Customer Service, 2015, p. 153. UNCTAD 是根据广义的主权财富基金概念去统计的。

③ 商品稳定基金，是为稳定初级产品国际市场价格提供缓冲储存资金，并利用储存以外的其他措施促进这些产品的生产和出口多样化而设立。

④ 李志传："智利的资源稳定型基金：经验、教训及对中国的启示"，载《拉丁美洲研究》2010 年第 1 期，第 61—64 页。

富基金相关的公司及研究机构达成的共识也认为，主权财富基金的发展很大程度上来自稳定基金的资产再分配。[1] 但主权财富基金与稳定基金仍存在显著差别，前者的设立目标是获得财务回报，后者则是通过缓和与商品价格波动相关的支出激增与锐减状况促进本国经济稳步发展。因此，稳定基金倾向于进行国内投资，而主权财富基金更希望通过海外投资来实现收入来源的多元化。虽然早期的主权财富基金由稳定基金演变而来，但自 2000 年以来设立的主权财富基金又可被称为"新一代"主权财富基金。这一时期主权财富基金的发展得益于 2006 年开始的世界油价的大幅上涨及世界贸易格局的转变，阿拉伯湾、亚洲和欧洲石油出口国以及亚洲其他国家的贸易顺差得到持续积累。[2] 也正是在这一背景下，安德鲁·罗扎诺夫首次创造了"主权财富基金"这一术语。

（二）由对金融经济的负面效应到积极影响

主权财富基金首次受到广泛关注源于中投公司斥资 30 亿美元收购黑石集团 1.01 亿股无投票权的股份。2006 年晚些时间及 2008 年年初，主权财富基金又一次出现在金融政策讨论的前沿，这一次的关注起源于当时几个海湾地区主权财富基金[3]在次贷危机最为严重的时候向美国及欧洲的金融机构购入了大量新发行的股票，从而有效地拯救了西方的银行体系。这次事件凸显了主权财富基金在金融领域的威力，同时也伴随着政府官员及大众媒体的诟病。德国首当其冲，成为欧洲牵头抵制主权财富基金的旗手，德国总理默克尔曾在新闻发布会中表示，主权财富基金往往受"政治或其他动机"驱动，而不是像私人投资基金那样单纯出于投资回报的目的而进行投资，并主张对主权财富基金的行为进行严格管制。[4] 当时，美国的专家、学者也纷纷指责主权财富基金会造成市场的恐慌，可能削弱国际金融机构的影响力，从而扰乱全球市场的秩序。尽管 2007 年 10 月美国通过了《外国投资和国家安全法案 2007 年修正案》，用以强化美国财政部对投资美国资产的外国公司的审查和限制权力，但推崇"金融保

---

[1] Bortolotti B，Fotak V，Megginson W L B，The rise of sovereign wealth funds：definition，organization，and governance，in Public Private Partnerships for Infrastructure and Business Development，Palgrave Macmillan，New York，2015，pp. 295–318.

[2] 北京师范大学金融研究中心课题组："解读石油美元：规模、流向及其趋势"，载《国际经济评论》2007 年第 2 期，第 26—30 页。

[3] 海湾地区主权财富基金是指海湾国家（科威特、阿联酋、阿曼、巴林、卡塔尔、沙特阿拉伯）政府各自设立的管理国家主权财富的投资机构。

[4] 王慧卿："对于外国主权投资基金默克尔趋向保守"，载《第一财经日报》2007 年 7 月 20 日，http：//finance. sina. com. cn/review/20070720/02293802872. shtml，最后访问日期：2018 年 12 月 3 日。

护主义"的政府部门官员仍认为美国政府对主权财富基金的约束过于宽松，应该采取更加严厉的立法加以抵制。

主权财富基金在金融危机中崭露头角引发各国担忧可能造成的负面效应可总结为以下几点：（1）主权财富基金的资本可能被用于实现所有国进一步的政治目的及获得他国战略产业的股份；（2）由于其投资规模巨大及引发的对政府债券需求的降低①可能导致股票价格泡沫的风险；（3）导致金融市场波动加剧的风险；（4）主权财富基金出于政治动机或缺乏经验而对目标公司治理产生不利影响；（5）为应对主权财富基金而催生新型金融保护主义的风险；（6）缺乏透明度（此种批评一直持续至今）；（7）主权财富基金以指数级别的速度增长，过快的增长速度也伴随着风险的增加；（8）作为国有基金，主权财富基金不会充当严格的只寻求商业回报的投资者，很可能被迫进行战略性投资以寻求政治影响力或获取外国技术。

然而，事实证明，上述担忧大多并未转变成现实，而且未出现主权财富基金直接作为母国政府代理人到国外投资的典型案例，主权财富基金在投资实践中与目标公司（投资对象）的关系反而表现出被动的、非对抗性的特质。作为外国国有投资基金，主权财富基金在东道国的任何举动都有可能引起当地政府的政治担忧，即使以消极投资者的身份②行动也无法完全抵消政治影响。但不可否认的是，2008—2009 年金融危机期间，主权财富基金保证了全球及危机国国内金融市场的流动性。而针对主权财富基金对其投资对象的影响研究也表明，该类投资对企业具有稳定效应，能够为股东创造长期价值，相较于其他机构投资者能够给投资对象带来更多的价值增长。至今，越来越多的国家注意到了主权财富基金的积极影响，美国、英国、中国、印度和新加坡已成接受主权财富基金投资最为集中的国家。

（三）新设立主权财富基金的动机转变

尽管一些国家对主权财富基金的反应是"又惧又爱"，设立或拟议设立新的主权财富基金的数量却在不断增长。据主权财富基金研究所提供的数据，从2008—2018 年全球新设立主权财富基金 20 多个。在新设立的主权财富基金中，

---

① 主权财富基金发展对国际金融市场的影响之一是导致资产类别的替代效应，即持有他国政府债券的国家将外债转成其他资产，通过主权财富基金进行预期收益更高的投资。

② 为了将东道国的规则约束及政治反对最小化，主权财富基金选择以消极投资者身份进行投资，主要表现为以收购目标公司的少数股权的事实表明，其将不干预目标公司的经营管理。

有接近一半数量的资金来源为本国的自然资源（如石油、煤炭等）。[①] 此类主权财富基金设立的重要动机通常是新的重大自然资源被发现或对现有的自然资源进行重组管理，巴西、以色列、巴布新几内亚和蒙古等国家新设立的主权财富基金就属此例。安哥拉、智利、伊朗、尼日利亚和俄罗斯也推出了新的或经过重组的主权财富基金，这些新的主权财富基金将主要管理本国收取的特许权费用。上述国家设立新的主权财富基金或进行重组的动机及目的主要在于增加透明度、将现有资金更多地用于国际投资，甚至还包括规避国际制裁，[②] 但最主要目的还是利用收取的特许权费用实现再收益。新主权财富基金的设立还使得各国将持有的"超额"外汇储备从固定的低收益主权债券（通常是美国政府债券）转移到回报率较高的股权和公司债券投资项目中，这一效用也促使了印度、日本、巴拿马、沙特阿拉伯和南非政府纷纷设立了自己的主权财富基金。[③]

新的主权财富基金的设立同时表现出不同以往的特性：首先，主权财富基金的设立通常用以保存和保护新的资金流入（如新发现的自然资源收入），排除了将这部分资金流入用于新资金启动支出项目，或通过现有的国有金融实体输送这部分意外收入；其次，设立国都强烈期望新的资金流入将通过一家透明、负责、专业的投资管理公司来经营，而不是通过现有的、可能存在腐败的国家投资工具或国有银行进行管理；最后，几乎无一例外地，新设立的主权财富基金在组织设计、透明度、管理专业性及对国际公司上市股票和债券的投资偏好等方面都在效仿迄今为止经营最为成功的主权财富基金——挪威政府（全球）养老基金（GPFG），这也透露出设立国对本国主权财富基金更加趋向专业性的期望。

从主权财富基金在投资领域的角色转变可以看出其在投资领域的正面价值应受到肯定。2008 年的全球金融危机充分凸显了主权财富基金在金融领域的威力，也引发了各国对其威胁国家安全、金融稳定的恐慌，但是从金融危机发生至今并未出现主权财富基金直接作为母国政府代理人到国外投资的典型案例，主权财富基金在投资实践中反而表现出消极投资者的特质，主权财富基金的投

---

① Sovereign Wealth Fund Rankings, https：//www. swfinstitute. org/sovereign-wealth-fund-rankings/, accessed 3 December 2018.

② 俄罗斯面对来自美国和欧盟的经济制裁，考虑将一只主权财富基金的所有权进行转让，因为支持该基金的俄罗斯发展银行被列入西方制裁的"黑名单"。央视网："西方制裁凶猛 俄罗斯考虑转移 100 亿美元主权财富基金"，http：//tv. cntv. cn/video/C11346/ba05218c31ed480a890c6e8cd8514575，最后访问日期：2018 年 5 月 3 日。

③ Bortolotti B, Fotak V, Megginson W L B, The rise of sovereign wealth funds: definition, organization, and governance, in Public Private Partnerships for Infrastructure and Business Development, Palgrave Macmillan, New York, 2015, pp. 295－318.

资也为东道国企业创造了长期价值，相对于其他机构投资者更能给投资对象带来快速的价值增长。新设立的主权财富基金也更加注重在组织设计、透明度、管理等方面趋向专业性，相信主权财富基金在未来将树立起更好的投资者形象，在投资领域也将发挥更加积极的影响。

第三节 主权财富基金投资扩张引发的法律问题

由于主权财富基金是国家所有的投资工具，东道国对主权财富基金投资一直存在担忧，主要体现在：一是出于国家安全的考虑，为了防范对本国敏感或战略性行业产生不利影响，东道国对主权财富基金投资的动机存在疑虑，认为投资动机可能不仅受经济利益的驱使，背后还有投资国的政治考量；二是主权财富基金的结构、治理和投资战略缺乏透明度，这也是东道国关注的另一个主要领域；三是如果投资者与东道国产生投资争端，东道国担心投资者利用基金的主权性质主张豁免，从而逃避法律诉讼；四是东道国接受主权财富基金投资的目的在于促进本国经济的可持续发展，因此主权财富基金能否承担相应的社会责任也成为东道国关注的问题之一。东道国的担忧及主权财富基金自身缺陷引发的法律问题将直接影响到投资准入标准及投资待遇水平，因此母国及东道国应对相关法律问题给予关注并积极寻求解决方案。

一、国家安全监管

（一）东道国国家安全

主权财富基金对外投资可能遇到的投资壁垒，首先是投资准入方面。其一是对外资领域的管制。一般来说，各国对外国投资者所能投资的领域都会制定相应的限制措施，主要包括鼓励外国投资将资金投向政府优先发展的行业和部门，或者限制外国投资进入敏感行业（如金融、电信、军工等），而对于有外国政府背景的主权财富基金投资来说，其受到管制的投资领域将更为严格。其二是对主权财富基金自身的要求，如有的发达国家要求发展中国家提高主权财富基金的透明度，对于信息披露也作出规定。其三是股权比例的限制。美国等国家认为主权财富基金投资的主要目的是短期内获得利润而不是长期投资经营公司，因此对于主权财富基金投资在公司所占的股权份额会规定一定的上限。

主权财富基金对外投资可能遇到的投资壁垒，其次是安全审查。以美国为例，美国《埃克森·弗罗里奥法修正案》第721条规定，美国总统有权暂停或禁止任何被认为威胁到美国国家安全的外国对美公司的收购或并购。[①] 而 1993 年颁布施行的《伯德修正案》对其作出了修改，规定只要"代表外国政府或受其控制的实体"可能对相关公司取得控制，且"可能影响"国家安全，则必须进入实质调查程序。2007 年颁布的《外国投资和安全法案》又对美国的安全审查制度进行了修改，规定美国政府的相关部门有权特别审查的两种情形：外国政府或外国政府控制的实体在收购后会控制美国公司的情形及收购后美国的关键性基础设施将被外国控制。[②] 美国对主权财富基金投资的安全审查只是西方发达国家对外资领域管制的一个缩影。

主权财富基金海外投资的扩张引发了东道国的日益关注，其中最令东道国关切的是，此类投资可能暗含了推进母国政治目标的意图。[③] 由于主权财富基金为政府所有，加之透明度的缺失，东道国政府很容易联想到其投资活动可能带有政治色彩。从主权财富基金的投资实践来看，也着实存在投资决策政治化的例子。新加坡主权财富基金淡马锡公司收购泰国臣那越集团的案例足以说明主权财富基金为获得战略资产进行海外投资所产生的政治风险。[④] 尽管主权财富基金通常标榜自己为专注于长期财富管理的宏观经济实体，但在实际操作层面仍有可能参与到本国的微观经济政策中，被采用的方式之一就是通过持有、供应产品采购网络的部署来实现"战略用途"，[⑤] 同时金融机构也是主权财富基金用来实现国家战略部署的场地之一。在西方金融危机之后，多国主权财富基金增持了大量金融机构的股权，这一行为不能单纯被解读为投资，在投资决策作出的背后可能并非完全受商业风险与收益分析所驱动。

东道国对主权财富基金最为关注的是其投资可能对国家安全造成的威胁，尤其是针对本国战略性产业的投资，如敏感技术行业、自然资源领域等。为解决主权财富基金海外投资业务引起的东道国关切，2008 年各主权财富基金在广

---

① 方之寅："析美国对外资并购的审查和限制"，载《东方法学》2011 年第 2 期，第 133—143 页。

② 张庆麟、练爽："主权财富基金投资准入法律规范研究"，载《时代法学》2012 年第 2 期，第 91—100 页。

③ Kimmitt R M, Public footprints in private markets: Sovereign wealth funds and the world economy, Foreign Affairs, 2008, Vol. 87, pp. 119 – 130.

④ 淡马锡和臣那越集团的交易极为复杂，臣那越集团的所有者为泰国他信家族，而围绕这笔交易的争议和敏感性在泰国引发了严重的政治动荡，甚至一度被认为在某种程度上促成了最终推翻前总理他信的军事政变。Lhaopadchan S, The politics of sovereign wealth fund investment: the case of Temasek and Shin Corp, Journal of Financial Regulation and Compliance, 2010, Vol. 18, pp. 15 – 22.

⑤ Haberly D, Strategic sovereign wealth fund investment and the new alliance capitalism: A network mapping investigation, Environment and Planning A, 2011, Vol. 43, pp. 1833 – 1852.

泛协商后确定了圣地亚哥原则，为主权财富基金及其所属国提供了一套自愿性指导原则。随后 OECD 在 2009 年也出台了《经合组织对投资东道国涉及国家安全的投资政策指导方针》（以下简称 OECD 指导方针）①，用以指导东道国制定涉及国家安全的投资政策。圣地亚哥原则的总体目标是提高主权财富基金的透明度、恰当的治理和问责安排，以加强主权财富基金、母国、东道国之间的相互了解和信任，并致力于鼓励主权财富基金"从经济和金融风险以及相关的收益考虑作为出发点进行投资"。OECD 指导方针主要针对东道国，其目的包括两方面：一是帮助东道国维护真正的安全利益；二是同时确保投资者获得公平待遇。圣地亚哥原则和 OECD 指导方针在功能上是相辅相成的，并且都旨在避免东道国对外来投资的过度反应以及可能导致的对外来投资保护标准的下降。这两套指导原则都强调了主权财富基金投资对母国和东道国经济发展的重要作用，也肯定了它们在稳定国际金融市场方面的有益贡献，因此需要东道国为外国投资者（包括主权财富基金）保持一个开放公平的投资环境。

OECD 指导方针明确劝阻东道国对外国政府控制实体进行的直接投资制定限制性规则，东道国对待外资应以非歧视的基本原则为基础，因此东道国出于对国家安全的关切而出台的措施必须基于国内投资者和外国投资者普遍适用的原则上加以实施，这类措施包括但不限于部门许可证、竞争政策、金融市场监管政策等。东道国应当将限制性投资措施作为最后手段，只有在普遍适用的管制措施不够充分的前提下才能使用。在任何情形下，此类限制性措施"应当针对具体的投资建议所构成的具体风险"，并且应当"与明确确定的国家安全风险成比例"。② 符合比例原则的前提是国家安全风险的确定，但国家安全问题都是由各国进行"自我判断"的，OECD 指导方针明确了各国政府是判断何为保护本国安全所必需的唯一裁定者，但此种"自决"应当"使用严格的、符合本国国情和制度的风险评估标准"③。上述为促进主权财富基金投资自由而实施的多边举措起到了一定的指导作用，但出于对国家安全的担忧，自 2006—2009 年，主权财富基金的投资引发了一波因国家安全原因收紧外国直接投资的立法

---

① OECD, Guidelines for Recipient Country Investment Policies relating to National Security (Recommendation adopted by the OECD Council on 25 May 2009), http://www.oecd.org/daf/inv/investment-policy/43384486.pdf, accessed 5 January 2018.

② OECD, Guidelines for Recipient Country Investment Policies relating to National Security (Recommendation adopted by the OECD Council on 25 May 2009), http://www.oecd.org/daf/inv/investment-policy/43384486.pdf, accessed 5 January 2018.

③ OECD, Guidelines for Recipient Country Investment Policies relating to National Security (Recommendation adopted by the OECD Council on 25 May 2009), http://www.oecd.org/daf/inv/investment-policy/43384486.pdf, accessed 5 January 2018.

修订案，如美国、俄罗斯、加拿大相继修订了与国家安全有关的外国直接投资条例，并在一定程度上引发了国家投资保护主义的抬头。①

（二）透明度

引发东道国对主权财富基金实施安全监管的另一个主要问题为透明度，主权财富基金在治理结构、投资决策、信息披露等方面透明度的缺乏一直是备受关注的问题。虽然透明度为抽象概念，但目前已发展出多项客观标准对其进行量化，② 其中最著名的为林那伯格－迈迪尔透明度指数。该指数是主权财富基金研究所将主权财富基金透明度的评判简化为十项具体指标，全部满足则指数为 10 分，分数越高代表透明度越高。③ 根据主权财富基金研究所统计的 2018 年第一季度透明度指数报告，在选取的 48 个主权财富基金中，有一半数量的透明度指数在 6 分或 6 分以下，其中有 4 个主权财富基金透明度指数仅为 1 分。④ 该研究所认为主权财富基金最低评级指数达到 8 分，才能确保基金具有足够的透明度。主权财富基金透明度的缺乏，妨碍了利益关系人对其经营状况及法规遵守情况的了解，导致东道国与投资者之间的信息不对称，也就无法消除东道国对其投资策略的怀疑。

针对主权财富基金的透明度还存在一些误区，通常来自新兴市场和发展中国家的主权财富基金会被认为是相对不透明的。美国政府智库彼得森国际经济研究所的高级研究员埃德温·杜鲁门设计了一套主权财富基金计分体系，该计分体系以四个要素作为计分标准：组织结构、监督治理、透明度与责任、经营行为，其中透明度与责任要素又包括类别、基准、信用评级、托管、收益、地址、具体投资、资产构成、年度报告、季度报告、定期审计、审计公开、独立

---

① 王霞、王曙光："谈主权财富基金与西方投资保护措施"，载《经济问题》2008 年第 6 期，第 110—112 页。

② 潘圆圆、张明："中国主权财富基金投资策略的转变及其原因"，载《上海金融》2014 年第 9 期，第 28—35 页。

③ 主权财富基金研究所的透明度指数评价方法是由其所长米切尔·迈迪尔（Michael Maduell）及其副总裁卡尔·林那伯格（Carl Linaburg）共同编制，因此被命名为林那伯格－迈迪尔透明度指数（Linaburg—Maduell Transparency Index）。该指数以下列十项指标对主权财富基金的透明度进行排名：（1）提供历史记录，包括成立目的、初始资金来源及所有权结构；（2）及时提供独立审计的年度报告；（3）提供基金公司的股权结构及地域分布；（4）提供投资组合的市价、回报及管理层薪酬；（5）提供明确的投资策略、道德标准及执行准则；（6）提供明确的战略和目标；（7）在适用的前提下，提供基金子公司和联系信息；（8）在适用的前提下，提供外部经理的信息；（9）管理自己的网站；（10）提供主要的办公地点及联系信息，如电话、传真等。

④ 该统计数据根据 1st Quarter 2018 LMTI ratings 得出，详见 https：//www.swfinstitute.org/statistics-research/linaburg-maduell-transparency-index/，最后访问日期：2018 年 6 月 1 日。

审计子要素。① 根据此计分体系计出的 2015 年主权财富基金得分情况，低于中位数 77 分的主权财富基金都来自新兴市场和发展中国家的主权财富基金，但高于中位数 77 分的 30 个主权财富基金中有一半也来自上述地区，另一半则来自发达国家。② 这一计分结果可用于驳斥对来自新兴市场和发展中国家主权财富基金透明度低的误区。

随着主权财富基金透明度评估标准的发展成熟，一些主权财富基金一直存在的低透明度问题得以暴露，同时引起了母国及东道国的关注。③ 美国、欧盟、澳大利亚等西方国家和地区作为主权财富基金投资的青睐地，强烈主张增加主权财富基金的透明度，以防止战略投资进入本国和地区。④ 主权财富基金及其母国也意识到了透明度对东道国信任的影响，主动披露信息的增多即是其向东道国示好的一个信号，这也表明此类主权财富基金的投资目的是以经济利益为导向。相反，如果是以政治目的为导向，主权财富基金也不愿主动披露过多信息，透明度自然大打折扣。导致东道国对主权财富基金投资的不信任并非单纯来源于透明度因素，同样缺乏透明度的其他种类金融工具（如对冲基金）却让东道国相信其是由商业目标驱动的投资者，导致这一差别的根本原因在于二者所有权的不同，对冲基金为私人经营的投资工具，主权财富基金为国有投资工具。因此，正是在"所有"关系与透明度的共同作用下引发了东道国对主权财富基金的监管。

二、主权豁免

国际法中有关主权财富基金在东道国的法律地位也是东道国关注的问题之一，主权财富基金能否在东道国的国内法院享有主权豁免，乍看之下答案是否定的，根据国际法适用的一般原则，当一国以私人实体身份进行投资时，不享有主权豁免。然而事实上，主权财富基金并不能单纯被归类为私人或国有实体，由于其结构和治理上的复杂性，使基金处于国有企业（通常不享有豁免)⑤ 和

① Stone S E, Truman E M, PB 16 – 18 Uneven Progress on Sovereign Wealth Fund Transparency and Accountability, Peterson Institute for International Economics, 2016.

② 同上。

③ Dixon A D, Enhancing the Transparency Dialogue in the Santiago Principles for Sovereign Wealth Funds, Seattle University law review, 2013, Vol. 37, pp. 581 –595.

④ 苗迎春："论主权财富基金透明度问题"，载《国际问题研究》2010 年第 4 期，第 57—63 页。

⑤ 梁一新："论国有企业主权豁免资格——以美国 FSIA、英国 SIA 和 UN 公约为视角"，载《比较法研究》2017 年第 1 期，第 86—98 页。

中央银行（国家豁免得到普遍承认）之间的"中间地带"。① 就具体的组织结构而言，主权财富基金可分为以下三类：第一类是具有独立的法人身份及完全行为能力，并受特定的组织法管辖，如科威特、卡塔尔、韩国的主权财富基金；第二类是国有公司法人，受本国公司法管辖的同时也受其他法律规制，如新加坡的淡马锡，我国的中投公司等；第三类是由资产池组成但没有独立的法人身份，资产池由国家或中央银行所有，如加拿大、智利、挪威的主权财富基金。根据《联合国国家及其财产管辖豁免公约》（以下简称《豁免公约》），只有主权财富基金的行为可归因于国家，才能够享有主权豁免。《豁免公约》中与主权财富基金行为定性相关的条款为第 2 条，该条指出"国家及其政府的各种机关""有权行使并且在实际行使国家主权权力的国家机构、部门或其他实体"享有管辖豁免，从以上主权财富基金组织结构的三种类型来看，在满足行使国家权力的前提条件下，第三类可被初步归为"政府机关"，第一类和第二类可被归为"国家机构、部门或其他实体"。除此之外，《豁免公约》第 15 条还规定了"一国在有关该国参加具有或不具有法人资格的公司或其他集体机构的诉讼中，不得向另一国原应管辖的法院援引管辖豁免，但有以下条件……"国际法委员会在对本条规定的评论中指出"当一个国家参与一个集体机构，例如通过收购或持有一家公司的股份或成为在另一国组织和经营的法人团体的成员时，应当视为其自愿受该国法律约束并有义务遵守该国法律"，该情形属于国家豁免的商业例外。② 因此，即使根据主权财富基金的结构组织可初步将其行为归因于国家，但当其涉入有关公司持股等民事诉讼时，都不能援引管辖豁免。即使主权财富基金不能援引主权豁免，也并不影响其所属国援引豁免的权力。《豁免公约》第 10 条就规定，"当国家企业或国家所设其他具有独立法人资格的实体，有能力起诉或被诉并有能力获得、占有、处置资产，该国享有的管辖豁免不受影响"。③

　　从《豁免公约》的相关规定可看出，主权财富基金援引管辖豁免的条件是非常苛刻的，并不能简单地根据其组织结构特征与国家政府机关或其他国家实体相似就将其投资行为归因于国家，还应从其成立、分类、职能、权力、行为以及与本国政府的关系等方面进行分析以判断是否符合商业例外条件，如是否满足实际行使国家权力的条件，以及是否为管辖豁免排除的诉讼类型等。在诉

---

① Bassan F, The law of sovereign wealth funds, Edward Elgar Publishing, 2011, p. 89.

② 张子妹：《论国家管辖豁免中"商业交易"行为的认定》，首都经济贸易大学 2014 年硕士学位论文。

③ Convention on Jurisdictional Immunities of States and Their Property, UNITED NATIONS, http://treaties. un. org/doc/source/RecentTexts/English_3_13. pdf, accessed 7 January 2018.

讼实践中，主权财富基金的司法管辖豁免也未形成长期的统一做法，在 Kuwait V. X, Swiss Federal Tribunal 案①中，法官指出，根据瑞士判例法，科威特投资无权援引豁免，这也符合《欧洲国家豁免公约》对国有企业的一贯做法。对于科威特主权财富基金是否为国家部门或其他实体的问题，法院认为这一问题与管辖豁免无关，因为承认主权财富基金行为的私法性质已经在任何情形下都排除了豁免。

　　显然，在主权财富基金投资实践中能够援引管辖豁免的可能性极低，但管辖豁免的排除并不当然意味着执行豁免的排除，主权财富基金及其母国在被诉时仍可主张执行豁免。在主权财富基金涉入的民事诉讼中，其所属国可就本国在外国的财产申请执行豁免，但援引执行豁免也应符合法院地国的相关法律。在 Kuwait V. X, Swiss Federal Tribunal 案中，法院认定，如果科威特主权财富基金为国家政府的一部分，则科威特有权就本案涉及的账户要求执行豁免，但法官最终认定科威特投资局为独立于国家的实体，科威特政府不能援引执行豁免。② 而在 AIG Capital Partners Inc. and Another V. Kazakhstan 案中，英国的法院认为主权财富基金的投资目的包含了为公共利益而积累财产，因此授予此部分投资资产（由哈萨克斯坦国家银行管理）以执行豁免，原因在于"这些交易都是哈萨克斯坦共和国全面行使主权权力的部分表现"。③ 由此可见，对于主权财富基金财产的执行豁免也未形成统一做法，在个案中还是要根据法院判定的财产性质来决定是否适用执行豁免。从裁判实例中可见，虽然主权财富基金在东道国的诉讼中援引主权豁免较为困难，但并非完全无可能性，因此主权豁免也成为东道国担忧的问题之一，若援引主权豁免成功则可能给东道国及其国内的利益相关者造成损失，即使某些东道国认为主权财富基金投资的性质属于商业行为，不支持投资者主张豁免的诉求，但是此类诉讼发生的可能性也足以降低东道国对主权财富基金投资的热情。④

---

　　① Kuwait v. X, Swiss Federal Tribunal, 24 January 1994, 本案涉及的主权财富基金为科威特投资局，审理结果未被公开。参见 Gaukrodger D, Foreign State Immunity and Foreign Government Controlled Investors, No. 2010/2, OECD Publishing, 2010, p. 16.

　　② 同上。

　　③ AIG Capital Partners Inc. and Another v. Kazakhstan, ［2005］EWHC 2239（Comm）, October 20, 2005, see http://www. bailii. org/cgibin/format. cgi? doc = ew/cases/EWHC/Comm/2005/2239. html&query =（. 2005.）+ AND +（EWHC）+ AND +（2239）, accessed 8 March 2018.

　　④ Thomas N, Regulating Sovereign Wealth Funds Through Contract, Duke Journal of Comparative & International Law, 2013, Vol. 24, p. 459.

三、社会责任投资

社会责任投资，是指负责任并合乎道德标准的投资，进行社会责任投资，不仅需要承认财务标准在投资中的作用，还应承认人权、环境及其他社会因素的相关性，并在决策过程中对上述因素进行考量。社会责任投资也可被解释为包括"道德投资、负责任的投资、可持续投资"等通用术语的集合，它将投资者的财务目标与对环境、社会和公司治理问题的关切联系起来。[①] 社会责任投资源于 20 世纪中叶由一个宗教团体推动的小规模运动，[②] 而后这一投资理念在20 世纪 60 年代的民权运动、女权运动及环保运动的浪潮中得到现代化的发展，后经诸如英国可持续投资和金融协会及美国可持续和负责任投资论坛等机构的推广得以在全球受到重视。[③]

目前可用于解释社会责任投资扩张的理论主要包括"全球所有者"、委托代理、利益相关者理论，虽然"全球所有者"理论尚未成为确定的金融理论，还处在学界探讨层面，但不妨碍其在将来与委托代理及利益相关者等理论[④]共同影响机构投资者的投资决策及公司治理。"全球所有者"理论的核心为可持续投资，鼓励投资者不仅要考虑财务回报，还应考虑投资产生的社会影响。该理论主张机构投资者将社会和环境等外部因素纳入投资决策中，并将会从中获得经济利益。[⑤] 在将自身置于全球所有者的角度后，机构投资者除了看到目标公司对其投资组合的影响外，还将关注金融市场的整体及长期发展。大型机构投资者的投资组合涵盖了全球经济的各种资产，因此所投资目标公司的社会、道德、环境表现也将影响全球经济体系。因此，"全球所有者"理论可以在纯粹财务动机的推动下，通过行使股东权利等方式创造并巩固投资组合的经济价

---

① Eurosif, European SRI study 2010, European Sustainable Investment Forum, 2010, http://www. eurosif. org/wp-content/uploads/2014/04/Eurosif_2010_SRI_Study. pdf, accessed 20 September 2018.

② Schueth S, Socially responsible investing in the United States, Journal of business ethics, 2003, Vol. 43, pp. 189 – 194.

③ Hill R P, Ainscough T, Shank T, et al, Corporate social responsibility and socially responsible investin-g: A global perspective, Journal of Business Ethics, 2007, Vol. 70, pp. 165 – 174.

④ 委托代理及利益相关者理论为企业治理领域盛行的两种理论，前者奉行"股东至上主义"，后者则要求在公司治理当中除了保护股东利益外，还应保护股东以外的产权主体的利益。上述两种理论都对公司治理中对社会绩效的考虑产生影响。参见苏晓华："企业治理观的变迁及其原因——基于人力资本特异性的分析"，载《经济问题探索》2006 年第 1 期，第 106—111 页。

⑤ Hawley J, Williams A, Universal owners: Challenges and opportunities, Corporate Governance: An International Review, 2007, Vol. 15, pp. 415 – 420.

值，从而促进更广泛的可持续性经济发展。① 然而，由于该理论在理论构建和实践中遇到困难，导致其有效性受到了研究者的质疑。"全球所有者"理论无法完全反映及影响经济体系的运作，也无法对机构投资者的行为作出直接要求，但该理论可以为解释机构投资者，特别是主权财富基金在投资时考虑社会、环境及治理因素提供理论基础。

委托代理及利益相关者理论都认为机构投资者的社会责任投资行为及企业社会责任绩效的最终目标都是实现股东价值最大化。在委托代理理论中，股东或所有者为委托人，管理者作为代理人，基于服务合同的履行代表委托人行事，其中还涉及委托人将部分决策权利下放给代理人，这也代表股东下放了金融资本收益最大化的权利。但代理人同时代表股东利益及自身利益，该两项利益并不总是完全一致的。② 因此，出现了一系列公司内部治理机制和强制性条例用于解决管理者与股东之间的风险分配问题。董事会的设立即为了确保代理人的管理行为符合股东的利益。因此，在委托代理理论下，当主权财富基金作为目标公司的股东时，可通过委托代理机制行使委托人的权利，从而强制目标公司承担企业社会责任，影响目标公司的治理结构。利益相关者理论是指企业的经营管理者为平衡能够影响公司经营或受公司业务影响的个人和实体的利益而进行的管理活动，该理论鼓励投资者通过商业交易、外部干预等方式构建与目标公司的关系。进行社会责任投资或践行企业社会责任的公司，将为其利益相关者创造经济和社会双重回报，反过来利益相关者也可通过推行社会责任投资影响企业行为。

近年来，以环境、社会和公司治理三个因素作为投资者在资本市场中评估公司的非财务行为和道德影响的标准得到投资界的认可，也促使社会责任投资的理念为更多的机构投资者所采纳。根据美国可持续和负责任投资论坛披露的数据显示，在美国运用社会责任投资战略管理的注册资产总额从 2012 年的 3.74 万亿美元上升到 2014 年的 6.57 万亿美元，增幅达到了 76%。③ 2008 年全球金融危机暴露出的金融市场监管问题也迫使投资者和决策者开始考虑长期市

---

① Hawley, James P. , and Andrew T. Williams, The rise of fiduciary capitalism: How institutional investors can make corporate America more democratic, University of Pennsylvania Press, 2000, p. 252.

② Kala S, Corporate Governance: Does any Size Fit?, Advances in Public Interest Accounting, 2004, Vol. 11, pp. 1 – 11.

③ SIF, US, Report on US sustainable, responsible and impact investing trends, Washington, D. C. : US SIF, 2014.

场发展问题及经济外部性对社会产生的影响。[①] 一般而言，实施社会责任型投资可通过三种策略进行：（1）社会筛选；（2）股东行动主义；（3）社区投资。社会责任投资者可选取一种或多种策略，目前大多数投资者采取的是社会筛选和股东行动主义来实施社会责任型投资。社会筛选策略是指投资者根据某一特定公司或部门的社会记录或道德行为对其进行投资或排除，包括消极筛选和积极筛选两种方式，早期的投资者通常通过消极筛选策略规避那些存在劳工、人权、环境等问题的公司，新的积极筛选法主要依靠投资者积极寻求社会、人权、环境记录较好以及企业治理优良的公司进行投资。[②] 股东积极行动主义是指社会责任投资者的股东充分发挥股东权利，在参与公司治理及决策过程中采取积极行动，以促进改善公司管理和公司环境治理的目标实现。股东积极行动主义也表现为两种形式：一种方式是股东通过行使投票权及其他股东权利直接影响公司的管理；另一种方式为撤资或退出，即如果一家公司在人权、环境等领域违反道德标准或国际公认的准则，则投资者将从其投资组合中剥离特定的股份。[③] 与其他两种社会责任投资策略相比，股东积极行动主义是影响目标公司治理的更为有效的方式，并且已被私人投资者进行了较长时间的实践。社区投资策略主要在美国实施，是指投资者将资金直接投资于为传统金融机构所忽视的区域，如低收入群体、中小企业、社区服务等。[④]

社会责任投资理念得到众多经济学理论的支持，但仍有学者对社会责任与公司效益之间的正相关关系存有质疑，主要表现为：首先，尽管追求企业社会责任的公司外在表现出更高的股东价值，但"并不存在令人信服的证据表明二者之间的因果关系"；[⑤] 其次，一些研究及调查结果表明，与传统利润最大化相比，采纳社会责任投资理念的投资者无法获得具有竞争性的回报，原因在于传统的投资策略以利润至上为唯一原则，因此更容易实现预期的财务回报目标；[⑥] 最后，如果投资者不能充分利用及妥善实施社会责任投资，很有可能最终无法

[①] Richardson B J, Sovereign wealth funds and socially responsible investing: An emerging public fiduciary, Global Journal of Comparative Law, 2012, Vol. 1, pp. 125 – 162.

[②] Renneboog L, Ter Horst J, Zhang C, Socially responsible investments: Institutional aspects, performance, and investor behavior, Journal of Banking & Finance, 2008, Vol. 32, pp. 1723 – 1742.

[③] Chung H, Talaulicar T, Forms and effects of shareholder activism, Corporate Governance: An International Review, 2010, Vol. 18, pp. 253 – 257.

[④] 蔡华："保险企业 SRI 问题探讨"，载《社会科学家》2012 年第 4 期，第71—75 页。

[⑤] Renneboog L, Ter Horst J, Zhang C, Socially responsible investments: Institutional aspects, performance, and investor behavior, Journal of Banking & Finance, 2008, Vol. 32, pp. 1723 – 1742.

[⑥] Crocheting C, Socially Responsible Investing, ENCYCLOPEDIA OF BUSINESS & SOCIETY, 2007.

获得预期的经济回报以及社会回报，已有研究表明进行社会责任投资的共同基金在统计学上并未获得超额回报，而在经济及社会回报方面也并未表现出与传统共同基金相比的明显优势。① 然而，社会责任问题已经开始影响经济和社会变革，并将成为构建健康和稳定市场的关键驱动因素。在 2015 年联合国气候变化会议上，195 个国家通过了《巴黎协定》，这是有史以来具有普遍法律约束力的全球气候协定，该协定的通过表明气候变化问题得到了国际社会的广泛承认，同时也表明可持续经济发展的至关重要性。② 因此，在未来以社会、环境、治理因素作为投资决策及公司治理的考量标准并能对经济可持续发展问题作出有效反应的投资者很可能在市场上取得优势地位。

社会责任投资的倡导者通常强调公司社会责任对财务收益的积极影响，并提出"为善常富"的理论来鼓励公司承担更多的社会责任。③ 公司的"社会责任"概念强调股东价值最大化与利益相关者价值最大化之间的平衡，尽管一些经济学家和企业律师对企业社会责任仍持怀疑态度，但它已成为一个热门话题并受到广泛讨论。社会责任投资的概念反映了一种信念，即"企业的社会责任和经济绩效并非相互排斥，而是相互促进和补充的"，也代表了"金钱和道德可以兼得"的理念。④ 投资者运用社会责任投资战略进行公司治理，可以确保在进行投资决策时兼顾经济利益和社会效益，也有利于自身投资形象的建设；同时投资者选择投资于采纳经济可持续性治理系统的目标公司，也将确保投资者在目标公司中获得更多的利润。上述观点也得到公司高管和机构投资者的认可，一项研究表明，"公司高管和机构投资者相信，企业承担社会责任的行动有助于降低不道德事件发生的风险，间接降低经济价值的损耗"，另外，研究还表明，实施社会责任战略或股东参与程度更高的公司更有可能增加经济价值并吸引外来投资。⑤ 因此，对于投资者和被投资者而言，采纳社会责任和可持续理念进行自我治理将有利于自身及社会的发展，同时也保证了经济效益的

---

① Hamilton S, Jo H, Statman M, Doing well while doing good? The investment performance of socially responsible mutual funds, Financial Analysts Journal, 1993, Vol. 49, pp. 62 – 66.

② 吕江："《巴黎协定》：新的制度安排、不确定性及中国选择"，载《国际观察》2016 年第 3 期，第 92—104 页。

③ Hamilton S, Jo H, Statman M, Doing well while doing good? The investment performance of socially responsible mutual funds, Financial Analysts Journal, 1993, Vol. 49, pp. 62 – 66.

④ Guay T, Doh J P, Sinclair G, Non-governmental organizations, shareholder activism, and socially responsible investments: Ethical, strategic, and governance implications, Journal of business ethics, 2004, Vol. 52, pp. 125 – 139.

⑤ Petersen H L, Vredenburg H, Morals or economics? Institutional investor preferences for corporate social responsibility, Journal of Business Ethics, 2009, Vol. 90, pp. 1 – 14.

获取。

社会责任投资可以涵盖现有几乎所有类型的投资，包括"直接股权、共同基金、对冲基金、私人股本、私人及国家养老基金、公司债券、主权财富基金"投资①，无论作为私人投资者还是机构投资者，除了从自身发展需求角度进行社会责任投资外，还受到来自外部日益增长的道德要求的压力，许多国际组织、宗教团体及非政府组织都在提倡可持续发展及公司社会责任，并且都在不断寻求推动跨国公司及机构投资者在投资时考虑社会和环境因素的途径。而在所有类型的投资者中，面临来自社会、媒体及政府所施加压力最显著的为机构投资者（包括主权财富基金），他们被要求在投资时考虑社会因素，对因投资所造成的社会影响负责，并公开报告作出的投资决策或负责任的投资活动。实证研究表明，在投资决策中考虑社会、环境及治理因素的策略已得到普遍接受，② 一些投资基金，如共同基金及大型养老基金，都更多地加入进行社会责任投资的行列中，并更加关注投资组合目标公司的公司治理以及公司与社会之间的关系。

社会责任投资群体的壮大除了归因于社会外部的压力外，还部分归因于私主体监管制度的改革。③ 公共决策者日益认识到企业社会责任的重要性，并要求公司对利益相关方及社会负责。在国家层面，政府采取了促进社会责任承担的监管举措，例如针对养老基金投资的信息披露要求以及对上市公司在社会、道德及环境等相关信息的披露要求等。在就社会责任采取监管举措的国家中，英国是第一个就养老基金投资政策进行披露的国家，在 1995 年出台的英国退休金法经过修订之后加入了要求企业年金基金的受托人在其投资准则说明书中披露影响投资决策的社会、道德及环境因素的规定。此外，英国保险公司协会也在 2001 年发布了信息披露准则，要求参保的上市公司报告与其商业活动有关的社会、道德和环境风险。美国在《2002 年萨班斯—奥克斯利法案》第 406 条中也要求公司就其高级财务官员的道德守则进行披露，其中包括促进"诚实和道德行为，包括在道德方面处理个人与职业之间存在的实际或明显的利益冲突"的标准。④

各国政府采取的监管措施对社会责任投资的发展产生了积极影响，政府采

---

① Williams G, Socially responsible investment in Asia, Social Space, 2010, pp. 20 – 27.

② Van Der Zee E, Sovereign wealth funds and socially responsible investment: Dos and don'ts, European Company Law, 2012, Vol. 9, pp. 141 – 150.

③ Van der Zee E, In between Two Societal Actors: The Social and Environmental Responsibilities of Sovereign Wealth Funds, University of Oslo Faculty of Law Research Paper No. 2017 – 11, 2016, Vol. 12.

④ Sarbanes Oxley Act of 2002, Section 406 (c) (1), codified as 15 U. S. C. § 7264 (c) (1).

取支持社会责任投资的原因在于其能够协助政府"在不受政府直接干预的情况下对公司行使监管权"。① 而在国际层面，联合国发布的《联合国负责任的投资原则》以及《联合国全球契约》在推动社会责任投资方面也发挥了重要作用，到目前为止已有 1900 多家投资机构签署了《联合国负责任的投资原则》，《联合国全球契约》目前也拥有约两万多个成员。我国大型公募基金公司南方基金也在 2018 年正式成为联合国责任投资原则组织的成员，并将根据该原则在国内践行环境保护、社会责任和公司治理的投资理念。② 尽管联合国出台的上述协议是以软法形式存在并基于各方的自愿加入，但多数机构投资者，包括主权财富基金在内，已经采纳或签署了这些协议，并成为相应组织的成员。随着各方社会意识的觉醒及监管制度的发展，社会责任投资理念必将得到进一步的推行，并在更广范围内得到采纳。

社会责任投资传达的重要理念之一是企业的社会责任和经济绩效并非相互排斥，而是相互促进和补充的。主权财富基金若运用社会责任投资战略进行公司治理，可以确保在进行投资决策时兼顾经济利益和社会效益，也有利于自身投资形象的建设；同时主权财富基金选择投资于采纳经济可持续性治理系统的目标公司，也将确保投资者在目标公司中获得更多的利润。主权财富基金采纳社会责任和可持续理念进行自我治理不仅有利于自身及社会的发展，也可以从以下方面改善投资环境从而避免额外的经济损耗：首先，进行社会责任投资能够减少东道国对主权财富基金的政治关切，并能够有效避免投资活动引发的争端；其次，主权财富基金需要通过进行社会责任投资塑造良好的投资形象，为自己争取更为自由的投资环境；最后，主权财富基金进行社会责任投资是履行其对股东的信托义务的方式之一，既包括对本国政府承担的信托义务，还包括对利益相关人（纳税人等）承担的信托责任。

东道国接受主权财富基金投资的目的在于促进本国的发展，不仅是有利于促进本国的经济发展，还包括本国的可持续发展。随着主权财富基金在东道国影响力的提升，主权财富基金承担的社会责任也成为东道国关注的问题之一。

---

① Louche C, Lydenberg S, Socially responsible investment: Differences between Europe and the United St-ates, in Proceedings of the International Association for Business and Society, Proceedings of the Sevent-eenth Annual Meeting, 2006, Vol. 17, pp. 112 – 117.

② 金融界基金：南方基金成为联合国责任投资原则组织（UNPRI）签署成员，http://fund. jrj. com. cn/2018/06/26162824729733. shtml，最后访问日期：2017 年 12 月 10 日。

目前已有主权财富基金将社会责任投资①以及"环境、社会责任和公司治理"②的概念纳入投资策略当中，并在投资活动中自觉受道德准则的约束。事实上，已采纳道德准则的主权财富基金不应再投资于污染环境、侵犯人权或制造武器的公司，因此道德准则也是对社会责任投资的外部驱动因素。但是值得注意的是，道德准则旨在指导主权财富基金的投资战略，而这些准则只能对主权财富基金投资的目标公司业务决策产生间接影响。

东道国期望主权财富基金在投资时承担相应的社会责任，但实际上主权财富基金的运作和行为仍然受到某些因素的禁锢，这些因素与道德准则的遵守和社会效益的追求相去甚远，却更接近于实现利润及国家战略目标。另外，由于主权财富基金透明度的缺乏，很难收集到足够的资料以揭示主权财富基金投资组合的确切组成对东道国及全球可持续发展的影响，这一问题突出反映在主权财富基金输出到发展中国家（非洲、亚洲或南美洲）的能源类投资上。主权财富基金在分配遍及世界各地的投资时必定有其真正的内在利益考量，不论是为了减少投资风险，还是抓住在新兴国家进行投资的机遇以获得中长期回报，抑或是对石油资源或廉价劳动力的争夺，都可能影响到东道国和全球的可持续发展。

主权财富基金投资产生的副作用涉及东道国人权、环境、可持续发展等问题。在人权问题上，若主权财富基金投资的公司存在雇用童工、剥削劳工或其他违反国际劳动法的行为，而投资者明知存在此种人权不轨行为又不采取措施时，那么就会成为侵犯人权的"共谋"。在环境问题上，市场逐利性决定了参与者倾向于获得短期利润，生产收入经常会与固定资本耗费混淆，如森林砍伐、过度捕捞、集约农业等。当自然资源被使用（或滥用）时，投资回报越快就代表更高水平的资源损耗。但投资者却未必会关注发展与环境保护的关系，在国际投资条约及其他国际硬法中也未规定投资者的环境保护义务。③另外，主权财富基金在促进可持续发展方面也是一直被忽视的对象，其投资对设立国及其进行投资和收购活动的所在国的良性发展都会产生影响。主权财富基金除了通

---

① 一项投资被认定为承担社会责任的投资是通过其公司所从事的业务性质判断的，社会责任投资的共同主题包括但不限于：避免投资于生产或销售成瘾性商品（如酒精、赌博或烟草等）的公司；寻找同致力于社会正义、环境可持续或替代性能源、清洁技术的公司合作。社会责任投资的目标应当兼具财政收益和社会效益。

② 环境、责任和公司治理是外界衡量公司或企业投资的可持续性起到的影响的三个主要关切领域，是对社会责任投资所使用的标准的统称。

③ 韩秀丽："环境保护：海外投资者面临的法律问题"，载《厦门大学学报（哲学社会科学版）》2010年第3期，第59—66页。

过投资解决新兴经济体和发展中国家的结构性经济问题外，还可通过干预措施发挥传统的发展援助效应，如减轻当地居民贫困、健康问题，甚至解决关乎个人生存的紧急情况。对于那些能自觉承担社会责任的主权财富基金投资，将有利于东道国的发展，而对于那些只注重财政收益，忽略社会效益的基金投资，东道国无法进行强制干预，但此类主权财富基金投资也应当以国际法中最基本的道德准则来约束自己。

通过对上述法律问题的梳理与剖析，可总结出主权财富基金的"主权"色彩是引发所涉投资法律问题的根源。首先，东道国对国家安全的担忧及主权财富基金自身治理缺陷是引发其与东道国之间法律问题的直接原因。目前东道国对主权财富基金最为关注的是其投资可能对国家安全造成的不利影响，其次，主权财富基金不愿主动披露信息导致的低透明度问题也为东道国所诟病。上述法律问题直接加剧了东道国对主权财富基金的监管力度，由此又衍生出了一系列新的法律问题，包括主权豁免、投资争端的解决等。除此之外，主权财富基金在进行海外投资中应承担的社会责任是可持续发展领域的新议题。主权财富基金投资的"主权"特性不仅将其与一般的私人投资者相区别，也导致现有的国际投资法框架不能直接适用于主权财富基金，同时也为东道国的特别监管留有了政策空间，进而引发了下述章节重点讨论的若干法律问题。

第二章 主权财富基金面临的东道国监管及自我应对

第一节 投资保护主义浪潮催生的主权财富基金投资监管

跨国投资是推动全球经济增长的最重要因素之一，但在经历了 2008 年经济危机后，全球外国直接投资总量下降了 20% 以上。[①] 由于这场经济危机，各国政府不得不采取迅速和积极的措施来应对前所未有的困难，高失业率和地方工业的崩溃迫使政府颁布保护主义措施，跨国投资首当其冲成为政府保护主义的受害者之一。[②] 决策者对经济进行过多干预和引导的趋势，使得监管和限制性政策在总投资政策措施中所占的份额不断增加，也引发了外界对投资保护主义的担忧。[③] 主权财富基金投资自身存在的政治意图及透明度问题使得东道国采取了一系列监管措施，其中一些已经超出适当审慎的标准，构成了投资保护主义。对于东道国而言，保护公众免受国家或经济安全受到威胁带来的损害远比市场开放带来的效益更为重要。

主权财富基金的监管归根结底是由于其自身缺乏透明度以及可能受到母国政治干预的风险引起的，如果外界不要求基金向市场披露其投资规模、战略、目标、宗旨、计划、治理规则以及为确保适当的风险管理而采取相应的措施等，那么东道国担忧的潜在风险都有可能出现，这为东道国的监管提供了明确的动机。在国际贸易领域，一国能够采取的最令人熟知且使用最为频繁的措施是贸易保护措施，包括各种关税和非关税措施，以限制进口从而保护本国市场免受外国商品竞争，而在国际投资领域也同样存在保护主义。贸易保护主义的动机

[①] Briefs U I, Global FDI in Decline Due to the Financial Crisis, and a Further Drop Expected, Investment Issues Analysis Branch of UNCTAD, 2009, p. 1, Available at https://unctad.org/en/Docs/webdiaeia20095_en.pdf, accessed 1 April 2018.

[②] 刘恩专、刘立军："投资保护主义与中国对美国直接投资策略的适应性调整"，载《河北学刊》2013 年第 3 期，第 105—109 页。

[③] United Nations Conferences on Trade and Development, World investment report 2015: Reforming international investment governance, 2015, p. 128.

往往是出于政治或短期的经济考量,① 但也会给本国带来重大的经济损失,包括限制自由贸易而转嫁到消费者和社会承担的相关损失。投资保护主义同样会对东道国的经济发展产生影响,但在市场开放与审慎监管以保护国家安全之间进行权衡时,东道国很容易选择后者。值得注意的是,一项适当审慎的监管对策需要就本国对外资的需求与外资可能干预本国经济或其他部门的风险进行评估,找准监管措施与保护重要的国家政治和经济利益的平衡点。但在实际操作层面,东道国很难把握自身采取的监管政策在何种程度以内是适当审慎的,抑或者已经构成投资保护主义。

一、国家安全关切引发的投资保护主义措施

虽然经济保护主义普遍盛行于对国内公司财产所有权的保护及对外国投资者的筛选程序中,但当前投资保护主义浪潮中比较有趣的一个方面是政府对主权投资的反应。新的投资保护主义浪潮有多种表现形式,东道国政府可以通过制定国家法规禁止以特定身份(如为外国政府所有的投资工具)进行的或拟进入特定行业的投资进入本国市场,还可以制定一项拟议收购或投资的筛选机制,特许行政部门对具体投资进行评估,并根据对其商业性质和相关风险的评估结果作出是否予以批准的决定。例如,法国政府在 2008 年宣布了一项存在争议的提议,即通过设立一个政府基金,在外国政府控制的投资工具竞标本土项目时充当"白衣骑士"的角色,以阻止外国政府所有的经济实体的敌意收购。还有一些国家排除了某些行业可供外国投资者收购,俄罗斯就通过立法限制对本国天然气和石油工业的外国投资。② 为了应对东道国可能采取的投资保护主义措施,主权财富基金只能选择暂停投资,投资保护主义措施的负面影响开始显现。中投公司作为中国最大的主权财富基金就曾在金融危机前暂停在欧洲的投资,作为欧洲对中国主权财富基金所面临质疑的反应。③

主权财富基金的透明度无论是作为需要解决的问题本身,还是仅作为一个中间目标,东道国都希望通过采取立法措施解决主权财富基金的不透明。但是

---

① Messerlin P A, Measuring the costs of protection in Europe: European commercial policy in the 2000s, Peterson Institute, 2001, p. 41.

② Chalamish E, Protectionism and Sovereign Investment Post Global Recession, Ssrn Electronic Journal, 2010, Available at SSRN: https://ssrn.com/abstract=1554618, accessed 15 April 2018.

③ 时任中投公司董事长的楼继伟曾表示:"欧洲官员告诉我,他们希望我明确作出表态,我们不会持有超过 10% 的股份,也不会要求投票权……所以我说,好吧,如果欧洲不想接纳我(中投公司),我也不去。所以我想感谢这些金融保护主义者,因为最后的结果是我们没有在欧洲投资一分钱。"参见 Dean J, China Wealth Fund to Boost Investments, The Wall Street Journal, New York, 20 April 2012.

也有反对的声音认为主权财富基金的不透明并非关键问题，任何试图解决这一问题的努力也是徒劳的。对于主权财富基金透明度问题的态度对立本质是投资保护主义与竞争中立的博弈。透明度原则本身是合理的，但如果没有可靠的宏观经济理由作为支撑，主权财富基金不应简单地因其为政府所有的身份而受到特别监管。东道国应当把握好投资保护主义与竞争中立之间的张力，推动金融市场的透明度与公平竞争齐头并进。如果国家立法催生的大多数措施过于"保护主义"，并且远远超出了应对主权财富基金有关的潜在关切所需要的限度，那么这些措施所产生的积极影响也将受到减损。

出于上述原因，西方经济体对主权财富基金的批评越来越多，进而促使几个主要发达国家制定新的或修改现有的法律法规，以更好地提高控制主权财富基金拟议投资的能力。在此番应对基金投资的改革中，大部分监管政策被采用的目的是提高投资筛选过程的透明度和效率，以便更有效地处理实际的国家安全关切，但也往往被作为投资保护主义的借口。一旦承认主权财富基金对国家安全及经济稳定构成风险，那么对其进行监管就变得理所当然，但如果上述威胁仅是出于臆想，或者主权投资为东道国带来的收益远超其可能带来的负面影响，那么行使对一般海外投资的有限监管权力就已足够，无须对基金再进行高规格的特别监管。因此，对于主权财富基金的投资是否有必要采用特定的国家或国际投资监管政策还是尚待讨论的问题，这也涉及对主权财富基金进行监管的理由分析，以及对现有的投资监管措施的审查。

二、主权财富基金监管与金融稳定性

一直以来，经济学家们认为市场自我调节的力量在很大程度上足以调控市场参与者的行为[1]，政府监管是市场力量失灵时的替代办法。[2] 但监管本身有成本的消耗，并非所有低效市场的灵丹妙药。因此，要探寻主权财富基金监管的理论基础，就必须揭露构成东道国监管必要性的因素。对于主权财富基金监管的必要性，除了被东道国经常提及的国家安全关切外，金融稳定性也可能受到基金的冲击。金融危机后出现的大量监管措施实质上是对危机的反动过程。例如，金融危机后市场都在呼吁加强金融监管，但根据当时的情形根本不需要监管，因为银行经理胆怯，不愿承担风险；相反地，当真正需要进行金融监管时，

---

① Davis H, Financial Regulation: Why Bother? Society of Business Economists Lecture, Financial Services Authority, mimeo, 1999; Stigler G J, The theory of economic regulation, The Bell journal of economics and management science, 1971, pp. 3 – 21.

② Schwarcz S L, Regulating complexity in financial markets, Washington University Law Review, 2009, Vol. 87, p. 211.

又因为资产价格上涨，经济繁荣，监管反而变得碍手碍脚。① 对主权财富基金的监管表现出与传统金融监管不同的特征：当经济表现良好时，监管更受欢迎，因为东道国公司和政府有能力对外国投资的来源进行更多的选择，在经济衰退期间，外国投资对经济恢复起到至关重要的作用②，这时很少政府会谈论监管问题，而事实也证明了金融危机和对外部资本的需求改变了西方国家对主权财富基金投资的态度。但是危机后主权财富基金的大量涌入引起了东道国的警惕，加之主权财富基金带来的政治风险是独立于东道国经济状况而存在的，因此监管措施大有野火燎原之势，甚至引起了投资保护主义的抬头。国家进行金融监管的目标包括了维护金融系统稳定、金融公司的健全，以及保护消费者的利益，这些直接目标的背后代表了监管的最终目的是改善社会福利，③ 但国家对于经济活动（如贸易或外国直接投资）的监管，却可能起到损害社会福利的反效果。

经济危机之后，各国对投资保护主义的态度是显而易见的，④ 也可视为对主权财富基金投资动机不透明和难以确定的直接结果。OECD 也曾就东道国利用国家安全来限制外国投资可能会造成的投资保护主义出台过指导原则，期望引起东道国的重视。⑤ 但在通常情况下，保护公众免受国家或经济安全受到威胁带来的损害远比市场开放带来的效益更为重要，因此国家安全利益是最重要的，并且凌驾于金融稳定与经济效益之上。金融稳定也被认为比经济效益更为重要，只有在国家安全和金融稳定得到合理保障的前提下，才能追求经济效益。正如有的学者总结的那样，"国家的安全利益应当得到维护，除此之外任何天真的想法都不应当存在"。⑥ 但对主权财富基金进行监管的问题症结不在于国家利益和金融稳定是否应当放在首位，而在于这些利益是否真正受到主权财富基

---

① Brunnermeier M, Crockett A, Goodhart C A E, et al, The fundamental principles of financial regulation, ICMB, Internat. Center for Monetary and Banking Studies, 2009, p. 11.

② 张养志、郑富富："外国直接投资与哈萨克斯坦经济增长的实证分析"，载《俄罗斯东欧中亚研究》2009 年第 2 期，第 53—58 页。

③ 曾宝华："金融监管公共利益理论及其质疑"，载《金融经济学研究》2006 年第 6 期，第 39—42 页。

④ 易在成："主权财富基金：界定、争议及对策探讨"，载《比较法研究》2012 年第 1 期，第 107—118 页。

⑤ OECD, More Governments Invoke National Security to Restrict Foreign Investment. OECD AdoptsGuidelines to Avoid Protectionist Use of Security Measures, 23 July 2009, http://www.oecd.org/fr/daf/inv/politiques-investissement/moregovernmentsinvokenationalsecuritytorestrictforeigninvestmentoecdadoptsguidelinestoavoidprotectionistuseofsecuritymeasures.htm, accessed 2 April 2018.

⑥ Kern S, Sovereign wealth funds-state investments on the rise, Deutsche Bank Research, 2007, Vol. 10, pp. 1–20.

金投资的威胁，如果受到威胁，对其进行监管的限度又应当在哪里？

三、东道国进行主权财富基金监管的利益考量

主权财富基金引发的东道国专门监管已经成为客观存在的事实，而且有理由相信此种专门监管将在未来很长一段时间内继续存在。东道国的监管通常出于主权财富基金对本国政治、经济利益的考量，但是主权财富基金是否真实的威胁到东道国对本国利益的关切以及造成何种程度的威胁还需要进行具体分析及验证。东道国进行主权财富基金监管的利益考量直接关系到其监管方式的采取以及监管的程度，一旦监管过度会造成对主权财富基金的不公。目前东道国对主权财富基金的专门监管主要受以下因素影响。

（一）国家政治安全

国家对国有企业或大型多元化企业集团的完全所有权或管理干预正在逐步削弱，并被重新改造为新的组织和战略形式，促成这一转变的部分因素出于私有化浪潮的来袭、国家与非国家关系的变化、新的产业政策的出现以及大型多元化企业集团的拆解。① 一些学者认为，我们正在进入一个"国家资本主义"的新时代，政府往往与非政府所有者分享所有权，并通过补贴信贷或其他国家保护措施向私营企业提供战略支持。② 新型国家资本主义的核心将国家转变成同时追求经济效率（如短期股东价值最大化）与政治诉求（如产业政策、地缘政治定位、国家安全等）这两个通常相互矛盾的目标，而主权财富基金被认为是新型国家资本主义的新发展形式，③ 新加坡淡马锡、中投公司以及挪威政府（全球）养老基金被认为是最具代表性的将经济与政治界限混淆的基金。④ 主权财富基金是政府所有的通常采取长期投资策略并且没有明确负债的投资基金，各国的国际储备是主权财富基金的主要资金来源。主权财富基金代表了一种新的"国家资本主义"模式，它们使政府能够通过少数股权行使软性控制，并对

---

① Aguilera R V, Capapé J, Santiso J, Sovereign wealth funds: A strategic governance view, Academy of Management Perspectives, 2016, Vol. 30, pp. 5 – 23.

② Musacchio A, Lazzarini S G, Reinventing state capitalism: Loviathan in business, Brazil and beyond, Harvard University Press, 2014. Bruton G D, Peng M W, Ahlstrom D, et al, State-owned enterprises around the world as hybrid organizations, Academy of Management Perspectives, 2015, Vol. 29, pp. 92 – 114.

③ 宋玉华、李锋："主权财富基金的新型'国家资本主义'性质探析"，载《世界经济研究》2009 年第 4 期，第 51—56 页。

④ Aguilera R V, Capapé J, Santiso J, Sovereign wealth funds: A strategic governance view, Academy of Management Perspectives, 2016, Vol. 30, pp. 5 – 23.

跨国经济活动进行政治干预，从而威胁东道国的国家安全。由此，国家安全成为东道国对主权财富基金进行监管的首要理由。鉴于主权财富基金的不透明性和由此产生的信息不对称，东道国对本国安全的担忧似乎在情理之中。然而，也有质疑的声音认为主权财富基金投资行为存在的政治干预风险至今并没有得到确切证据支持。尽管主权财富基金已经存在了几十年，但并未出现被证实的政治干预的例子，这也表明涉及主权财富基金对国家安全的威胁仅存在于假设的范围内。[①]

（二）金融安全

金融安全也是对主权财富基金进行监管的影响因素之一。主权财富基金可能造成东道国的金融系统性风险，系统性风险通常用于描述金融公司的非理性行为，如果主权财富基金集体撤回投资或者其投资制造了大量资产泡沫，可能会导致市场的崩溃。然而，有证据表明，主权财富基金通常倾向于进行长期投资，并且很少出现出售资产的案例[②]。因此，在各国普遍进行金融监管的大背景下，主权财富基金不应当也无可信的理由被特殊对待。但是，仍有部分学者及国家认为主权财富基金对东道国金融安全的威胁是真实存在的。[③]

（三）利益相关人的监管需求

主权财富基金的监管也是东道国相关利益人关注的问题。相关利益人的担忧来源于主权财富基金可能会利用其对目标公司的投资优势，获取技术或其他关键信息，提高在东道国市场的竞争地位；拥有主权财富基金的国家也可能利用其投资作为外交杠杆或在投资活动中以牺牲目标公司利益为代价追求非商业目的，从而对东道国公司及市场产生负面影响。东道国对主权财富基金进行监管也是提振本土利益相关人信心的需要，只有进行专门监管，国内的利益相关人（无论是公司、股东还是整个国家）才能相信自己的权益将得到适当保护，从而确保在涉及与主权财富基金进行交易时不受其身份滥用的影响。

---

① Rose P, Sovereigns as shareholders, NCL Rev. , 2008, Vol. 87, p. 83.

② Kern S, Sovereign wealth funds-state investments during the financial crisis, Deutsche Bank Research, 2009.

③ Truman E M, Senior Fellow, Peterson Institute for International Economics, Sovereign wealth fund acquisitions and other foreign government investments in the United States: Assessing the economic and national security implications, Testimony before the Committee on Banking, Housing, and Urban Affairs, United States Senate, 2007, Vol. 14, Available at https://www. piie. com/publications/papers/truman1107. pdf, accessed 1 May 2018. 李俊江、范硕："论主权财富基金的兴起及其对国际金融体系的影响"，载《当代亚太》2008 年第 4 期，第 82—95 页。

（四）潜在的"僵局"风险

潜在的"僵局"风险，这一术语被用于形容所有公司都清楚应如何对待客户，却采取危险策略来获取短期利益，对方往往需要在较长的期间内才能发现此种危险行为。① 对于主权财富基金而言，在其低透明度下容易隐藏上述危险行为，并在其投资背后隐藏政治目的或通过经济影响力获取政治利益。然而，在实践中主权财富基金通常作为消极投资者并致力于留给东道国低调投资者的印象，因此可推断其造成"僵局"威胁的能力是有限的。

通过对东道国进行主权财富基金专门监管的利益考量的分析，可以发现其中大部分理由是可以成立的，但当东道国并未面临实质性的政治、经济或其他风险时，东道国监管主权财富基金的理由就会"折叠"起来。由东道国对主权财富基金进行专门监管而产生的负面效应是显而易见的，如可能引起东道国的抑制和保护主义行为，② 可能危及东道国市场稳定以及市场不受控制的反应。虽然出于对东道国利益的考量必然要对主权财富基金进行监管，但是专门监管措施是否能够取得成本效益的最优化结果，即能否取得监管方与被监管方的最佳利益平衡，还是尚待探讨及解决的问题。

第二节　东道国对主权财富基金的法律监管

东道国对主权财富基金的监管势在必行，就监管模式的尝试也一直层出不穷，但目前还未出现能够最大限度平衡东道国、主权财富基金及其母国利益的统一监管模式。有学者提出，现行国内法可以在国民待遇的基础上对外国投资进行监管，同时可辅之以国际投资法满足监管需求，③ 但也有人提出在不考虑是否已经违反大多数现行多边及双边投资条约的前提下，给予主权财富基金及其投资以互惠对等待遇④为基础的国民待遇是不可能实现的。⑤ 另外，也有建议对主权财富基金适用现有的多边软法规则即可，无须制定新的规则或采取单方

---

① Llewellyn D T, The economic rationale for financial regulation, London: Financial Services Authority, 1999, p. 27.

② Hildebrand P M, STUDIES B, The challenge of sovereign wealth funds, SNB, 2007, p. 8.

③ Greene E F, Yeager B A, Sovereign wealth funds—a measured assessment, Capital Markets Law Journal, 2008, Vol. 3, pp. 247 - 274.

④ 王立东："完善我国外资国民待遇的法律问题"，载《当代法学》2002 年第 11 期，第67—70 页。

⑤ Lyons G, State capitalism: The rise of sovereign wealth funds, London Journal of Management Research, 2007, Vol. 7, pp. 119 - 146.

面措施。但事实上，软性监管的缺陷是不具有约束力，而采取单方面措施也有明显的局限性：（1）可能引发投资保护主义反应；（2）迫使投资者的母国承担遵守规则所需要的高昂成本并降低投资者的行动效率；（3）要求东道国执行复杂的、高成本的、存在无效可能性的监管。

目前，各国对主权财富基金实施的监管模式大致可分为两类，第一类是主张东道国对主权财富基金采取限制性措施，主要通过设置投资上限或限制投资行业范围等形式进行；① 第二类主张对主权财富基金实施更为温和的限制，以激励其进行自我完善和自我监管。东道国的监管措施主要以保护国家安全利益为目的，当然东道国的监管措施中也有对透明度的要求，如美国和欧盟的多项法规规定，在收购上市公司的大宗股权时，必须实行全面的强制性披露制度，② 但目前还没有专门针对主权财富基金的强制性信息披露机制。

一、东道国实施的主权财富基金监管措施

主权财富基金的国内监管主要依托东道国采取的限制性措施，以避免主权投资对东道国国家安全及其他公共利益的威胁，此类限制性措施在晚近已成为双边投资条约及区域性法律（如欧盟法）中规定的例外条款的适用对象。东道国对主权财富基金及其投资采取的监管措施表现为多种形式，以投资进入时间为界限可分为准入前及准入后措施，以具体的限制形式为标准，则可分为以国家安全及其他公共利益为由的投资审查制度、对主权财富基金经营行为的限制及其他形式。

（一）设置主权财富基金投资审查制度

主权财富基金的发展使各国纷纷考虑采取监管措施的必要性以及相应的监管形式，在投资准入前阶段东道国主要通过设置投资审查制度对基金投资进行筛选。澳大利亚对主权财富基金的担忧源于外国主权财富基金对其工业原材料（矿石开采）和用于自然资源运输的基础设施投资的增长，而且此类投资正表现出更为"激进"的增长态势。2008 年澳大利亚政府在《与外国政府有关的外国投资审查指南》中公布了六项主要审查因素以提高对澳大利亚境内与外国政府有关的投资的透明度评估标准，并表示将对外国政府及其代理机构（包括主

---

① 章毅："法律调整视野下的中国主权财富基金"，载《学术界》2008 年第 6 期，第 78—85 页。

② 王化成、陈晋平："上市公司收购的信息披露——披露哲学、监管思路和制度缺陷"，载《管理世界》2002 年第 11 期，第 113—123 页。

权财富基金、国有企业）的投资采取更加审慎的态度。① 在这六项审查因素②中，要求外国投资审查委员会在审查相关投资申请时普遍采用"国家利益测试"，就潜在投资者是否独立于投资者所在国政府进行评估，并对投资者投资动机的商业性质以及治理水平进行评估。如果被评估的对象为主权财富基金，外国投资审查委员会的评估事项还将包括评估基金的治理结构、投资政策以及该基金拟在当地目标公司行使投票权的形式。最后，外国投资审查委员会还必须确保交易符合公平竞争规则并评估投资是否符合国家安全和战略利益。加拿大政府在2012年对《加拿大投资法》中适用于外国国有企业投资的审查指导规则进行了修订，本着严格审批原则，首先，扩大了对国有企业的认定范围，对于受到外国政府控制或影响的企业都可认定为国企，因此一部分主权财富基金投资也将被列入审查名单；其次，加拿大政府在审查外国国有企业的投资提案时，将评估国有企业是否符合加拿大的公司治理标准以及是否对加拿大有"净利益"，并对国有企业投资设立投资总额门槛，对于通过审查的国有企业投资，也会密切监控批准后的运营和执行情况。最后，国家安全也是对国有企业进行投资审核的内容，负责审核部门的部长可基于国家安全的理由对该类投资进行审核。③

（二）表决权的暂时中止及其他相关措施

在单边立法实践中，很多国家已经通过相关的国内法来限制他国直接或间接控制的投资工具进入本国的战略性行业。④ 东道国监管行动的目的是防止非纯粹金融性投资获取本国的专有技术、自然资源，或取得国有公司的控制权等，为达到此目的，采取的措施之一为暂停他国国有实体在目标公司的投票权，当

---

① Principles Guiding Consideration of Foreign Government Related Investment in Australia, 17 February 2008.

② 澳大利亚政府将外国政府或政府控制的实体在投资主体中所占股比例超过15%的投资均视为"与外国政府有关的投资"，在审查此类投资时，主要以下列六项因素作为审核标准：1.投资者运营的独立性；2.投资者对法律及商业行为准则的遵守情况；3.投资对公平竞争的影响；4.投资对政府收入或其他政策的影响；5.投资对国家安全的影响；6.投资对目标企业的运作及东道国经济、社会的贡献。参见中华人民共和国商务部：《国别贸易投资环境报告2012》，上海人民出版社2012年版，第44页。

③ 中华人民共和国商务部：《国别贸易投资环境报告2012》，上海人民出版社2012年版，第76—82页。

④ Gilson R J, Milhaupt C J, Sovereign wealth funds and corporate governance: A minimalist response to the new mercantilism, in Corporate Governance, ROUTLEDGE in association with GSE Research, 2009, pp. 463 – 487.

其将股份再次转售给非政府实体时，该投票权将再次得以完全行使。[1] 该监管措施的实施优势在于它可以适用于所有国家控制的实体，而不仅限于主权财富基金，甚至可以包括国家间接控制的实体，而且表决权的暂时中止措施将避免东道国与主权财富基金之间产生投资争端，因为所涉股票的价值是保持不变的。然而，此项监管措施仍有其局限性，一方面，公司运营的所有事项并不都与投票权相关；另一方面，该措施也可能"误伤"其他并不会给东道国带来安全隐患的国有投资者。此外，东道国限制表决权的监管措施代表本国公司法中的例外规定，这也意味着公司法中股东基本权利原则的动摇。事实上，限制表决权的措施是一把双刃剑，其效果显现于非正常投资的情况下，但若适用于没有政治目的的正常投资则是背离初衷。此外，如果这一措施被适用于欧盟国家所有的投资实体，那么很有可能被视为是对投资者的公共性质的歧视，进而被认定为非法措施。当然，即使适用于非欧盟国家所有的主权财富基金，也可能被视为不合理的歧视以及对国际经济法首要原则——非歧视原则的违反。与暂停表决权类似的措施还包括披露投票记录[2]或将投票权下放给外聘的独立经理人或中间机构[3]等，但上述措施同样可能会伴随产生负面效应，并且使用效果超出了预期解决问题的范畴。

（三）设置投资份额上限

东道国对主权财富基金的监管还可通过为主权财富基金可以收购的需要加以保护的国内某些行业的股票数量设定上限的方式进行。通过此种监管模式，可使东道国控制外国投资者持有本国公司股份的百分比，或确保投资者在进行兼并或资产出售等商业活动时需得到国家的批准方可进行。此种监管模式最初是用于对东道国国有企业的保护，如英国政府就曾通过立法确保政府持有本国国有企业的"黄金股"，保证英国政府在国有企业经营中享有的特殊权利。[4] 随后欧盟成员方也通过旨在保护"国家冠军企业"的多种干预措施帮助在本国战

---

① Gilson R J, Milhaupt C J, Sovereign wealth funds and corporate governance: A minimalist response to the new mercantilism, inCorporate Governance, ROUTLEDGE in association with GSE Research, 2009, pp. 463 – 487.

② Keller A, Sovereign Wealth Funds: Trustworthy Investors or Vehicles of Strategic Ambition-An Assessment of the Benefits, Risks and Possible Regulation of Sovereign Wealth Funds, Georgetown Public Policy Review, 2009, Vol. 7, pp. 334 – 359.

③ Cox C, The rise of sovereign business, Securities Industry News, 2007, Vol. 19, p. 6.

④ Baev A A, Is There a Niche for the State in Corporate Governance—Securitization of State-Owned Enterprises and New Forms of State Ownership, Houston Journal of International Law, 1995, Vol. 18, pp. 2 – 32.

略部门运营或提供涉及一般经济利益服务的国有企业，这些针对他国主权财富基金投资的限制性措施本质上是为了防止外国资本进入本国的战略部门，并为社会公众股东保留特权（如进行内部审计）或授予其预防性否决权或嗣后控制权。被欧盟成员法律授予特权的此类股份被称为"黄金股"，而以"黄金股"为代表的国家干预措施也因超出政府干预的合法范围成为欧盟判例法的裁决对象。① 欧盟委员会在 2008 年就关于《欧洲对主权财富基金采取共同做法》的发文中指出，对主权财富基金问题具有针对性的欧盟新规定的建议，如仿照美国建议欧盟外资委员会在欧盟范围内实行筛选机制或对非欧盟内部的外国投资实行"黄金股"机制，都有可能向外界发出欧盟正在放弃对外开放投资领域的误导性信号，也很难与欧盟法律和国际义务相协调。② 欧盟委员会认为，正确的做法应当是促进东道国与主权财富基金及其母国之间的合作协商，通过制定一套相关规则，确保主权财富基金投资的透明度、可预测性和问责制。更为重要的是，所有参与方都应本着积极的态度，以及在拥有完全自主权的基础之上建立一个平衡且稳定的主权财富基金投资监管框架。

（四）以"国家重要利益"为由限制主权财富基金资本的自由流动

为防止主权财富基金对本国国防工业或其他对国家安全至关重要的经济部门的资本渗入，很多国家限制主权投资在本国境内的自由流动。各国为限制资本自由流动而制定监管措施的过程中，也不断创设新的概念，如"关键基础设施""经济安全"，而国际法中的一般概念，如"公共秩序""国家安全""国防"等，在特定情形下也被赋予更广泛的含义。除此之外，各国为限制资本自由流动而采取的预防和限制措施也表现出多样性和异质性，但本质上都是赋予政府部门在"国家重要利益"受到威胁时，能够迅速采取限制措施的权力。下文将以欧盟成员方为例，介绍其在本国领域内发展出的新措施。

意大利在 2004 年签署的一项法令中，将"国家重要利益"总结为以下方面：（1）国家石油和能源产品的最低供应；（2）继续为公众提供社会服务的义务；（3）基础公共服务设施和网络的安全；（4）国防、军事安全；（5）卫

---

① 唐骏：《国有企业混合所有制改革中的黄金股制度研究》，华东政法大学 2016 年硕士学位论文。

② EU Commission, Communication from the Commission to the European Parliament, the Council, the European Economic and Social Committee and the Committee of the Regions, a common European approach to Sovereign Wealth Funds, Commission of the European Communities, Com (2008) 115 provisional, p. 18.

生紧急情况。① 法国则规定了 11 个关键领域②，当公共秩序、公共安全和国防等国家重要利益在关键领域中受到威胁时，政府都可采取限制措施，但应当满足两个条件：一是所涉投资领域应属于关键领域，且与要保护的国家重要利益相关，二是经济部应当在接到相关请求后的 30 天内，对此项交易事先授权采取限制措施。德国通过对 1961 年《对外贸易法》的修改，将之前限制外国投资者持有从事国防相关活动公司的股份的规定废除，但外国投资者不得在生产武器、弹药、加密系统和作战系统的公司中取得超过 25% 的投票权。

在 2019 年 1 月生效的《对外贸易法》中，德国政府将涉及德国国防以及关键基础设施领域的企业被欧盟外资本收购的股份比例的审核机制启动门槛由 25% 降低到 10%，进一步加大对非欧盟投资的限制。③ 德国将受保护的国家重要利益限定为国家和国际公共安全，④ 预防性监督职责由联邦经济与科技部承担，该部门应当在接到交易通知之日起 30 日内发表意见。英国也对外国投资者收购和并购本国企业作出了限制，目的是保护公众利益以及确保对专有技术的控制权，但英国只限定了国防、新闻、水资源分配等作为重点监管部门，采取的限制措施为外国投资公司在获得公平贸易局的事先许可后才能交易。英国的外资审查机构还包括竞争委员会，负责评估交易是否损害公众利益，并将评估结果反馈给公平贸易局。⑤ 上述国家采取的投资限制措施都是为了保护本国重要行业不受主权财富基金投资的渗透，并确保政府对"关键领域"的绝对控制和监管的权力，但却未兼顾到此类限制措施可能会对全球贸易和投资流动的传统自由主义观念的悖离。

---

① Bassan F, The law of sovereign wealth funds, Edward Elgar Publishing, 2011, p. 69.

② 这 11 个关键领域包括：赌博，公共安全，科研，开发，生产可用作致病剂或毒性剂的危险物质，窃听系统，信息安全，加密产品和服务，军民两用工具和技术，国防和安全，研究、制造或买卖用于军事行动或战争的武器弹药。

③ 中华人民共和国商务部："德国加大对非欧盟投资限制"，载《国别贸易投资环境信息》2019 年第 2 期。

④ 王小琼："德国外资并购安全审查新立法述评及其启示"，载《国外社会科学》2011 年第 6 期，第 129—133 页。

⑤ 孙强："英日外资并购安全审查制度及其对中方的启示"，载《中国商界》2010 年第 4 期，第 31—32 页。

二、东道国监管的缺失与克服

(一) 东道国监管措施保护对象的模糊性

东道国对主权财富基金采取的监管措施所保护的对象可总结为两类:一类旨在保护特定利益,如为保护国家安全利益而采取的事前和事后的审查评估等,此种限制性措施中待保护的利益几乎都以一种隐晦的形式存在,例如"国家根本安全"的概念总是含混不清,在很大程度上由东道国进行自由裁量;[1] 另一类旨在保护特定部门,此种监管措施表现为负面的部门清单,待保护的部门横跨自然资源、能源、航空航天、电子通信、汽车化工等,甚至包括参与或经营关键基础设施或提供基本服务的公司,上述领域通常被称为"国家关键领域",而当公共秩序、公共安全和国防等国家重要利益在关键领域中受到威胁时,政府都可采取限制性措施。东道国对主权财富基金的监管措施几乎是完全自主行使的,因为国内法并未规定采取此类措施应当遵守的规范,唯一例外的是欧盟成员方,它们必须遵守欧盟关于资本自由流动的法律。

东道国为保护特定利益或特定部门而制定法律的效率取决于其是否符合相关国际法及国际惯例,东道国法律中提及的"国家根本安全利益""国家重要利益"等概念与国际规则、道德准则和国际惯例相符程度越高,就东道国监管措施产生的争议就越少。但是,东道国的实践中往往会提出一种新的、更为广泛的"国家安全利益"概念,以此来确保本国采取的放弃投资自由化一般原则的限制性措施是合理的。东道国还通过其他方式扩大限制性措施的适用范围,如将涉及"国家重要利益"的商业部门列入负面的部门清单、援引宽泛且只能逐案确定的"根本安全利益"概念,以及将经济利益及其他利益作为审查的对象等。[2] 上述国家实践都为"根本安全利益"概念增加了不确定性,而在国际条约、习惯法及判例法中也未就"根本安全利益"的概念达成共识。造成"根本安全利益"概念模糊性的还有其自我裁量性质,这一性质决定了东道国可在不受外界制约的情形下基于必要的安全理由对主权财富基金采取限制性措施。

---

[1] 陶立峰:"外国投资国家安全审查的可问责性分析",载《法学》2016 年第 1 期,第 67—75 页。

[2] OECD, National Security and "Strategic" Industries: An Interim Report, in International Investment Perspectives 2007: Freedom of Invesment in a Changing World Freedom of Investment, OECD-Organisation for Economic Cooperation and Development, 2007, pp. 53 – 63.

（二）东道国监管的目标及关键要素

通过现有的多边或单边措施监管主权财富基金都不足以有效地调整和约束主权财富基金的投资行为，但若抓住主权财富基金需要监管的关键方面，通过不同监管模式的排列组合或许可以达到最优监管效果。[1] 主权财富基金的监管模式应以四个基本要素为基础：投资目标及策略、治理、透明度和基金管理者的行为。在监管主权财富基金的投资目标及策略方面，监管标准应当是保证基金的投资行为以透明为基础，以便了解基金是如何设立、管理，以及投资回报如何使用及再投资。此外，投资组合中的资产种类、资产的管理、管理人员的责任、具体的投资项目及风险管理、投资决策程序等也应当进行适当的披露。关于主权财富基金的治理，监管标准应明确公共实体及其管理人员的职能，并说明制定和执行投资策略的主体及责任，还应制定关于基金治理的规则，在违反内部规则的情况下进行处罚，并在特殊情形下制定具体的道德约束。主权财富基金的透明度主要表现为其每年发布的报告，监管规则应当通过规定基金定期公开有关投资战略、决策、性质和投资的信息，以履行信息披露义务。[2]

对于主权财富基金投资行为的监管，应当根据基金的规模和目标，制定关于基金投资行为应当遵守的规则，而基金的管理者应当遵守这些规则。在制定此类规则时，应尽量维护各国政府保护其外国投资的合法意图并同时为东道国保护本国关键行业的利益预留政策空间，以防止投资保护主义反应。至于主权财富基金的母国，作为基金的所有者应当：（1）根据市场（而非政治）需求进行投资；（2）确保其管理行为的透明性；（3）采取适当的内部风险和治理审计制度；（4）与其他类型投资者公平竞争，避免利用公共资源获取优势地位；（5）促进金融稳定；（6）遵守东道国制定的规则。

（三）东道国监管应注意的问题及主权财富基金的应对

主权财富基金的监管目标及要素是清晰的，但在符合目标及要素的必要范围内提出合理的规章制度还存在困难。首先，对主权财富基金实施的监管措施应符合比例原则，[3] 即基于某些变量（主要体现在主权财富基金的不同种类）

---

① 李勋："主权财富基金监管及其争端解决的国际法研究"，载《南方金融》2015年第7期，第85—93页。

② 张瑾："中东地区主权财富基金的透明度"，载《阿拉伯世界研究》2015年第1期，第92—105页。

③ Kingsbury B, Schill S, Public law concepts to balance investors' rights with state regulatory actions in the public interest—the concept of proportionality, in International investment law and comparative public law, Oxford University Press, 2010, pp. 75 – 104.

来逐步进行干预，在这一过程中，道德准则应当作为具体干预程度的基准。例如，假设存在以下两种典型的主权财富基金，前者具有独立的法律人格、完善的公司治理结构以及足够高水平的问责制度，通过有价证券投资实现公共福利的目的（为了财富的代际传递）；后者则与前者在法人身份、治理、问责制度方面完全相反，只追求政治战略目标，投资目的为控制其参与的公司，那么按照比例原则，对于后者的监管力度显然是强于前者的，同时对后者的监管力度也应当与其自身水平相称。引入比例原则的目的在于对东道国采取限制性措施提出最低限度要求，国家监管措施的适用空间应当存在于主权财富基金自身管理制度不存在或不被遵守的前提下。在主权财富基金的概念和分类中，"主权"和"投资"是两个关键构成因素，但涉及对不同种类的基金进行监管时，决定因素就变成"主权"和"目的"，后者对投资产生直接影响。[1] 主权财富基金的所有权和目的都受到母国"主权"的影响，那么期望通过监管来抵消"主权"要素的影响是不合理的，当然期望主权财富基金像私营投资者一样行事也是不合理的，因为其有别于私营企业及国有企业。因此，以"私人投资者监管模式"作为主权财富基金的监管框架及目标是建立在逻辑错误的基础之上，也注定达不到预期效果，究其原因如下所述：

其次，对于主权财富基金的监管不能一概而论，应当考虑到不同种类主权财富基金的性质并采取与之相符的监管措施。因此，对主权财富基金进行概念界定并确定基本类别就显得尤为重要，只有准确的分类才能在必要时对其进行适当的监督。而且，拟议的监管规则不能与主权财富基金的概念及分类相冲突，虽然这一建议是合理且理所当然的，但往往被学者或东道国所忽略。

再次，东道国与母国之间一直存在的传统投资利益冲突同样存在于主权财富基金及其所有国与东道国之间。因此，在对主权财富基金进行监管时，母国与东道国应当协同合作，缺少任何一方的单独监管措施的效果都会受到影响，另外，在缺少多边体制的前提下，母国和东道国的措施应当是一致且协调的。

最后，在市场失灵的情况下，对主权财富基金进行监管是必要的。虽然市场失灵还未得到证实，但有可能在未来发生。东道国担心主权财富基金可能进行"政治"投资，试图收购或间接接管战略产业，这些担忧出于主权财富基金存在"主权"性。但是如果撇开主权因素不谈，东道国的担忧将大打折扣，因此，对于主权财富基金的监管最重要的是"中和"主权的影响。

对主权财富基金的监管归根结底是由于其自身缺乏透明度以及可能受到母国政治干预的风险引起的，而单边或多边监管措施的采取将直接影响到主权财

---

[1]　谢平、陈超："论主权财富基金的理论逻辑"，载《经济研究》2009 年第 2 期，第 4—17 页。

富基金的投资准入标准及投资待遇水平。目前对主权财富基金的监管主要从两个层面进行，其一是东道国通过采取限制性措施在本国境内对主权投资进行监管，其二是主权财富基金与相关国际组织合作进行的自我监管。这两个层面的监管都取得了一定的成效，但同时也暴露出亟须改进的方面。东道国对主权财富基金的监管应以审慎为原则。东道国的监管通常出于对本国政治、经济利益的考量，采取的具体监管模式也不尽相同，主要表现为以国家安全及其他公共利益为由的投资审查制度、对主权财富基金经营行为的限制及其他形式。东道国的监管措施并不是解决所有问题的灵丹妙药，有时还可能产生负面效应：（1）可能引发投资保护主义反应；（2）迫使投资者的母国承担用以遵守规则所需要的高昂成本并降低投资者的行动效率；（3）要求东道国执行复杂的、高成本的、存在无效可能性的监管。因此，以比例原则为评价基准，东道国对主权财富基金的监管措施应当公平审慎，找准监管措施与保护重要的国家政治和经济利益的平衡点，争取达到成本效益的最优化结果，即取得监管方与被监管方的最佳利益平衡，才是解决问题的关键所在。

第三节　主权财富基金的自我监管

全球性金融危机引发的东道国对主权财富基金投资的监管迫使基金开始正视自身存在的透明度及政治意图渗透等问题，为了向各国传达寻求自我完善的决心，也为了争取更为自由的投资环境，2008 年全球主要主权财富基金的代表在国际货币基金组织总部举行会议，并成立了国际工作组（现已为主权财富基金国际论坛所取代），目的是制定一套针对主权财富基金的新颖而高效的行动守则，这套行动守则即具有自愿遵守性质的圣地亚哥原则。主权财富基金论坛也成为支持圣地亚哥原则及四项指导宗旨①，为主权财富基金之间以及与投资接受国之间的政策对话、交流沟通提供场所的组织。圣地亚哥原则及国际工作组的成果在初期得到了成员的肯定，但并不代表最终目标的实现，只能视为主权财富基金进行自我管理的起点。

---

① 圣地亚哥原则的指导宗旨包括：（1）帮助维护一个稳定的全球金融体系以及资金和投资的自由流动；（2）遵守其所投资国家所有适用的监管与披露要求；（3）从经济和金融风险以及相关的收益考虑出发进行投资；（4）以及制定一套透明和健全的治理结构，以便形成适当的操作控制、风险管理和问责制。Sovereign Wealth Funds: Generally Accepted Principles and Practices "Santiago Principles", October 2008, http://www.ifswf.org/sites/default/files/santiagoprinciples_0_0.pdf, accessed 5 May 2018.

一、圣地亚哥原则的达成

（一）圣地亚哥原则的主要内容及内在缺陷

圣地亚哥原则共由 24 项规则组成，在导言中强调原则是在自愿的基础上由主权财富基金按照其母国的法律、规定、制度和义务实施，这一声明显然缩小了原则的适用范围，一旦原则的某些内容与基金母国现行的法律、法规不符，则不再具有适用空间。根据主权财富基金的投资行为，圣地亚哥原则中的 24 项规则可被分为三类：（1）投资行为和基金运营的透明度；（2）对基金运营的限制；（3）针对基金业务的纪律规定。圣地亚哥原则主要通过两种方式保证主权财富基金透明度：一种是披露基金的法律框架及结构①，投资策略②，与基金的供资、撤出及支出业务相关的政策、规则、程序或安排③，治理规则的框架及目标④，与基金相关的财务信息⑤，以经济或金融目的以外的其他因素为指导的投资目标⑥，行使表决权的规则⑦等；另一种披露形式则是向所有者以及市场⑧做定期报告。对主权财富基金运营的限制是通过年度审计和遵守道德准则、行业规则来完成，⑨ 而非借助外力迫使。圣地亚哥原则最后对主权财富基金业务的具体纪律进行规定：确保投资策略的明确性和相互一致性；不在市场上利用特权信息或对市场施加不当影响；建立能够识别并适当处理风险的机构。⑩

圣地亚哥原则对主权财富基金的透明度和治理进行了全方位的规制，究其根本只是全球主要主权财富基金采用的"普遍接受的原则和做法"，而不是当时可选的最佳实践，因此也被认为是主权财富基金谨慎和妥协的信号，只能代表主要主权财富基金向前迈出的第一步，但并非最为关键的一步，圣地亚哥原则的具体内容也反映出主要主权财富基金进行改革的有限决心以及有待改良的进步空间，具体表现为以下几个方面。

---

① Sovereign Wealth Funds：Generally Accepted Principles and Practices "Santiago Principles" GAPP Art. 1. 2，October2008，http：//www. ifswf. org/sites/default/files/santiagoprinciples_0_0. pdf.

② Ibid GAPP Art. 2 and 18. 3.

③ Ibid GAPP Art. 4.

④ Ibid GAPP Art. 16.

⑤ Ibid GAPP Art. 17.

⑥ Ibid GAPP Art. 18. 3.

⑦ Ibid GAPP Art. 21.

⑧ Ibid GAPP Art. 5，11 and 23.

⑨ Ibid GAPP Art. 12 and 13.

⑩ Ibid GAPP Art. 19，20 and 22.

第一，主权财富基金国际工作组界定主权财富基金的范畴①时限制缩小了主权财产的来源及设立目标，可能减损整个圣地亚哥原则的可信度。工作组对主权财富基金的界定很有可能将货币管理机构为传统国际收支或货币政策目的而持有的外汇储备资产、政府雇员养老抚恤基金等履行类似于国家基金职能或为国家基金所使用的资产类型排除在外。但是，如果要求一项多边规则将差别很大的异质性主权财富基金聚集，并自愿接受同一项行为守则或共同原则，是一个非常困难且短期难以实现的目标。

第二，圣地亚哥原则为了吸引更多主权财富基金加入自我监管的行列，实行的是自愿接受制，这也代表具有约束力的监管措施及对违规行为的制裁措施的缺失，大大降低了原则的实际威慑效能。即使自愿接受制是圣地亚哥原则作出的妥协，但仍可以通过设立独立的审计机构来监督已经表示接受该原则的主权财富基金的遵守情况。国际工作组（现在为国际论坛）将继续承担主权财富基金之间及其与投资接受国之间的协调责任，监督责任可以委托给可信任的第三方国际机构来执行。在缺乏制裁措施的情形下，对主权财富基金遵守原则情况的监督及报告，可使东道国随时核实主权财富基金违规行为的类型及其严重性，并据此慎重调整限制性措施的适用范围。如果没有独立第三方的监督，主权财富基金是否适当遵守圣地亚哥原则将完全取决于东道国的自由裁量，这一做法显然存在内在风险及主观误判的可能性。

第三，圣地亚哥原则允许主权财富基金在遵守母国法规的基础上实施本原则，但许多母国没有公开披露基金在管理公共资产时应当遵守的法律法规。在受制于母国法律、规定、要求、义务的前提下，圣地亚哥原则中提及的某些道德准则可能被母国曲解，导致国家或区域一级不同的执法模式。另外，原则中没有规定例外情形，也没有提供任何可能的程序来暂时停止执行原则。在缺乏例外情形而主张豁免的前提下，一些国家可能以圣地亚哥原则不可打破为由进而拒绝接受原则的限制；而那些已经接受圣地亚哥原则的国家则可能在特殊情况下拒绝遵守原则。因此，无论是受制于母国法律法规还是例外规定的缺失都将最终导致对原则的拒绝或将选择适用权交还给母国及东道国。

第四，圣地亚哥原则中关于要求披露基金一般信息的规定都没有给出信息披露的具体时间及方式，尤其是涉及主权财富基金遵守道德守则并履行不受纯

---

① 主权财富基金工作组将主权财富基金定义为：一般由政府所有的，为实现特定目标的投资基金或安排。主权财富基金一般由政府为实现宏观经济目标而设立，持有、经营或管理资产以实现金融目标，并采取一系列投资战略，其中包括对外国金融资产的投资。主权财富基金的资产通常来源于该国的国际收支盈余、官方外汇业务、私有化的收益财政盈余和（或）商品出口收入。

粹经济和金融因素影响的投资决定披露义务时，原则内容的模糊性更加彻底。[1]
在这样的制度安排下，我们无法期待受政治因素影响而作出投资决定的主权财富基金会事先陈述自己的政治意图，也无法预见事后证明政治意图的程序。[2]
圣地亚哥原则在信息披露上的模糊性规定是对主权财富基金及其母国的妥协，但同时也限制了有关基金投资策略和目标披露条款的效力。例如，原则中缺乏公开披露主权财富基金对投资目标公司的控制权（或支配地位）的具体规定，如果将此信息进行披露，将化解东道国的许多担忧；同时缺乏关于定期公开披露主权财富基金规模及所实施的具体投资的规定。鉴于以上具体规定的不足，圣地亚哥原则需要规定更为准确、适当的信息披露义务及程序，在确保主权财富基金保持合理的秘密性的前提下对信息进行适当的披露。[3]

第五，关于问责制度，圣地亚哥原则也存在不明晰之处。[4] 首先，圣地亚哥原则确实规定了主权财富基金应当遵循国际规则，但当需要依据多边规则对基金行为进行定性时，如确定某一基金的具体行为是否过于"激进"或其目的为政治图谋时，问题就变得棘手起来。圣地亚哥原则确立了主权财富基金在遵守母国及东道国法律的前提下，向其所有者负责的制度。但母国对主权财富基金行为应承担的责任这一基本问题却没有在原则中得到解决，如果责任由母国承担（需主权财富基金的行为可归因于母国），违反圣地亚哥原则的主权财富基金将会援引豁免保护，反之，则应由主权财富基金承担违反圣地亚哥原则（或其他国际规则）的直接责任，当然基金承担直接责任的能力还要取决于基金的法律结构以及其行为不可归因于国家的事实。但无论最终的责任承担主体为何方，圣地亚哥原则都未就责任承担的规则框架进行构建。其次，主权财富基金通过接受并遵守圣地亚哥原则进行的自我完善并不能对母国及东道国产生约束力，即使该原则已成为目前管理主权财富基金活动的全球性准则，但在具体规则构建和执行方面仍受下列因素限制：（1）本质上为自律性规范；（2）某些原则和做法的开放性；（3）缺乏负责核查表示愿意遵守本原则基金的遵守情况的独立机构；（4）上述因素共同限制了本原则的

---

[1]　圣地亚哥原则第19条第1款规定：如果投资决定不受经济和金融因素影响，投资政策中应明确列出这些因素，并予以公开披露。Sovereign Wealth Funds: Generally Accepted Principles and Practices "Santiago Principles" GAPP Art. 19. 1, October 2008, http: //www. ifswf. org/sites/default/files/santiagoprinciples_0_0. pdf.

[2]　Donghyun P, Estrada G E, Developing Asi's Sovereign Wealth Funds: The Santiago Principles and the Case for SelfRegulation, Asian Journal of International Law, 2011, Vol. 1, pp. 383 –402.

[3]　张瑾："构建中的主权财富基金国际规则"，载《经济管理》2010年第3期，第19—26页。

[4]　Norton J J, The 'Santiago Principles' for Sovereign Wealth Funds: A Case Study on International Financial Standard-Setting Processes, Journal of International Economic Law, 2010, Vol. 13, pp. 645 –662.

可执行性。因此，在未出现能够有效执行监管主权财富基金及其母国、东道国的多边规则的前提下，只能通过间接手段将圣地亚哥原则转化为有约束力的规则。

（二）间接赋予圣地亚哥原则约束力的转化手段

在东道国层面，用来将圣地亚哥原则间接转化为具有约束力或至少起到威慑作用的规则的途径，是将东道国评估与圣地亚哥原则相结合，即东道国对主权财富基金在本国的投资是否符合圣地亚哥原则进行评估，一旦符合则这项投资即是合法的，而东道国的限制性措施仅适用于不遵守圣地亚哥原则的主权财富基金。东道国对主权财富基金的评估应重点关注基金是否遵守圣地亚哥原则中有关治理和问责的原则，并只追求公共福利目的。东道国采取的限制性措施，如禁止主权财富基金获得本国战略部门公司的控制权、暂停投票权、事前批准及事后评估等措施，应只适用于不接受圣地亚哥原则的主权财富基金。东道国一旦接受将圣地亚哥原则作为评估参考标准，将促使更多的主权财富基金自愿遵守圣地亚哥原则，同时也将迫使不愿遵守原则的基金转向投资于各自母国的国内领土或没有类似要求的其他区域。

在国际层面，对圣地亚哥原则约束力的间接转化应当作为对东道国层面转化的补充，转化途径是将圣地亚哥原则作为双边投资条约的基准，从而间接嵌入双边投资条约当中。现有的多边投资规则很难适用于主权财富基金，导致双边投资条约成为约束主权财富基金投资活动的有限途径之一。目前，双边投资条约的在谈判中东道国极力争取"政策空间"的保留①以及根本安全利益例外条款的引入②，为了平衡东道国与投资者的利益，可以将这些双边投资条约条款的适用限制在那些不接受圣地亚哥原则的主权财富基金范围内，另外，也可在双边投资条约中明确提及遵守圣地亚哥原则的投资义务，以使原则间接产生对主权财富基金投资活动的约束力。

主权财富基金的自我监管一直受到自愿遵守原则的局限。主权财富基金在东道国加强监管的背景下也意识到自身存在的透明度及政治意图渗透等问题，为了向各国传达寻求自我完善的决心，也为了争取更为自由的投资环境，全球主要主权财富基金开始积极寻求自我完善和监管的方案。目前主权财富基金进行自我监管最重要的成果为制定了一套以圣地亚哥原则为主的行动守则，但该

---

① 赵海乐："论国际投资协定再谈判的'政策空间'之争"，载《国际经贸探索》2016年第7期，第99—110页。

② Moon W J, Essential Security Interests in International Investment Agreements, Journal of International Economic Law, 2012, Vol. 15, pp. 481–502.

成果只能代表主要主权财富基金向前迈出的第一步。圣地亚哥原则的具体内容反映出主要主权财富基金进行改革的有限决心以及有待改良的进步空间，主要表现为原则本质上为道德守则的自愿性质，若要实现更为有效的自我监管，只能通过上述间接手段将圣地亚哥原则转化为有约束力的规则。

二、主权财富基金在负责任投资领域的自我监管

（一）主权财富基金践行社会责任投资的可行性分析

主权财富基金作为政府直接或间接拥有和管理的公共投资工具，是为实现国家的多种宏观经济目标而设立的。作为机构投资者，主权财富基金有责任为受益人的最佳长期利益行事。在这一前提下，能够进行社会责任投资的主权财富基金除了可能会得到更多的投资利润外，还会收到环境和社会效益。全球的主要机构投资者目前正在陆续进入社会责任投资领域，致力于将国际公认的环境、社会和治理因素作为投资决策的重要考量因子，并重视人权、环境及可持续发展问题。作为具有全球影响力的机构投资者，主权财富基金的投资引发全球关注，而在进行社会责任投资的问题上主权财富基金是应当承担相应的法律义务还是仅仅受到道德规范的约束也随之受到热议。① 经历过去十年的发展，主权财富基金已成为金融市场和全球经济中的强大参与者，因此主权财富基金被认为是可以引领金融部门走向可持续发展的理想候选。② 尽管主权财富基金对全球经济的重要性得到了承认，但迄今为止，对主权财富基金投资"道德足迹"的关注甚少。大多数学者及投资决策者关注的问题往往集中于主权财富基金对外投资的监管及东道国的限制性措施等方面。由于主权财富基金自身治理结构及投资策略的个体差异化，对各个主权财富基金实施社会责任投资的原因及结果进行全面的实证研究还未出现明显进展，但可以推测具有不同治理框架的主权财富基金，特别是涉及政治因素参与的基金治理框架将导致不同的财政业绩表现。

1. 主权财富基金与社会责任投资的契合度分析

主权财富基金对于实施社会责任投资的态度和立场从其公布的年度报告及

---

① Richardson B J, Sovereign Wealth Funds and the Quest for Sustainability: Insights from Norway and New Zealand, Social Science Electronic Publishing, 2011, Vol. 2, pp. 1 – 27.

② Richardson B J, Fiduciary law and responsible investing: In nature's trust, Routledge, 2013, p. 227.

投资战略中即可窥见一斑，① 一些有影响力的主权财富基金已经开始实践社会责任投资，② 这也证明二者之间具有一定的契合基础。上文就一般投资者实施社会责任投资的理由及必要性分析当然适用主权财富基金，除此之外主权财富基金的特性也决定了其进行社会责任投资的必然性。

首先，进行社会责任投资能够减少东道国对主权财富基金的政治关切，并能够有效避免投资活动引发的争端。主权财富基金投资于东道国的金融市场和战略资源部门会引发东道国对不透明的投资活动导致的资本市场及敏感行业的非法行为的担忧，从而威胁东道国的国家安全等，因此，主权财富基金的投资易遭到东道国的抵制，尤其是我国与俄罗斯的主权财富基金更易在投资时遭遇东道国的调查甚至故意刁难。通过改善主权财富基金的运作模式是减少东道国担忧及优化投资环境的可取途径之一，包括改善公司治理、商业运作、透明度以及进行社会责任投资等。改善主权财富基金的不同运作模式之间是相互关联的，社会责任投资要求在追求财务回报的同时实现社会效益，因此进行社会责任投资的主权财富基金的运作将以商业为导向，这一导向也决定了降低母国政治干预以及在公司治理结构中引入更多的专业管理人员。已有研究表明，政治因素积极参与的主权财富基金，由于缺乏专业的决策程序或投资过程的扭曲将导致业绩下滑。③ 因此，通过社会责任投资理念的引入降低政治干预将减少东道国因投资引发的对本国国家安全的担忧。在透明度方面，大多数负责任的投资准则及得到广泛承认的原则都要求投资者披露与社会、道德及环境相关的信息，主权财富基金将该标准作为提升自身透明度的要求也将减少东道国因投资引发的担忧。

其次，主权财富基金需要通过进行社会责任投资塑造良好的投资形象，从而使其自身及母国从中获得长期收益。与其他机构投资者相比，主权财富基金的特殊性主要由其设立背景及与母国的密切联系所决定。因此，一旦主权财富基金进行或参与了不道德的投资，将会直接影响自身及母国政府的声誉。母国

① 中国投资有限责任公司："2017 年年度报告"，2018 年 7 月，http：//www.china-inv.cn/wps/wcm/connect/2ead2bc5 - 4e25 - 4a1f-bcca - 3cee617f68a7/% E4% B8% AD% E6% 8A% 95% E5% 85% AC% E5% 8F% B82017% E5% B9% B4% E5% B9% B4% E5% BA% A6% E6% 8A% A5% E5% 91% 8A. pdf? MOD = AJPERES&CACHEID = 2ead2bc5 - 4e25 - 4a1f-bcca - 3cee617f68a7，最后访问时间：2018 年 12 月 5 日。

② 法国的主权财富基金及爱尔兰战略投资基金是联合国责任投资原则的签字方，阿联酋政府所有的阿布扎比穆巴达拉发展公司（The Abu Dhabi Mubadala Development Company）是长期投资者俱乐部（the Long-Term Investors Club）的成员。

③ Bernstein S, Lerner J, Schoar A, The investment strategies of sovereign wealth funds, Journal of Economic Perspectives, 2013, Vol. 27, No. 2, pp. 219 – 238.

设立主权财富基金的目的通常是促进可持续经济的发展，造福子孙后代，为了实现上述目的，主权财富基金也应当进行社会责任投资并促进可持续发展。将社会、环境、道德、人权等因素作为投资决策参考的主权财富基金更易得到国际社会的认可，因为它们不仅寻求财务回报，还利用社会责任投资战略改善了自身及目标公司的治理。实证研究表明，按照社会责任投资原则进行的投资带来的投资回报不会低于传统投资，① 而主权财富基金投资的目标公司由于受到投资者的监管往往享有更高的估值。

再次，主权财富基金进行社会责任投资能够协助母国更好地履行国际义务。由于主权财富基金的巨大规模以及母国政府作为后盾，其承受风险的能力明显高于其他私人投资者。虽然主权财富基金大多具有独立法人身份，并能够像私人投资者一样运作，但仍极易被东道国视为政府工具或政府部门，并将其行为归于国家行为。因此，主权财富基金的行为将对母国国际义务的履行产生重大影响，包括人权、环境保护和可持续发展等义务。各国政府将主权财富基金作为投资工具的同时也可利用其履行国际义务，尤其是在代际公平作为可持续发展原则的重要内容且得到国际法领域的广泛接受后，② 利用主权财富基金进行社会责任投资将有助于母国更好地实现代际公平原则。以澳大利亚未来基金为例，由于其赞助者——澳大利亚政府是健全治理的国际最佳实践的承诺国，该基金在设立之初就以"支持生态可持续发展"为宗旨。③ 由此可见，主权财富基金实施社会责任投资可协助母国履行其在人权、环境及可持续发展领域的国际义务，也可避免因其不当行为而使母国遭受违反相应国际义务的指控。

最后，主权财富基金进行社会责任投资是履行其对股东的信托义务的方式之一，既包括对本国政府承担的信托义务，还包括对利益相关人（纳税人等）承担的信托责任。尽管主权财富基金的信托义务及责任还未得到明确确认，但圣地亚哥原则中提到，主权财富基金的董事会或管理人员应为主权财富基金的利益行事，这在一定程度上可被视为"试图在为主权财富基金引入一种信托责任"。④ 受托人的信托义务是保障受益人利益的法律基础，要求受托人除了为受

---

① RBC Global Asset Management Report, Does Socially Responsible Investing Hurt Investment Returns? (Sept. 2012), http://funds. rbcgam. com/_ assets-custom/pdf/RBC-GAM-does-SRI-hurt-investment-returns. pdf, accessed 20 September 2018.

② 苏丽：《可持续发展视阈下的代际公平问题研究》，江西师范大学 2009 年硕士学位论文。

③ Clark G L, Knight E R W, Temptation and the virtues of long-term commitment: the governance of sovereign wealth fund investment, Asian Journal of International Law, 2011, Vol. 1, No. 2, pp. 321 – 348.

④ Monk A, Recasting the sovereign wealth fund debate: trust, legitimacy, and governance, New Political Economy, 2009, Vol. 14, No. 4, pp. 451 – 468.

益人管理资产外，还要承担忠诚、谨慎、善意及信息披露等义务。① 虽然主权财富基金的受益人为不特定的群体，但主权财富基金仍然负有信托义务。有学者就将主权财富基金定性为"公共信托基金"，并认为"从严格的法律层面看，主权财富基金并非基于传统的信托法与社会建立信托关系"，② 但即使有别于传统的信托方式，主权财富基金投资仍是为了政府、国民以及后代的利益，因此，应当对上述投资受益人负有信托义务。就主权财富基金进行社会责任投资的行为而言，此种信托关系的存续可理解为主权财富基金作为公共实体，代表本国政府和国民管理部分国家资产，目的是为可持续经济和社会利益进行负责任的投资。

主权财富基金投资对金融市场及目标公司的影响已为国际社会所承认，并得到了一些实证研究成果的证实。③ 因此，进行社会责任投资的主权财富基金可以通过其股东权利的行使促进和维持金融市场的稳定和发展以及影响目标公司的行为，这也将使主权财富基金及其母国从中受益。主权财富基金在东道国树立负责任的投资者形象，一方面将放松东道国对其投资目的的警惕，为自身争取更自由的投资环境并减少投资争端的产生，另一方面将间接协助母国履行人权、环境、可持续发展等国际义务。

2. 主权财富基金进行社会责任投资的应然性分析

社会责任投资与主权财富基金的总体目标并不矛盾。作为机构投资者，主权财富基金有为受益人的最佳长期利益行事的信托义务。④ 但与其他机构投资者（如养老基金、保险等）相比，主权财富基金最终受益人的概念较为抽象，其原因在于主权财富基金是按照主权国家的经济目标进行管理经营的，最终受益人不是某个特定个人，而是政府本身或整个国家的当代及未来的纳税人。⑤ 从这一层面看，主权财富基金是代表国家管理公共资产，以满足其公民当下及

---

① 刘正峰："信托制度基础之比较与受托人义务立法"，载《比较法研究》2004年第3期，第60—71页。

② Richardson B J, Sovereign wealth funds and socially responsible investing: An emerging public fiduciary, Global Journal of Comparative Law, 2012, Vol. 1, No. 2, pp. 125 –162.

③ Raymond H, The effect of Sovereign Wealth Funds' investments on stock markets, Banque de France Occasional Paper, 2008, Vol. 7. Selfin Y, Snook R, Gupta H, The impact of Sovereign Wealth Funds on economic success, Price waterhouseCoopers (PwC), 2011.

④ Anabtawi I, Stout L, Fiduciary duties for activist shareholders, Stanford Law Review, 2007, Vol. 60, p. 1255.

⑤ Collier J, Sovereign wealth funds-a significant and growing global force, Business ethics and sustainability. Edward Elgar, Northampton, 2011, pp. 100 –112.

未来的经济需要，因此有责任将资产投资于能够取得最佳经济利益的部门。[1]
为了实现这一总体目标，主权财富基金可以像其他投资者一样，向被投资公司
施加压力，要求提高股息、降低高管薪酬或解散表现不佳的公司部门等。[2] 但
从长远角度来看，投资于对社会、环境和人权因素没有负面影响的企业更有可
能获得更多的资源和经济利益的分配，而涉及侵犯人权或严重环境损害的企业
可能受到雇员、工会或其他利益攸关方的诉讼，甚至可能因负面的新闻报道而
成为非政府组织的调查对象，进而造成股价下降、高额的应诉成本、市场准入
受限以及公司声誉受损等后果。相反，如果主权财富基金投资于具有良好"道
德足迹"的公司则将收到更多的经济效益。

作为国家所有及控制的投资工具，主权财富基金肩负财务及道德的双重使
命，并且财务使命与道德使命之间还可能存在重叠，因为不道德的公司行为将
危及主权财富基金的财务收益。因此，作为目标公司的股东，主权财富基金应
当确保目标公司的经营行为不存在可能对公司声誉产生负面影响的行为，进而
影响公司的利润及股价。主权财富基金的道德使命来自基金的总体投资目标，
事实上，大多数主权财富基金的设立都是为后代储蓄资金，从财富的代际传递
角度看，设立储蓄型主权财富基金的目的在于利用国民财富为子孙后代保存和
创造经济价值，以减轻当代人进行自然资源开发对后代的影响。因此，主权财
富基金作为长期投资者，有责任通过社会责任投资促进可持续发展及社会正义，
以便让后代有机会获得投资回报。[3] 主权财富基金的本质决定了其承担的道德
责任，尽管主权财富基金没有被要求像国家一样承担国际条约义务，国际条约
也不能直接对公司或投资者行为进行约束，但主权财富基金可以将国际条约中
的义务作为其进行社会责任投资的道德指南。[4]

主权财富基金管理的资产由国家提供，若根据习惯国际法，主权财富基金
的行为可归属于国家，则可将主权财富基金视为国家机关，从而区别于其他投
资基金成为国家权力的延伸，因此有义务遵守一系列具有约束力的国际法原则。
有学者认为，从主权财富基金的设立目的及其作为国有投资工具的特征就可推

[1]　Richardson B J, Fiduciary law and responsible investing: In nature's trust, Routledge, 2013,
p. 227.

[2]　Ghahramani S, SWFs and human rights protection, in Bassan F (ed) Research handbook on
sovereign wealth funds and international investment law, Edgar Elgar, Northampton, 2015, pp. 321 – 332.

[3]　Zee E V D, Sovereign wealth funds and socially responsible investment: dos and don't ts, European
Company Law, 2012, Vol. 9, No. 2, pp. 141 – 150.

[4]　Richardson B J, Fiduciary law and responsible investing: In nature's trust, Routledge, 2013,
p. 230.

断其为国家机关，而无须再依据习惯国际法对其具体行为的归属进行分析，[①]在此前提下若主权财富基金的投资行为违反了国际条约，则母国应当对主权财富基金违反国际法义务的行为承担责任，并且应当采取措施确保本国政府机构遵守国际法。还有学者提出，主权财富基金承担的社会责任与其主体身份的认定无关，而是直接源于相关国际公约及国际文件中的义务，如《世界人权宣言》中规定"每个个人和每个社会机构都应在力所能及的范围内尊重和促进本宣言中规定的权利"，基于这一规定，投资者有义务尊重和促进人权保护。[②] 但值得注意的是，《世界人权宣言》仅是联合国大会就世界人权问题达成的一项决议，尽管其被广泛承认为国际习惯法，但并不能赋予投资者具有直接约束力的人权义务。

公司及其他机构投资者通常使用不同的投资策略以寻求股东价值的最大化，但若只强调短期的财务回报最大化可能会引发侵犯东道国人权、腐败或破坏环境等问题，这些问题不仅对东道国的经济和社会体系产生负面影响，同时也会对投资者自身产生负面效应。因此，随着越来越多的社会团体及国际组织倡导可持续发展理念，机构投资者也在通过社会责任投资转向长期和可持续性的价值创造，以确保财务业绩和社会回报。尽管主权财富基金是一个相对特殊的具有不同治理结构及法律地位的机构投资者，但通常被认为是在私人领域进行投资并追求财务回报的公共实体。[③] 出于主权财富基金的公共性质，在对股东及其他利益相关者负责的同时，无疑需要承担更多的社会责任。而在现有的主权财富基金责任及问责的国际监督框架下，探讨在该框架下如何通过规范让主权财富基金成为可持续投资者，将为全球可持续投资的发展提供有力支持。

3. 对现行社会责任投资规范框架的分析

《联合国负责任的投资原则》是目前关于私人及国有投资者的道德和负责任投资做法的最重要的国际倡议。[④] 联合国责任投资原则组织应协助签字方将"经济、社会和治理"问题纳入其战略决策过程及投资实践当中，并承认市场

① Demeyere, Bruno, Sovereign-Wealth Funds and (Un) Ethical Investment: Using 'Due Diligence' As a Yardstick to Avoid Contributing to Human Rights Violations Committed by Companies in the Investment Portfolio, in Human rights, corporate complicity and disinvestment, Cambridge University Press, 2011, pp. 183 – 221.

② Sullivan R, Hachez N, Human Rights Norms for Business: The Missing Piece of the Ruggie Jigsaw-The Case of Institutional Investors, Ssrn Electronic Journal, 2012, pp. 217 – 244.

③ Hsu L, Sovereign Wealth Funds: Investors in search of an identity in the twenty-first century, International Review of Law, 2015, No. 2, p. 6.

④ Nystuen, Gro, Andreas Follesdal, and Ola Mestad, eds, Human rights, corporate complicity and disinvestment, Cambridge University Press, 2011, p. 3.

整体的长期健康与稳定的相关性，尤其呼吁签字方应成为积极的股东，并将
"经济、社会和治理"纳入其投资政策及实践中。[①] 虽然联合国责任投资原则组
织并未明确提到社会责任投资中涉及的人权问题，但该问题应当包括在上述
"社会"因素治理的组成部分当中。然而，该原则并未明确提及人权方面的考
虑因素，而是将人权归为"社会"问题的组成部分之一。《联合国负责任的投
资原则》在推动负责任的投资方面被认为是"最重要的发展举措"，[②] 但该项原
则并未为主权财富基金所普遍接受。事实上，在 2014 年对该原则进行签字的
273 个签字方中只有 3 个为主权财富基金。[③] 在加入数量如此有限的情况下，该
原则对主权财富基金投资方面的影响也大打折扣。此外，由于没有设置任何执
行机制，《联合国负责任的投资原则》无法直接要求投资者对被投资公司侵犯
人权或其他违反道德的行为采取积极的应对措施。《联合国全球契约》是推动
可持续发展和负责任企业实践的政策平台及适用框架，该套原则将自己定义为
"致力于推动企业的业务和战略与人权、劳工、环境和反腐败领域普遍接受的
原则相一致的一项战略政策倡议"。《联合国全球契约》是不具有约束力的软法
规则，也未设置任何执法和惩罚机制，因此对主权财富基金进行社会责任投资
的影响力也极为有限，而加入该契约的主权财富基金数量也寥寥无几。

　　圣地亚哥原则作为专门规范主权财富基金投资行为的自愿性框架规则，对
主权财富基金的透明度和治理进行了全方位的规制，但是纵观整个原则中没有
任何直接涉及负责任的投资相关的规定。那么，负责任的投资做法能否被允许
纳入圣地亚哥原则设定的基金总体方针当中呢？圣地亚哥原则设立的指导目标
之一为"基于经济和金融风险以及与投资回报有关的因素进行投资"，原则第
19 条规定，主权财富基金必须披露其投资是否出于"金融和经济因素"以外的
其他因素，这些因素可以包括社会、道德或宗教等原因。[④] 同样的，原则第 21
条规定主权财富基金在被投资公司行使投票权的目的是保护投资的财务价值，
并要求披露行使投票权的情形，[⑤] 虽然未提及社会责任投资，但避免合谋的不

①　The United Nations Principles for Responsible Investment Principle 2, https://www.unpri.org/pri/what-are-the-principles-for-responsible-investment, accessed 20 September 2018.

②　Nystuen, Gro, Andreas Follesdal, and Ola Mestad, eds, Human rights, corporate complicity and disinvestment, Cambridge University Press, 2011, p.3.

③　签字的三家主权财富基金为新西兰养老基金、挪威政府（全球）养老基金及法国信托投资局。The UN-PRI, http://www.unpri.org/signatories/signatories/# asset _ owners, accessed 15 January 2017.

④　Sovereign Wealth Funds: Generally Accepted Principles and Practices "Santiago Principles" GAPP Art. 19, October 2008, http://www.ifswf.org/sites/default/files/santiagoprinciples_0_0.pdf.

⑤　Ibid GAPP Art. 21.

道德行为或降低社会、环境损害是保护投资长期价值的合理行动，因此可以被归为主权财富基金行使投票权的目的之一。纳入和促进负责任的投资理念也可基于圣地亚哥原则的第 22 条，根据该条原则，主权财富基金必须建立一个确定、评估和管理其运作风险的框架，在该条评注中对"风险"的解释包括声誉风险，即"对主权财富基金的商业做法的负面宣传，不论其真实与否，可能导致投资回报下降、昂贵的诉讼或对手方的损失，或损害母国政府的国际地位等"。① 而对一家有侵犯人权或环境损害记录的公司投资很可能会带来上述的声誉风险，因此若主权财富基金遵循负责任的投资理念则可有效规避该风险。上述圣地亚哥原则的具体规定表明，原则允许主权财富基金进行社会责任投资，尽管原则中并没有明确鼓励此种做法。但不可否认的是，圣地亚哥原则在规制主权财富基金投资方面的广泛影响，将是调和主权财富基金道德表现和财务目标的良好起点，② 从长远来看，在国际货币基金组织等国际机构的敦促下，制定符合主权财富基金具体需求的社会责任投资行为准则也是可期的。

（二）主权财富基金对外投资中的社会责任承担

经济全球化推动了资本的跨国移动，也催生了外资领域的社会、环境和人权等问题。主权财富基金已成为海外投资领域的重要参与者，在制定投资策略及进行决策时应当将社会、环境及人权因素考虑在内，而主权财富基金母国也应鼓励及督促主权财富基金社会责任的承担。在社会责任投资实践层面，需要主权财富基金、母国、东道国的共同参与和努力，才能促进全球投资领域的可持续发展。下文将选取主权财富基金在人权责任领域的投资实践，探讨主权财富基金社会责任机制构建的可能性及应有模式。

1. 主权财富基金人权责任的承担

传统的人权保护途径主要通过人权文书中记载的侵犯人权行为使当事国迫于对其国际声望的影响而停止侵权行为，这一途径也被归结为"点名羞辱（naming and shaming）"法，一旦有国家被"点名"，其获得看重人权保护水平的发达国家投资的难度将增加，这也成为"点名羞辱"法产生的附加效应。随着经济全球化的推进，资本的流动性得到前所未有的增强，市场上对投资回报

---

① Sovereign Wealth Funds: Generally Accepted Principles and Practices "Santiago Principles" GAPP Art. 22, October 2008, http://www.ifswf.org/sites/default/files/santiagoprinciples_0_0.pdf.

② Halvorssen, Anita Margrethe, Addressing Climate Change Through the Norwegian Sovereign Wealth Fund (SWF) – Using Responsible Investments to Encourage Corporations to take ESG Issues into Account in their Decision-Making, International and Comparative Corporate Law Journal, 2010, University of Oslo Faculty of Law Research Paper No. 2010 – 06, available at SSRN: https://ssrn.com/abstract = 1712799, accessed 20 September 2018.

及原材料成本的竞争也愈发激烈。在这一背景下，那些曾经标榜注重东道国人权保护水平的投资者为了寻求低价原材料的供应，已无暇顾及东道国的人权记录，相对应地，一些自然资源丰富的国家也不再忌惮本国的人权保护水平可能成为影响其吸引外资的重要因素。

经济全球化的推进不仅降低了侵犯人权的成本，也使得投资者的权力急剧膨胀，一些大型跨国公司的收入甚至超过了东道国的 GDP,[①] 投资者的巨额收益增加了其与东道国在投资谈判中的砝码，也为投资者对东道国人权的侵犯（如环境污染、剥削劳动群体等）埋下了隐患。致力于人权保护的各种国际组织也注意到了海外投资对东道国人权事务的负面影响，呼吁各界重视跨国投资领域的人权责任问题。由此，经济全球化的浪潮推动了人权保护由"几乎排他地只关注政府人权责任向同时密切关注企业（特别是跨国公司）人权责任的转变"。[②] 正如学者所言，"现如今再提及公司在侵犯国际人权方面应与政府承担的共同责任已是老生常谈"。[③] 在足以影响人权保护状况的大型跨国公司中不乏国家所有或控制的国有企业及主权财富基金的身影，将此类经济实体与人权保护相挂钩进而构建相应的人权责任体系，已是亟须关注及研究的问题。

公司不是传统国际法所承认的主体，因此无须承担人权义务，但经济全球化及跨国公司权力的膨胀强化了其对各国经济及人权事务的影响，公司行为与人权保护的交叉已成为无法绕开的热议问题。要厘清公司行为与人权保护的内在关系，就必须提及两种互相对立的理论模型：一种理论认为公司为其股东所有的私人财产，其设立的目的即是将股东的财富最大化。在这一理论模型中，公司管理者的职能即为股东谋取经济利益，公司的社会责任就是创造利润。[④]另一种理论则认为公司不仅仅是经济活动的私人参与者以及股东所有的私人财产，也是具有公共职能的社会实体。[⑤] 这两种理论表面看是背道而驰的，一个强调的是公司的财务效益，另一个强调的是社会收益。有学者认为公司的"财

---

① 刘满达："跨国公司的人权责任"，载《法学》2003 年第 9 期，第 95—102 页。

② Steven R. Ratner, Corporations and Human Rights: A Theory of Legal Responsibility, Yale Law Journal, 2001, Vol. 111, pp. 443 – 446.

③ Aaron A. Dhir, Realigning the Corporate Building Blocks: Shareholder Proposals as a Vehicle for Achieving Corporate Social and Human Rights Accountability, American Business Law Journal, 2006, Vol. 43, pp. 365 – 412.

④ Milton Friedman, The Social Responsibility of Business is to Increase its Profits, The New York Times Magazine, 1970, http://www.umich.edu/—thecore/doc/Friedman.pdf, accessed 20 September 2018.

⑤ William T. Allen, Our Schizophrenic Conception of the Business Corporation, Cardozo Law Review, 1992, Vol. 14, pp. 261 – 281.

务"和"社会"效益目标是不可兼得的,"一个公司如果既想获得利润,又想做善事,那么它哪个也做不好".① 但相关实证研究结果显示公司的经济效益与承担的社会责任是正相关关系,② 公司承担的社会责任将直接影响该公司的声誉,而公司声誉也是衡量公司市场价值的指标之一。

对公司经济效益与社会责任关系的讨论一直都在持续,公司股东作为公司所有人也必然要对公司追求的经济和社会效益进行取舍,而无论作为上述两种理论的何方支持者,公司股东都可通过"股东积极主义"③ 对公司的行为产生影响。当然公司股东天然逐利的特性决定了其承担社会责任的动机有时并不纯粹,因为公司的不道德行为很可能影响到公司声誉,进而影响公司的股价及利润。近年来越来越多的公司股东开始注重企业社会责任的承担,并利用其股东身份,通过积极的股东行动,促使企业良好社会责任的履行,被视为社会责任投资者。社会责任投资④也被称为道德投资,要求投资者进行投资时不仅考虑经济效益,还应考虑社会、环境及人权等非财务标准,且上述非财务标准应当与财务标准齐头并进。目前利用"股东积极主义"进行社会责任投资,已成为跨国公司主动保护人权的重要途径之一。

主权财富基金对外投资可以对人权产生多方面的积极影响,包括提供体面的工作机会以及为东道国的发展作出贡献。在某些特定领域,如通信、医药、基础设施建设等行业,主权财富基金的投资也推动了人权保护的进程,如通过信息和通信技术支持表达自由的权利,通过提供新的药物和可获得的途径保障健康权,或通过为贫困地区建设新的道路或水供应来促进当地发展。然而,主权财富基金的投资活动也可能对人权保护产生消极影响。主权财富基金投资的行业领域涉及劳动密集型产业以及开发利用自然资源型产业,甚至还涉及新型武器研制开发产业,在上述产业中往往存在侵犯东道国公民的劳工权、环境权、发展权、生存权等行为。在母国通过主权财富基金海外投资进行跨境国有化的背景下,如果投资的外国私营公司违反了国际人权法,主权财富基金应否被视

① B. J. McCabe, Are Corporations Socially Responsible? Is Corporate Social Responsibility Desirable?, Bond Law Review, 1992, Vol. 4.

② Mark Freeman, Doing well by doing good: linking human rights with corporate self-interest, International Business Law Journal, 2006, No. 4, pp. 741 – 751.

③ 股东积极主义指股东凭借其所持有的股份,通过行使投票权、提出股东议案甚至是法律诉讼等形式积极参与公司治理、维护自身合法权益的行为。

④ 社会责任投资是一系列概念的集合。首先,投资的最终目标是实现最高的回报;其次,良好的回报是建立在长期的时间跨度之上,并取决于投资对经济、环境和社会方面的可持续发展以及合法有效、运转正常的市场的贡献。旨在进行社会责任投资的跨国公司,不仅会关注企业财务、业绩方面的表现,还应遵守社会伦理性标准,表现为遵守法律、尊重人权、对环境问题的关注等。

为侵权"共犯",母国应否承担相应的国际法律责任,上述问题在现行的传统国际法下并没有明确的答案。

社会责任投资者往往积极参与到目标公司的管理中,此种策略有利于投资者了解目标公司的经营状况,并密切关注公司行为是否符合非财务标准。与私营投资者奉行的"股东积极主义"相比,主权财富基金倾向于成为"消极投资者",不主张对投资的目标公司的经营行为进行过多干预,[1] 以此来降低东道国的担忧。但也有主权财富基金奉行社会责任投资并参与目标公司的经营,一旦发现目标公司存在侵犯人权行为,则通过行使股东权利等方式杜绝成为侵犯人权的共谋。即使作为"消极投资者"的主权财富基金,也可通过投资前对目标公司行为的审查或者事前设置投资"黑名单",降低成为侵犯人权共谋的可能性。基于主权财富基金投资的规模、对长期投资的需求、股权的资产配置策略以及缺乏固定义务(如对受益人所承担的信托义务)等原因,有学者认为其本质上更趋向成为"积极投资者",从而参与目标公司的决策及承担人权责任。[2] 此外,越来越多的私人投资者将进行社会责任投资作为一项投资策略,关注企业的社会效益及人权保护,而由国家发起的带有公共性质的主权财富基金在投资过程中更应注重社会责任的承担及对人权的保护。主权财富基金的投资目的多为增加本国的公共利益,如此在投资时更不应以牺牲他国人权或环境等为代价,而应承担起相应的社会责任。

主权财富基金作为国家所有的经济实体,在对外投资时有的以独立法人身份进行(如中投公司),有的则以特定机构管理的资金池的形式进行投资。鉴于主权财富基金在所有权及管理模式上与一般跨国公司的区别,其在对外投资中承担的社会责任源于但又不同于跨国公司。[3] 首先,若将主权财富基金视为纯粹的商业机构,不论其是以公司法人还是以其他身份进行投资,承担的社会责任都不应低于跨国公司;其次,主权财富基金为母国所有,其投资有时甚至暗含母国的政治或经济意图。因此,与一般跨国公司相比,更应秉持承担社会责任、尊重东道国人权的意愿。

---

① P. Rose, Sovereign Investing and Corporate Governance: Evidence and Policy, Fordham Journal of Corporate and Financial Law, 2013, Vol. 18, pp. 914 – 962.

② Ghahramani, Salar, Sovereign wealth funds and shareholder activism: applying the Ryan-Schneider antecedents to determine policy implications, Corporate Governance: The international journal of business in society, 2013, Vol. 13, pp. 58 – 69.

③ 练爽:"论主权财富基金的社会责任与治理——以 GPFG 的最新实践为例",载《江汉论坛》2012 年第 4 期,第 16—19 页。

2. 主权财富基金承担人权责任的牵连性

主权财富基金作为国家所有的投资工具,在投资过程中涉及的人权责任相较一般的跨国公司更为复杂:其一表现为责任主体的牵连性,主权财富基金的人权责任主体不仅限于基金自身,还包括主权财富基金的母国;其二表现为人权责任内容的复杂性,既包括尊重人权的责任,也包括特定情形下的保护人权的义务。如果仅将主权财富基金视为与跨国公司相同的商业实体,从诸如"全球宣言"、"国际公约"等国际文件中也能找到将道德义务加诸除国家之外的私人实体的依据。例如,1948 年的《世界人权宣言》的序言指出,"社会的每一个个人和每一个机构……都应努力……促进尊重这些权利和自由",① 以及根据《公民及政治权利国际公约》设立的监督机构指出,公约为缔约国创设了积极的义务,确保公约不仅保护公民不受国际行为侵害,而且抵制"私人或其他实体"的侵害。同样地,如果一国未"采取适当措施或尽责防止、惩罚、调查或纠正私人或实体的这种行为所造成的损害",也可视为该国违反了公约的义务。② 除了从现有的人权文件中寻找公司承担人权义务的可能性,各国及国际组织也一直在探寻为跨国公司及其他实体设置人权义务的途径,并制定了一些具有软法性质的指导方针和行为守则等,如 2008 年国际法学家委员会专家法律小组出版的三卷本《公司共谋与法律责任》以及联合国于 2000 年推出的《联合国全球契约》和 2011 年推出的《工商企业与人权;实施联合国"保护、尊重和补救"框架指导原则》(以下简称《联合国指导原则》)等,该指导原则于 2011 年 6 月被联合国人权理事会决议认可。③《公司共谋与法律责任》是以国内和国际刑法中的共谋理论为基础阐释公司应当承担的责任,而联合国出台的两项文件旨在要求工商企业尊重人权,并认为这种责任是独立于国家履行其自身人权义务的,同时也提出了工商企业应当尊重的人权的最低限度。

《联合国全球契约》中发布的十项基本原则中的第一项的内容为鼓励企业在各自的影响范围内尊重人权,避免造成负面人权影响;④ 第二项的内容则强

---

① Universal Declaration of Human Rights, G. A. Res. 217A, at 72, U. N. GAOR, 3d Sess. , 1st plen. mtg. , U. N. Doc. A/810 (Dec. 12, 1948).

② U. N. Hum. Rts. Comm. , General Comment 31 [80], The Nature of the General Legal Obligation Imposed on States Parties to the Covenant, § 8, U. N. Doc. CCPR/C/21/Rev. 1/Add. 13 (May 26, 2004).

③ UN Human Rights Council: Guiding Principles on Business and Human Rights: Implementing the United Nations "Protect, Respect and Remedy" Framework [R]. A/HRC/17 /31, 21 March 2011, New York. http://www. ohchr. org/Documents/Publications/GuidingPrinciplesBusinessHR _ CH. pdf, accessed13 December 2017.

④ The Ten Principles of the UN Global Compact Principle One: Human Rights, https://www. unglobalcompact. org/what-is-gc/mission/principles/principle -1, accessed 25 December 2017.

调企业应当绝不参与任何漠视与践踏人权的行为，即不要成为践踏人权的"共谋"。① 《联合国全球契约》中将"共谋"定义为"被牵涉由其他公司、政府、个人、集团等造成的正在进行的侵犯人权的行为"，公司构成侵犯人权的"共谋"需要具备两个必要条件：一是公司或代表公司的个人的作为或不作为以某种方式"帮助"（促进、使合法化、协助、鼓励等）另一方实施践踏人权的行为；二是公司知悉其作为或不作为可能会提供此种帮助。② 此外，在第二项原则下《联合国全球契约》中也设想了三种可能出现"共谋"的情形：一是直接共谋，即当一个公司明知其提供的商品或服务将被用来实施践踏人权的行为；二是受益共谋，即当一家公司从侵犯人权行为中获益时，即使它没有积极帮助或造成这种行为也视为"共谋"；三是无声共谋，当公司面对系统性或持续性的侵犯人权行为而保持沉默或不作为时，也视为"共谋"。在《联合国全球契约》的基础上，公司应当尊重人权的原则得以确立，而之后的《联合国指导原则》则为公司应当尊重的人权范畴提供了单一标准，即国际公认的人权，在最低限度上可理解为《国际人权宪章》以及关于国际劳工组织出台的《工作中基本原则和权利宣言》中所载明的各项权利。③ 同时，《联合国指导原则》肯定了国家保护人权的义务，以及公司尊重人权的责任。在这一框架内，人权规范与公司责任的关系得以强化，"人权尽责"④ 也能够使公司"确认、防止和缓解负面影响"，避免公司卷入侵犯人权的行为。⑤

与一般跨国公司不同的是，主权财富基金为国家控制的实体，除了承担最低限度的尊重人权的责任外，还可能在特定情形下受到国家承担的人权义务的约束。国家作为国际法承认的主体，是国际人权义务的主要承担者，也是国际人权制度的受托人。主权财富基金作为国家控制的实体，其行为在一定情形下

① The Ten Principles of the UN Global Compact Principle Two：Human Rights，https：//www. unglobalcompact. org/what-is-gc/mission/principles/principle－2，accessed 25 December 2017.

② The Ten Principles of the UN Global Compact Principle Two：Human Rights，https：//www. unglobalcompact. org/what-is-gc/mission/principles/principle－2，accessed 25 December 2017.

③ "工商业与人权：实施联合国'保护、尊重和补救框架指导原则'"，HR/PUB/11/4，2011，联合国，http：//www. ohchr. org/Documents/Publications/GuidingPrinciplesBusinessHR_CH. pdf，最后访问日期：2017 年 12 月 25 日。

④ 《联合国指导原则》中的"人权尽责"指为确认、防止和缓解负面影响，并对如何消除此类影响负责，工商企业应恪守人权责任。此一过程应包括评估实际和可能的人权影响，综合评估结果并采取行动，跟踪有关反应，并通报如何消除影响。

⑤ UN Human Rights Council：Guiding Principles on Business and Human Rights：Implementing the United Nations "Protect，Respect and Remedy" Framework. A/HRC/17 /31，21 March 2011，New York. http：//www. ohchr. org/Documents/Publications/GuidingPrinciplesBusinessHR_CH. pdf，accessed 13 December 2017.

可归于国家，根据国际法委员会起草的《国家对国际不法行为的责任条款草案》第 8 条的规定，① 若主权财富基金的行为达到了受国家"指挥"或"控制"的标准，则其行为可归于国家，此种情形下国家应承担违反人权义务的责任。国际法委员会认为要将"受到国家指挥或控制"的行为归属于国家，不仅要求此种"控制"对被控制的实体行使，而且还要求对该实体实施的特定行为行使。因此，在国际公法下要确定一人或一群人的作为或不作为是否受到国家的'控制'或'指挥'，审查标准是极高的。若主权财富基金的行为不可归于国家，但其所投资的目标公司有侵犯人权的行为，主权财富基金有可能成为其"共谋"，虽然国家并不因此承担人权责任，但主权财富基金的高层管理部门一般向国家机构负责，国家有责任加强对主权财富基金的监管。为了避免本国的主权财富基金在对外投资时成为侵犯人权的"共谋"，国家除了鼓励并要求基金恪守人权责任外，更有必要出台专门的政策或指导原则来规范其对外投资中涉及的人权事务，主权财富基金自身也应通过内部治理避免成为侵犯人权的"共谋"。

（三）主权财富基金人权保护监督机制的构建

虽然主权财富基金的数量在不断增多，但在进行社会责任投资方面却行动滞后。在经济全球化背景下，私人投资者（包括共同基金②）已经注意到财务收益与社会收益的内在联系，并将进行社会责任投资作为一项投资策略。而如公共养老基金等由国家发起的机构投资者在进行社会责任投资方面却行动相对迟缓，主要原因在于其担心违反对受益人所承担的信托义务。③ 但随着要求企业承担社会及人权责任的呼声不断升高，由国家所有或参与的投资机构也在探索进行社会责任投资的新途径。目前，由国家发起的机构投资者（包括公共基金、主权财富基金）在进行海外投资过程中承担人权责任的模式大致可归为三种：第一种模式以 GPFG④ 为典型，若目标公司存在人权不轨行为，则由股东根据法律规定的程序通过抛售股票等形式退出目标公司；第二

① 《国家对国际不法行为的责任条款草案》第 8 条"受到国家指挥或控制的行为"规定，如果一人或一群人实际上是在按照国家的指示或在其指挥或控制下行事，其行为应视为国际法所指的一国的行为。

② 共同基金是一种利益共享、风险共担的集合投资方式，即通过发行基金股份，集中投资者的资金，从事股票、债券、外汇、货币等投资，以获得投资收益和资本增值。由于普通大众一般对跨国投资金融产品涉及的法律和语言不熟悉，所以利用共同基金这种形式由具有专业知识的金融从业团队来管理投资。

③ S. Prakash Sethi, Investing in Socially Responsible Companies is a must for Public Pension Funds, Journal of Business Ethics, 2005, Vol. 56, pp. 99 – 129.

④ GPFG 的前身为挪威石油基金，该基金的资产主要来源于挪威石油收入产生的剩余财富。

种模式表现为美国一些州通过立法禁止公共基金投资到它认为有侵犯人权污点的特定国家，如苏丹；第三种模式以加州公务员退休基金①为代表，在东道国无相关立法或立法标准较低时，目标公司应当承担相应的甚至超出立法标准的人权责任。② 理论上，主权财富基金在承担人权责任时完全可以参考以上三种模式，但迄今为止将社会责任投资实践良好的主权财富基金屈指可数，挪威主权财富基金可作为范例之一。

1. 以政策为导向的挪威主权财富基金人权保护监督机制

主权财富基金在投资的同时承担人权保护的社会责任是其追求财政收益及社会收益的双重需求，但如何承担人权保护的社会责任则是亟待解决的问题。主权财富基金可与母国合作，通过制定相应的指导或监督规则，推动基金转变为注重社会收益的"积极投资者"，从而避免其进行侵犯人权的投资。母国就主权财富基金投资过程中涉及的人权事务进行的此种外部监管是有实例可循的，具有代表性的是新加坡和挪威。以 GPFG 为例，其进行社会责任投资的核心在于负面筛选③策略，即拒绝向其认为涉及"不良"活动的公司进行投资，如果已经持有此类公司的股票，则将股票抛售退出公司。GPFG 在对公司进行筛选及作出退出决议过程中必须依据挪威政府规定的道德指导规则以及接受道德委员会的监督。④ 有学者指出"挪威政府通过 GPFG 最终发展出了一系列用以实现其以政策为导向的投资战略工具，其中既包括传统的监管治理模式，还包括以政策为中心的对股东权利的激活，使主权财富基金不仅参与到公司的管理，还在东道国境内对公司进行变革。"⑤

GPFG 在对公司进行筛选及作出退出决议过程中必须依据挪威政府规定的道德指导规则以及接受道德委员会的监督。⑥ GPFG 采纳的以政策为导向的股东

---

① 加州公务员退休基金为世界第二大、美国最大的公共养老基金。http：//finance. ce. cn/sub/2014zt/yljlt/sp/yw/201411/19/t20141119_3938650. shtml，最后访问时间：2017 年 12 月 10 日。

② S. Ghahramani, Sovereigns, Socially Responsible Investing, and the Enforcement of International Law through Portfolio Investment and Shareholder Activism: The Three Models, University of Pennsylvania Journal of International Law, 2014, Vol. 35, p. 1073.

③ 社会责任投资的策略之一是筛选，包括正面筛选和负面筛选，负面筛选即避免投资于对社会造成伤害的公司。

④ Council on Ethics, www. regjeringen. no/en/sub/styrer-rad-utvalg/ethics _ council. html? id = 434879, accessed 21 December 2017.

⑤ Larry Catá Backer, Sovereign Investing and Markets-Based Transnational Rule of Law Building: The Norwegian Sovereign Wealth Fund in Global Markets, American University International Law Review, 2013, Vol. 29, p. 1.

⑥ Council on Ethics, www. regjeringen. no/en/sub/styrer-rad-utvalg/ethics _ council. html? id = 434879, accessed 21 December 2018.

退出机制包含一整套精准的操作流程，若目标公司可能存在违反道德指导规则的行为，则需要对目标公司的行为定性，定性的过程需要相关部门依据国家政策、相关国际法及规定的程序，确保得出公正合理的结论。如果目标公司被证实存在侵犯人权行为，则由主权财富基金行使股东权利，退出目标公司。在实践层面，GPFG 应当在道德指导规则及财政部发布的指令下，基于目标公司所生产的产品或公司行为决定是否发起退出机制。根据挪威财政部通过的《对政府（全球）养老基金投资考察及排除公司的指导规则》（以下简称《指导规则》）①，一旦目标公司的产品或行为符合《指导规则》设定的情形之一，这些公司将被排除出基金的投资领域。② 在《指导规则》中提到九类"排除公司"的情形，有两条标准是在 2016 年新纳入《指导规则》中的，其中一个新加入标准是行为标准，将公司的作为或不作为导致排放的温室气体总量作为考察的因素，这一标准可谓一项国际创新，道德委员会也在就具体解释这一标准做准备工作，从而使其适用于不同的行业及公司。另一个新加入标准以产品为基础，主要针对矿业及能源企业，若此类企业的收入超过 30% 来源于动力煤或运营业务超过 30% 为动力煤，将会被提出考察或排除的建议。基于《指导规则》中的产品及行为标准，GPFG 在 2016 年公布了当年 59 家公司由于符合该标准而被排除的情况，另有 11 家处于被考察阶段。③ 截至 2017 年 9 月，GPFG 已经将 133 个公司排除出其投资范围，还有 13 个公司正处于被考察过程中，被排除公司具体情况见图 2 - 1。以与人权保护最密切相关的"严重或系统性侵犯人权"行为标准为例，美国的沃尔玛公司及其墨西哥子公司和印度的 Zuari 农业化学品有限公司即是因违反这一标准而被挪威主权财富基金列入"排除公司"的名单。在将目标公司列入排除名单之前，对目标公司行为的定性无疑是关键环节。挪

---

① Guidelines for the Observation and Exclusion of Companies from the Government Pension Fund Global's Investment Universe，以下简称《指导规则》。

② 《指导规则》中基于产品的排除标准包括：（1）生产的产品为违反人权原则的武器；（2）生产烟草制品；（3）向挪威政府（全球）养老基金禁止购买其国债的国家出售军用物资。基于公司行为的排除标准是通过对公司正在进行或潜在的下列行为进行调查：（1）严重或系统性侵犯人权的行为，包括谋杀，酷刑，剥夺自由，强迫劳动，以及最恶劣的雇佣童工等行为；（2）在冲突或战争中侵犯个人权利的行为；（3）造成严重的环境危害；（4）由公司的作为或不作为导致的严重的温室气体排放；（5）严重的腐败；（6）其他违反基本道德规范的行为。Guidelines for the Observation and Exclusion of Companies from the Government Pension Fund Global's Investment Universe Section 3，https：//www. regjeringen. no/contentassets/7c9a364d2d1c474f8220965065695a4a/guidelines_observation_exclusion2016. pdf，accessed 23 December 2018.

③ The Management of the Government Pension Fund in 2016 — Meld. St. 26（2016 - 2017）Report to the Storting（white paper），https：//www. regjeringen. no/en/dokumenter/meld. - st. - 26 - 20162017/id2545354/sec1？q = exclusion#match_0，accessed 23 December 2018.

威主权财富基金在确定目标公司是否存在人权不轨行为方面提供了一套可供借鉴的操作流程。挪威道德委员会对可能涉及侵犯人权行为的公司通常会制定长期计划进行审查，但个案也会通过收集的新闻报道进行调查。道德委员会与外部的咨询公司合作，由咨询公司每天收集有关投资组合公司的多种语言的新闻报道，并将其汇总成季度报告提交给道德委员会。道德委员会根据季度报告将未来存在重大人权隐患的公司列为调查对象。道德委员会还会接受并评估来自个人或非政府机构对于特定公司及问题的质询。① 道德委员会通过以上渠道获得的证据综合判断被调查公司是否存在违反《指导规则》的行为。

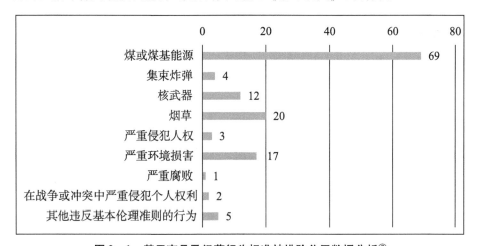

图2－1　基于商品及经营行为标准被排除公司数据分析②

2. 挪威主权财富基金对目标公司侵犯人权行为的定性

在传统国际法中，公司并无承担国际法义务的主体资格，因此当公司存在违反人权法等国际法的行为时，也无法追究其国际责任，但这并不表示国际法规范不能用来约束公司行为。挪威政府在主权财富基金治理中就将国际法义务引入私人投资领域，在对美国沃尔玛公司及其墨西哥子公司的行为定性中，将《指导规则》与相关国际法的规定相结合，以此来定性侵犯人权的行为。沃尔玛公司及其墨西哥子公司在被列为调查对象后，道德委员会为确定其是否存在或可能存在"严重或系统性侵犯人权"的行为，着重调查了"公司的经营与侵犯人权行为是否存在直接联系"以及"是否侵权行为是为公司的利益服务，而

① The Management of the Government Pension Fund in 2015, https：//www. regjeringen. no/en/dokumenter/meld. － st. －23－20152016/id2481800/？q＝Companies, accessed 25 December 2017.

② 图中数据根据挪威银行网站信息搜集整理，来源 https：//www. nbim. no/en/responsibility/exclusion-of-companies/，最后访问日期：2018 年 12 月 20 日。

公司知晓这一侵权行为的存在后并未采取相关的制止措施"两项事实。① 根据道德委员会搜集的报告，沃尔玛公司的行为涉及"持续而系统地雇用未成年人，在薪酬方面歧视妇女，妨碍工会工作，不合理地惩罚及扣押雇员，工人被迫在合同供应商提供的危险条件下超时工作并得不到补偿"。上述行为既包括沃尔玛公司在全球供应链中与供应商的合谋行为，也包括沃尔玛公司自身的经营行为。关于童工问题，道德委员会依据《联合国儿童权利公约》（审查当时已被 192 个国家正式批准加入，但不包括美国）以及国际劳工组织第 182 号有关《禁止和立即行动消除最恶劣形式的童工劳动公约》（审查当时已有 156 个国家批准加入，包括美国），认为"禁止有害童工的准则已被绝大多数国家所认可，包括审查案件中所涉及的国家，因此道德委员会有理由认为雇用童工的公司有可能造成严重的侵犯人权的风险"②。

虽然沃尔玛公司存在违反人权法的行为，但根据《指导规则》，道德委员会只有在确定这些"作为或不作为将成为本基金不可接受的构成严重或系统性侵犯人权的风险"③，才能向挪威财政部作出"排除"公司的建议。道德委员会在作出建议之前通常会考察以下四个要素。第一个要素是公司的经营与侵犯人权存在直接联系。虽然很难证明沃尔玛公司对来自发展中国家的供应商的侵犯劳工权利的行为负有直接责任，但道德委员会认为二者之间的联系存在不可接受的风险。前文提及沃尔玛北美公司在自身经营过程中存在强迫劳动、限制工人自由、雇用未成年人及非法移民等情形，明确了沃尔玛公司在经营中侵犯劳工权利的事实。第二个要素是侵权行为是为公司利益服务或者为公司提供便利条件。道德委员会认为沃尔玛在经营中的侵权行为是为增加公司利润而进行的。即使所有公司的目标都是为了最大限度地获得利润，但以违背道德准则的方式是不可接受的。第三个要素是公司的行为是否积极促成侵权的发生，或者在知晓侵权的情形下并未试图阻止。道德委员会认为沃尔玛北美公司对自身经营中的侵犯人权行为应当负有直接责任，因此有理由认为沃尔玛公司积极促成了侵权的发生，而供应商的侵权行为也存在很大可能为沃尔玛公司所知晓，但其未采取任何阻止措施。第四个要素是侵权行为是否正在进行，或者存在将来发生

① Recommendation on Exclusion of Wal-Mart Stores（15 Nov. 2005），p. 3，www. regjeringen. no/pages/1661427/Tilr% C3% A5dning% 20WM% 20eng% 20format. pdf，accessed 20 December 2017.

② Recommendation on Exclusion of Wal-Mart Stores（15 Nov. 2005），p. 18，www. regjeringen. no/pages/1661427/Tilr% C3% A5dning% 20WM% 20eng% 20format. pdf，accessed 20 December 2017.

③ Guidelines for the Observation and Exclusion of Companies from the Government Pension Fund Global's Investment Universe，https：//www. regjeringen. no/contentassets/7c9a364d2d1c474f8220965065695a4a/guidelines_observation_exclusion2016. pdf，accessed 23 December 2017.

的不可接受的风险。沃尔玛北美公司及其供应商都存在正在进行的侵犯人权的行为，而且没有迹象表明公司打算阻止侵权的继续发生。[①] 因此道德委员会认为由之前的行为模式可以推测未来的行为模式，沃尔玛公司已经存在的严重及系统性侵犯人权的行为，今后也可能继续存在，应当被视为"不可接受的风险"。鉴于对以上四个因素的考察，道德委员会得出最后的调查结果，并建议挪威财政部将沃尔玛公司及其墨西哥子公司从 GPFG 的投资领域排除，挪威财政部最终同意了道德委员会的建议。[②]

GPFG 是在风险适中的情况下实现尽可能高的回报，但同时基金也强调自己是承担社会责任的投资者。[③] 对于大型的、多元的长期投资者来说，强劲的财务收益取决于运转良好的市场以及可持续发展。个别投资者可能在忽略对他人的严重损害（负面外部效应）情形下而获利，但这种收益很可能会为投资组合其他部分的低回报率或未来的回报所抵销。因此，进行社会责任投资被认为是挪威主权财富基金运作的核心，[④] 并且辅之以制度安排来实现这一目标。虽然挪威主权财富基金在保护人权方面的尝试不能为所有主权财富基金所复制，但不能否认其在人权保护领域所作出的努力和借鉴意义。

我国领导人提出的"构建人类命运共同体"的思想与社会责任投资理念不谋而合，"人类命运共同体"理念内在包含了可持续发展观，而倡导社会责任投资的目的就在于促进全球的共同、可持续发展。"人类命运共同体"这一全球价值观包含了可持续发展的理念内涵，"人类命运共同体"理念也被写入联合国大会决议，彰显了中国对全球治理的重大贡献。而在国际投资领域，这一旨在谋求全人类共同发展的价值观也应当得到倡导。"构建人类命运共同体"在国际投资领域可以理解为企业在进行海外投资过程中不能只顾利用当地资源

---

① 按照《指导规则》，道德委员会在作出建议前，应当向沃尔玛公司询问意见，但沃尔玛公司没有给予回复。Recommendation on Exclusion of Wal-Mart Stores (15 Nov. 2005), p. 1, www. regjeringen. no/pages/1661427/Tilr% C3% A5dning% 20WM% 20eng% 20format. pdf, accessed 20 December 2017.

② Stoltenberg's 2nd Government Publisher Ministry of Finance："Two companies-Wal-Mart and Freeport-are being excluded from the Norwegian Government Pension Fund-Global's investment universe", 2006, https：//www. regjeringen. no/en/historical-archive/Stoltenbergs－2nd-Government/Ministry-of-Finance/Nyheter-og-pressemeldinger/pressemeldinger/2006/two-companies—wal-mart-and-freeport—/id104396/, accessed 20 December 2017.

③ The Management of the Government Pension Fund in 2016 — Meld. St. 26 (2016－2017) Report to the Storting (white paper), https：//www. regjeringen. no/en/dokumenter/meld. － st. － 26 － 20162017/id2545354/sec1? q = exclusion#match_0, accessed 23 December 2017.

④ Larry Catá Backer, Sovereign Investing and Markets-Based Transnational Rule of Law Building: The Norwegian Sovereign Wealth Fund in Global Markets, American University International Law Review, 2013, Vol. 29, p. 1.

取得利润，而是要在谋求企业发展的同时，跟当地国家的人民共同发展，共筑人类命运共同体。主权财富基金进行海外投资为本国谋求公共利益时，也应当兼顾他国的可持续发展，承担并履行社会责任。目前，已有为数不多的主权财富基金将社会责任投资作为运作的核心，并辅之以制度安排、构建社会责任机制实现这一目标。随着"人类命运共同体"理念得到更多国家及投资主体的认同，我们有理由相信会有更多的主权财富基金践行社会责任机制的构建。

第三章 东道国监管背景下主权财富基金投资利益之保护

第一节 双边投资条约对主权财富基金投资的保护

主权财富基金是"私人主权实体"[①]，即主权者在私营部门经营的投资实体。在研究从事典型私人活动的主权实体时，关注的焦点之一应当是对该类实体的监管和保护。对于主权财富基金来说，监管和保护最重要的两个方面，也是东道国与主权财富基金及其母国相互角力的场地。相比于监管的单边、区域及多边模式，对于主权财富基金投资的保护主要是在与跨国投资相关的双边投资条约下进行。

一、双边投资条约中与主权财富基金投资保护相关的新发展

第一个双边投资条约于 1959 年在德国和巴基斯坦之间签署，代表专门侧重于外国投资待遇保护的投资协定取得了重要进展。[②] 此后，双边投资条约涵盖的内容不断扩大，涉及贸易、知识产权、工业政策以及具体的争端解决程序。双边投资条约中给予外国投资的待遇包括国民待遇、最惠国待遇以及公平公正待遇，提供相应的投资待遇也是缔约方的条约义务。双边投资条约通过复杂的条款安排，使各国能够灵活地根据每个潜在投资者调整其保护标准。双边投资条约能够成为国际投资法的主体并起到主导作用，还因为其包括有效的强制执行和争端解决规定。这些规定往往采取仲裁条款的形式，指定 ICSID 等作为解决投资争端的场所。迄今为止，大多数双边投资条约仍然沿用传统的方法，只勾勒出投资者—国家争端解决机制的主要特征，依靠其他仲裁公约（如 ICSID 公约）来处理后续的具体程序问题。[③] 虽然双边投资条约保护外国投资的宗旨

[①] Bassan F, The law of sovereign wealth funds, Edward Elgar Publishing, 2011, p. 24.

[②] United Nations Conference on Trade and Development（UNCTAD）, Bilateral investment treaties 1995 - 2 - 006：trends in investment rulemaking, United Nations, 2007.

[③] 同上。

一直得以延续，但随着国际经济环境的变化和各国在外资领域的不同需求，双边投资条约的内容也表现出差异化和新的发展。

双边投资条约在结构和内容上都有一个共同的模式，可概括为：第一部分包括主观和客观定义，用以限定从条约保护中受益的投资者和投资；第二部分包括投资者的实体权利，如最低待遇标准、最惠国待遇、国民待遇、公平公正待遇、被征用时要求补偿的权利等；第三部分为程序性权利，包括争端解决的途径等；第四部分用以规定生效日期和终止的法律规定。由于签订和批准的双边投资条约和投资仲裁案件数量的增加导致许多国家开始修改其双边投资条约范本，① 以便更好地弥补现行投资协定中的缺陷，同时完善投资者权利以及增加其他的一般性保障措施。

在过去的双边投资条约第一部分中，对"投资"概念的限定通常尽可能宽泛并加以举例说明，对于"投资者"的定义也广泛适用于自然人和法人。但新模式中出现了以下差异：首先，曾经的"投资"概念扩大到足以包括任何类型的资产，现在则主要围绕特定的限制进行，如基于一个越发详尽的资产列表。② 而第二部分中给予外资的待遇标准，各双边投资条约之间存在不同之处，此种差异非由不同种类的投资条约范本决定，而是由东道国国别决定的。目前大多数国家给予外资的非歧视待遇是以最惠国待遇原则为基础的，一部分双边投资条约（包括几乎所有新缔结的双边投资条约）中都明确提到了国际法规定的最低待遇标准。③ 而根据习惯国际法规则，国际最低待遇标准既包括公平公正待遇，还包括充分保护和安全标准。④ 如挪威新的投资协定范本中第 5 条承认投资者获得公平公正待遇以及充分保护和安全的权利是基于习惯国际法的国际最低待遇标准，该标准是外国公民待遇的最低门槛。⑤ 另外，投资者实体权利中的征收补偿权也有新的发展。征收包括直接征收与间接征收，双边投资条约通常都会对这两种征收进行区分，或者将征收与相当于国有化或征收的措施区分开来。直接征收的认定相对于间接征收更为容易，因此围绕征收产生的争议多

---

① 曾华群："论双边投资条约范本的演进与中国的对策"，载《国际法研究》2016 年第 4 期，第 60 - 79 页。

② 在《北美自由贸易协定》（*North American Free Trade Agreement*，NAFTA）第 1139 条中包含了一份封闭式列表，并明确排除了两项不符合"投资"概念的事项。《加拿大 2004 年双边投资协议范本》中也列举了视为"投资"的资产类型及不能视为"投资"的资产类型。

③ Bassan F, The law of sovereign wealth funds, Edward Elgar Publishing, 2011, pp. 134 - 135.

④ 陈正健："国际最低待遇标准的新发展：表现、效果及应对"，载《法学论坛》2015 年第 6 期，第 53—61 页。

⑤ Norway 2007 Draft Model BIT, ARTICLE 5.

发生在间接征收的认定上。① 间接征收指东道国采取的可能会导致外国投资者资产的管理、使用或控制的实质损失或价值的重大贬值的措施。② 如今，间接征收又发展出某些特定类型化的形式，如"渐进式征收"和"监管征收"。"渐进式征收"特指对外国投资者的一项或多项所有权的缓慢和渐进的侵犯，从而降低投资的价值，通常的做法包括但不限于对管理权的干涉、过度或任意征税等。虽然外国投资者仍然持有该财产的法定所有权，但由于受到干预，投资者对该财产的使用权有所减损。"监管征收"指通过国家警察权力或采取其他措施，如与东道国的环境、卫生、道德、文化或经济管理有关的措施，对外国投资者的财产所有权进行干预。③ 在间接征收的广泛概念下，几乎任何政府措施都可能被解释为干涉外国投资者的财产权利，因此值得讨论和区分的是政府的何种监管措施构成双边投资条约中的间接征收并且应当给予外国投资者赔偿。基于间接征收的界限一直不够明确，④ 发展中国家无意以绝对的方式对间接征收的范围进行概括，而在反托拉斯、公司、证券、环境和规划等领域有丰富监管立法经验的发达国家也不愿将对这些事项的审查权移交国际法院，因此间接征收概念的边界最终将取决于在争端解决中依据 ICSID 公约或联合国国际贸易法委员会仲裁规则等对双边投资条约进行解释来确定。

　　针对双边投资条约第二部分引发的另一个新的议题为许多双边投资条约开始强调投资保护绝不能以牺牲东道国的其他合法公共利益为代价，这是双边投资条约中例外条款的理论基础。例外条款不仅涉及税收和区域经济一体化，还涉及基本安全、金融服务审慎措施、公共秩序以及保护健康、安全和国家资源、文化多样性等，⑤ 其中国家安全例外是东道国最为重视的方面之一，也是最有可能用于反对主权财富基金投资的依据，因为此项例外的内容和可执行性是由东道国酌情决定的。双边投资条约第三部分中关于投资争端的解决，基于以往的仲裁经验也发生了新的变化，有关仲裁的程序、公开审理以及公布相关文书资料等都更为翔实和更具透明度，并发展了民间社会代表向仲裁庭提交法庭之友书面意见的可能性。

---

① 徐崇利："利益平衡与对外资间接征收的认定及补偿"，载《环球法律评论》2008 年第 6 期，第 28—41 页。

② Christie G C, What Constitutes a Taking of Property Under International Law?, British Year Book of International Law, 1962, pp. 307 – 329.

③ UNCTAD, Taking of Property, UNCTAD Series on issues in international investment agreements, New York and Geneva, 2000.

④ Bassan F, The law of sovereign wealth funds, Edward Elgar Publishing, 2011, p. 140.

⑤ 梁丹妮："国际投资协定一般例外条款研究——与 WTO 共同但有区别的司法经验"，载《法学评论》2014 年第 1 期，第 100—106 页。

二、双边投资条约在保护主权财富基金投资中的主导作用

双边投资条约在保护外国投资领域的作用是不言自明的，而其在传统结构模式下的新发展也必将影响到主权财富基金及其投资的保护。相对于金融投资而言，双边投资条约在投资领域的重大价值主要体现在工业投资领域，因为金融投资"遵循完全不同的逻辑"，并且已有"健全的国家法规所保障"。事实上，美国与主权财富基金母国之间甚少签订双边投资条约，同时美国又是世界上主要的投资接受国，主权财富基金在美国的投资几乎完全集中在金融机构，而很少投资到工业领域。这很有可能是因为主权财富基金的母国没有与美国签订双边投资条约导致，因此可以推断主权财富基金与双边投资条约之间存在着关系，当然此种联系主要存在于工业投资领域。① 随着全球金融危机的消退和金融业外国投资的倒退，② 主权财富基金在工业领域的投资将会持续增长，双边投资条约及其仲裁条款对主权财富基金的作用也日益重要。

（一）主权财富基金的投资者身份认定

主权财富基金的投资者身份认定是基金投资双边保护遭遇的第一项挑战，迄今为止的仲裁实践显示，根据公司成立地、公司所在地（实际所有地或营业地）或其所有（控制）者的国籍来确定法人的国籍，已被仲裁庭熟练用于判断外国投资者的身份，但主权财富基金的身份认定却困难重重。双边投资条约中一般规定"投资者"应当为"另一缔约国国民"，如果投资者是一个主权国家，那双边投资条约及相关的争端解决机制都将不再适用。因此确定主权财富基金在双边投资条约下的身份就变成双重问题：首先，需要判断的是主权财富基金是否就是国家本身或其行为可归因于国家，既将其定性为"主权投资者"；其次，若主权财富基金不能被定性为"主权投资者"，则其是否符合双边投资条约中"另一缔约国国民"的标准。对于"主权投资者"的认定问题，现有双边投资条约中并没有在国际投资法层面对"国家"和"国家行为"的概念进行界定，因此也没有公认的判断依据和标准，但仲裁实践中对于政府机构、国有企业、国家控制的其他实体的行为可否归因于母国问题通常采用的是"结构"和"功能"标准。结构标准主要考察投资者的实体结构，包括法人资格、所有权

---

① Bassan F, The law of sovereign wealth funds, Edward Elgar Publishing, 2011, p. 149.

② Behrendt S, Sovereign Wealth Funds and the Santiago Principles Where Do They Stand?, Experimental Mechanics, 2015, Vol. 38, pp. 37 – 41.

和控制权等；功能标准则考察投资者履行职能的性质、目的等。① 一旦主权财富基金不能被认定为"主权投资者"，也不意味着其自动归类为"另一缔约国国民"。虽然，在条约实践和过去的仲裁裁决中，所有制的差异从来不是影响双边投资条约保护的因素，国有企业与私人公司法人都可以东道国违反条约义务为由寻求救济，但如果主权财富基金没有独立的法律人格或被认定为非独立于母国的实体，则将无法寻求双边投资条约的保护。

主权财富基金在双边投资条约下的身份认定取决条约文本的具体内容，虽然大多数条约没有明确主权财富基金为保护对象，但一些基金母国批准的双边投资条约正在逐步重视将"缔约国政府及其机构和组织""发展基金"等用于对投资者范围的界定，目的显然是将主权财富基金纳入保护范畴内。② 但是，如果双边投资条约中没有此类明确的规定，那么受保护的投资者一般限于"缔约国自然人、法人或其他组织"，在此种情形下，主权财富基金必然不能被归类为"自然人"，而没有独立法人资格的主权财富基金也被排除出"法人"行列，即使具有法人资格，因为主权财富基金带有部分国家政府机构职能，还要根据双边投资条约的其他条款的内容及其宗旨等对条约进行解释，以确定主权财富基金是否为政府职能部门。

（二）东道国的间接征收措施

在双边投资条约适用于主权财富基金投资的前提下，若东道国采取的措施属于东道国与母国签订的投资条约中禁止的或应当给予投资者以补偿的措施，那么主权财富基金就可以东道国违反条约义务为由提起仲裁，这一论证同样适用于东道国采取的间接征收措施。但需要注意的是，在东道国就间接征收措施给予补偿之前，要先认定该措施是否符合间接征收的条件以及是否属于应当给予补偿的间接征收；另外，还要确定东道国与主权财富基金母国之间的现有投

---

① Emilio Augustin Maff ezini v. Spain （ICSID Case no. ARB/97/7, Decision on Jurisdiction, 25 January 2000）, Available at https：//www. italaw. com/sites/default/files/case-documents/ita0479. pdf, and Salini v. Morocco （ICSID Case no. ARB/00/4, Decision on Jurisdiction, 23 July 2001）. 若未作特殊说明，此类案件裁决均来自 https：//www. italaw. com.

② 沙特阿拉伯、利威特都拥有资产总量世界排名前列的主权财富基金，其签订的大部分双边投资条约中对投资者的定义都包含了缔约国政府或其组织机构、发展基金等。Agreement between the Government of the Kingdom of Saudi Arabia and the Government of Malay-sia concerning the Promotion and Reciprocal Protection of Investments, 14 August 2001, Art. 1 （3）, http：//unctad. org/Sections/dite _ tobedeleted/iia/docs/bits/saudi_malaysia. pdf, Agreement between the Government of the Republic of India and the Government of the State of Qatar for the Reciprocal Promotion and Protection of Investments, 15 December 1999, Art. 1 （1）, http：//unctad. org/Sections/dite_tobedeleted/iia/docs/bits/India_Qatar. pdf, accessed 10 June 2018.

资条约中对"征收"的界定是否足够广泛，以致包括东道国对主权财富基金提出或适用的类似间接征收的措施。目前，东道国以主权财富基金为对象采取的管制措施主要包括两大类：预防性措施和压制性措施，前者主要用于阻止主权财富基金进行投资，后者旨在中和"主权"性对基金投资的影响，如澳大利亚正在实施的管制措施，主要适用于非具有纯粹商业性质的或投资者的决定权并非独立于投资者所在国政府的投资。① 东道国采取的预防性或压制性措施有的普遍适用于所有外国投资，包括限制在关键领域、战略部门的外国投资，或为本国的安全利益而限制外国投资；有的则主要用于管制"主权"投资，包括暂停主权投资者持有的股票的表决权，对主权投资者购买的股份或配额设定上限，强制披露投票记录，以及取消主权财富基金所享有的免税额等。② 上述措施或者其他类似措施，都是东道国采取的阻碍外国投资者行使财产权的措施，导致投资者无法有效行使对公司管理、使用或控制的权利，或者造成股价的贬值。对于符合间接征收形式的措施，东道国即使采用也并不意味着要给予主权财富基金补偿。

在国际投资法律实践中，对间接征收的认定趋向采纳双重要素标准，即主张同时考察东道国的"行为效果和性质"，按照这一标准，原则上东道国采取的实质损害外国投资者财产权的措施都应被认定为间接征收，但如果按照比例原则，东道国采取的此类措施是为了维护更为重要的公共利益，则不应认定此类措施为间接征收。③ 相反，东道国的管制措施一旦被认定为间接征收，就进入对外国投资者的补偿环节，但根据东道国采取的措施性质，是否给予补偿以及补偿标准是不同的。东道国是以购买者或决策者的身份，还是以不同产权之间调解人的身份制定的措施，抑或是通过采取管制措施维护公共利益及保护公众免受与财产使用有关的损害等，都是是否给予补偿及补偿标准的参考因素。当然，补偿标准及补偿金额的确定还要参考相关的双边投资条约文本，并由文本中采纳的标准来确定资产被征收时的价值，从而确定补偿数额。

东道国对主权财富基金采取的管制措施能否被认定为间接征收只是问题的

---

① 2008 年 2 月，澳大利亚政府公布了六项指导原则以提高澳大利亚境内外国投资的透明度，指导原则要求外国投资审查委员会对潜在投资者的投资性质及是否独立于所在国的外国政府进行评估，对于主权财富基金的投资，还需评估基金的投资政策以及基金将要在澳大利亚公司行使投票权的形式。Principles Guiding Consideration of Foreign Government Related Investment in Australia, 17 February 2008.

② Bassan F, The law of sovereign wealth funds, Edward Elgar Publishing, 2011, p. 145.

③ 徐崇利："利益平衡与对外资间接征收的认定及补偿"，载《环球法律评论》2008 年第 6 期，第 28—41 页。

一面，问题的另一面还需进一步确认具体投资条约中的"征收"概念是否足够广泛到包含了间接征收。目前，拥有大型主权财富基金的母国批准的双边投资条约呈现多样化的态势，但主流趋势还是在扩大"征收"概念的范畴。沙特阿拉伯签订的投资条约中承认缔约国采取的"效果相当于征收或国有化的措施"也应当给予投资者补偿，[①] 科威特签订的投资条约中则把"相当于国有化、征收或没收的直接或间接措施"都归为"征收"，[②] 阿联酋的投资条约中则直接规定征收措施包括"直接或间接"地"没收、国有化或相当于征收或国有化效果的措施"。[③] 双边投资条约实践已经表现出对间接征收及具有相当效果的措施的承认，但获得就一项东道国管制措施被认定为间接征收从而要求补偿的权利并不是主权财富基金最为满意的解决方案，因为他们追求的目的并非获得补偿，而是能够在东道国境内获得投资自由。无论东道国的管制措施能否被认定为间接征收，都是对主权财富基金投资的一种有效的、重大的威慑，因此更凸显出双边投资条约对基金进行保护的重要性。

（三）双边投资条约中的例外条款

双边投资条约中缔约国加入的保留和（或）例外条款也是关系到主权财富基金投资保护水平的一项内容，[④] 例外条款安排正在成为各国在管理国有企业、主权财富基金等类似投资工具的最常用的机制之一。此种条约安排最初并非为消除主权财富基金投资给东道国带来的疑虑而谈判达成，但只要投资条约中存在例外条款，东道国就可以利用该条款处理主权财富基金及其投资问题。条约保留和例外是保障行使东道国警察权力的一种关键手段，因此也被用来处理国有企业、主权财富基金以战略部门为目标的投资可能引发的安全威胁，如获得

---

① Agreement between the Government of the Republic of India and Government of the Kingdom of Saudi Arabia concerning the Encouragement and Reciprocal Protection of Investments, 20 May 2008, Art. 4（1），http：//unctad. org/Sections/dite_tobedeleted/iia/docs/bits/India_Saudi% 20Arabia. pdf；Agreement between the Czech Republic and the Kingdom of Saudi Arabia for the Encouragement and Reciprocal Protection of Investments, 13 March 2011, Art. 4（1），http：//unctad. org/Sections/dite _ tobedeleted/iia/docs/bits/ czech_saudi. pdf, accessed 10 June 2018.

② Agreement between the State of Kuwait and the Republic of India for the Encouragement and Reciprocal Protection of Investments, 28 June 2003, Art. 7（1），http：//unctad. org/Sections/dite _ tobedeleted/iia/docs/bits/India_Kuwait. pdf, accessed 10 June 2018.

③ Agreement between the Federal Republic of Germany and the United Arab Emirates for the Promotion and Reciprocal Protection of Investments, 2 July 1999, Art. 4（2），http：//unctad. org/Sections/dite_ tobedeleted/iia/docs/bits/UAE_Germany. pdf, accessed 10 June 2018.

④ 田晓萍："投资条约对国家公共政策空间的侵蚀及其变革——兼论我国缔约时的相关考量"，载《暨南学报（哲学社会科学版）》2015 年第 11 期，第 39—46 页。

敏感技术、关键基础设施或在开发东道国自然资源的企业中获得控制权等。在现代双边投资条约中允许东道国出于"审慎理由"而克减与金融部门有关的条约义务已成为一种惯例，而允许缔约国就现有或未来可能采取的不符合投资条约实体规则的措施进行保留也在成为条约谈判的趋势。另外，一些投资条约中还允许东道国在维护本国或根本安全利益而采取管制措施的情况下克减其条约义务。

审慎措施引起投资条约缔约国的关注主要基于外国投资对本国金融部门可能造成的负面影响。2008 年国际经济危机期间及之后，国有企业和主权财富基金投资大量涌入西方金融部门，引发了新的一波本土主义者对此类投资工具的政治和战略动机的怀疑。西方各国对本国经济安全的关切也导致了新的政策措施的产生，其中包括加强对国家控制的投资的审查机制，在当时的双边投资条约加入允许东道国在其金融服务部门对外国投资的设立和运作方面提供不完全的优惠待遇的规定也并不新鲜。自 20 世纪 90 年代中期以来，加拿大在其所有投资条约中都列入了双向"审慎措施"和"资金转移"例外情形，[1] 其目的是使外国投资者获得的待遇低于条约给予的最优惠待遇，其中的"审慎措施"通常被理解为旨在促进东道国保持其金融机构的完整性和金融体系的稳定性，而"资金转移"例外则允许东道国为类似的审慎目的限制金融机构向其附属机构转移资金。

除了加入保障东道国采取保护和维持本国金融部门完整性的审慎措施规定之外，一些双边投资条约中还出现了对现有和未来不符合规定的措施所提出的一般性保留规定。缔约国对不符措施保留的目的主要是确保大量现有措施不受投资条约实质性义务的约束，也可视为缔约国为现有和将来的不符措施保有的"政策空间"。[2] 当然，保留的范围越广，缔约国根据投资条约享有的监管酌处权就越大，而且在不会导致比现有不符措施更加违背条约规定的前提下，缔约国还可对不符措施进行修订或变更。在具体的条约实践中，我国和加拿大签订的投资条约中都有包括对不符措施进行保留的条款，但在不同条约中对不符措施中"不符"的程度规定有所差别，有的不符措施不受条约的各项实质性义务的约束，而有的则仅不受国民待遇义务和（或）公平公正待遇义

---

① Foreign Affairs and International Trade Canada（DFAIT），Canada's FIPA Model，20 May 2004，http：//www. dfait-maeci. gc. ca/tna-nac/what_fipa-en. asp#structure，accessed 10 June 2018.

② 马强："美国 BIT 中不符措施条款的实践经验与借鉴"，载《中国经贸导刊》2014 年第 1 期，第 39—41 页。

务的约束。①

还有一项旨在减损缔约国双边投资条约义务的安排为根本安全利益例外，这一例外的目的在于排除东道国在违反投资者待遇标准（国民待遇、最惠国待遇、最低待遇标准）、履行要求、征收等条约义务下采取的维护根本安全利益措施的违法性。② 根本安全利益例外引发的争议主要集中在缔约国对本国"根本安全利益"的认定及自我判断上。双边投资条约的缔约国可能会认为，允许采取或维持金融审慎措施、对不符措施的保留及根本安全例外的规定对于其管理主权财富基金投资是重要和必要的，也有助于东道国解决主权财富基金投资对于本国经济战略部门可能带来的负面影响。③ 但缔约国应当注意双边投资条约中的保留和例外在一定程度上对于本国是有利的，并起到了"安全阀"的效用，但超出必要程度就会导致投资者与东道国之间的利益失衡，加剧二者之间的矛盾与冲突。④ 因此，对于双边投资条约中用于保留和例外的措辞，缔约国应该更加慎重。

（四）投资争端解决机制

双边投资条约中的争端解决机制能否解决因限制性措施引发的东道国与主权财富基金之间的投资争端也是关系到主权财富基金投资保护的重要问题。双边投资条约对于投资者的主要吸引力在于向其提供了能够直接执行在投资条约下享有的实质性权利的机制，在双边投资条约出现之前，投资者在政府违反国际法的情况下可用的救济措施非常有限，但投资争端解决机制的出现使投资者有权就东道国违反投资条约的行为直接申请仲裁。投资争端解决机制适用的对象被限定为投资者与缔约国直接因投资而产生的争议，因此主权财富基金能够援引这一机制的前提是其能够作为双边投资条约中适格的投资者，因此问题又被拉回到本节一开始探讨的主权财富基金的投资者身份认定上。曾有学者指出，

---

① Foreign Affairs and International Trade Canada（DFAIT），Canada's FIPA Model, 20 May 2004, Art. 9, http：//www. dfait-maeci. gc. ca/tna-nac/what_fipa-en. asp # structure, Protocol to the Agreement Between the Belgium Luxembourg Union and the People's Republic of China on the Reciprocal Promotion and Protection of Investments, 1 December 2009, Article 3, http：//unctad. org/sections/dite/iia/docs/bits/China_belgium. pdf>, accessed 10 June 2018.

② 姜樵：《BIT 中根本安全利益例外条款的解释与适用问题研究》，清华大学 2015 年硕士学位论文。

③ Whitsitt E, Weiler T, Sovereign wealth funds and bilateral investment treaties' new models：Issues, new trends and State practice, Chapters, in Research Handbook on Sovereign Wealth Funds and International Investment Law, Edward Elgar Publishing, 2015, p. 306.

④ 余劲松："国际投资条约仲裁中投资者与东道国权益保护平衡问题研究"，载《中国法学》2011 年第 2 期，第 132—143 页。

解决主权财富基金身份认定僵局的一个办法是，接受一个基本假设，即国家也可以像私人投资者一样行事。① 即使这一假设能够成立，主权财富基金能否像其他私人投资者一样进行"去政治化"的投资仍是未知数。另外，如果主权财富基金本身就被视为主权政府，投资仲裁在拒绝对国家—国家争端的管辖权是明确的，因此主权财富基金必须证明它是一个有别于政府部门的独立实体。但需要强调的是，受政府控制的投资工具只要进行的活动是商业性质的而不是行使政府职能，就不应当被排除在国际投资法争端解决的保护体系之外。②

双边投资条约中的争端解决条款通常规定，若投资者与另一缔约国发生投资争端，可将争议提交 ICSID 解决，或在不适用的情况下提交特设仲裁庭解决。当然，某些双边投资条约中也存在特殊规定，首先是在现代投资条约中已经罕见的用尽当地救济条款，要求投资者在投资争端发生后，先寻求东道国国内司法或行政救济，若上述救济未在合理期限内作出裁决，或投资者就裁决结果不满时，才能将争端提交国际投资仲裁；其次是岔路口条款，既投资者可就投资争端提交 ICSID 投资仲裁或东道国国内法院诉讼进行选择，一旦选定便是终局。③ 无论是用尽当地救济还是岔路口条款，对于主权财富基金来说都会尽量选择中立第三方仲裁机构解决争端，这不仅是出于对东道国法院可能存在的对主权投资差别对待的考虑，也是对争端解决效率性、保密性等要素的追求。

双边投资条约主要对外资提供国家间的保护标准，通常包括国民待遇、最惠国待遇以及其他保护投资者不受任意或歧视性待遇的条款。如果将这些条款扩大至包括主权财富基金及其投资在内，不仅能为基金及其投资提供有效的保护，使基金免受东道国通过监管措施给予主权财富基金的差别待遇，还能防止基金利用政治影响力使其投资受益。假设一家主权财富基金投资的东道国公司以东道国与基金母国外交关系恶化为威胁，要求东道国给予额外优惠，若东道国如此行事，则违反了双边投资条约的规定，是对其他私人投资者的歧视性待遇。

---

① Backer L C, The Private Law of Public Law: Public Authorities as Shareholders, Golden Shares, Sovereign Wealth Funds, and the Public Law Element in Private Choice of Law, Tulane Law Review, 2007, Vol. 82, p. 1801.

② Sovereign Wealth Funds: Generally Accepted Principles and Practices "Santiago Principles" GAPP, October 2008, http://www.ifswf.org/sites/default/files/santiagoprinciples_0_0.pdf, accessed 15 June 2018.

③ 朱明新："国际投资仲裁平行程序的根源、风险以及预防——以国际投资协定相关条款为中心"，载《当代法学》2012 年第 2 期，第 141—150 页。

第二节 多边框架下对主权财富基金投资的保护

WTO多边协定中没有明确规定国际投资的内容，但多边协定中对贸易及贸易政策的管理和规制都能够对国际投资产生直接或间接的影响。[①] 而WTO协定中的《服务贸易总协定》《与贸易有关的投资措施协定》是与国际投资联系最为密切且影响最为直接的多边协定，[②] 其他协定也在宏观角度上对国际投资产生间接影响。除WTO多边协定外，OECD的指导性文件及欧盟法律也为主权财富基金投资的保护提供了多边依据。

一、《服务贸易协定》（GATS）在服务贸易领域为主权财富基金提供的一般保护

GATS是WTO的贸易协定之一，是最能够体现投资与贸易一体化关联关系的WTO规则，[③] 该协定旨在为全球服务贸易提供自由贸易平台，并防止成员方在服务领域采取针对外国投资的歧视性措施。晚近，服务业在全球经济中的比重正在急剧增长，其中也包括通过主权财富基金进行的服务投资。[④] 虽然GATS只涵盖服务贸易，但其间接涵盖了对服务贸易领域的投资，因为在通过"商业存在"方式进行服务贸易时，"商业存在"（如附属企业或分支结构）的建立或通过收购东道国境内的企业或其他机构来提供跨境服务都是海外投资的方式之一。通过将反歧视标准应用于投资者在东道国境内设立的"商业存在"，GATS在促进服务行业资本自由流入方面，发挥了重要作用。因此，当一个由世贸组织成员方设立的主权财富基金投资于另一成员方的服务公司时，东道国通过采取限制措施阻止此种投资的任何企图都可能涉及对世界贸易组织成员在GATS下的义务的违反。这些义务可以基于最惠国待遇原则、国民待遇原则，即成员方作出的在本国公司与外国公司之间或不同的外国公司之间不给予差别待遇的承诺，也可以基于作为市场准入原则组成部分的协定附表中的具体承诺表产生，例如，美国作为成员方，就其金融服务部门作出了具体承诺，主权财富基金就可向该部门中作出承诺的金融机构进行投资。

---

① 刘笋：《WTO法律规则体系对国际投资法的影响》，中国法制出版社2001年版，第3—4页。

② 刘笋："论WTO协定对国际投资法的影响"，载《法商研究》2000年第1期，第74—79页。

③ 叶兴平："WTO体系内制定投资规则的努力——历史、现状与展望"，载《现代法学》2004年第1期，第149—157页。

④ Miracky W, Dyer D, Fisher D, et al, Assessing the Risks: The Behaviours of Sovereign Wealth Funds in the Global Economy, Monitor Group, 2008, p. 5.

GATS 中有关国际投资的规定理论上可以为主权财富基金投资提供一般保护，但若在实践中将基金纳入现有国际投资法框架并利用多边贸易和投资协定对抗投资保护主义的尝试，恐面临实体性和程序性的双重挑战。首先，根据 GATS 的规则，其只适用于外国投资者对东道国境内被收购公司享有控制权的情形，若主权财富基金以消极投资者（仅取得少数股权）身份投资，则无法触发 GATS 的相应程序①；其次，GATS 包括为履行政府职能而提供服务的例外规定，目的是确保政府能够在不与私营部门竞争的情形下提供服务，除其他因素外，这一例外的实用性将取决于特定收购实体在拟议投资中的法律性质，由于部分主权财富基金并不具有独立的法律人格，一旦被认定为履行政府职能，则可能适用这一例外；最后，GATS 还包括一般例外以及各成员方作出的具体承诺减让表，因此对于 GATS 的适用还需要对主权财富基金的每一项投资进行具体分析。虽然 GATS 不能为主权财富基金提起的诉讼或争端解决机制的建立提供广泛的基础，但不妨碍其成为发起国际仲裁的依据之一。GATS 适用于主权财富基金在服务领域的投资，将使主权财富基金与其他投资者在更为公平的场地进行竞争，避免东道国通过拒绝主权财富基金的投资准入而对他国实施政治报复，这也是将主权财富基金从政治战场上解放出来的重要一环。②

二、WTO 多边货物贸易协定对主权财富基金投资的适用

《与贸易有关的投资措施协定》（TRIMs）也是能够直接影响主权财富基金在国际贸易领域投资的 WTO 协定之一。TRIMs 禁止成员方采取与 GATT 中 "国民待遇" 及 "一般取消数量限制" 规定相违背的对货物贸易具有扭曲作用的投资措施，并要求成员方履行就贸易采取的投资措施的透明度和通知义务，因此 TRIMs 的规定能够直接适用于主权财富基金投资，保护其免受不公平待遇。此外，TRIMs 在第 8 条中还规定了成员方就与贸易有关的投资争端的磋商和解决应当参照《WTO 争端解决程序和规则谅解协议》。③ 正是由于 TRIMs 中为成员方就货物贸易采取的投资措施制定的纪律约束，越来越多的双边投资条约中也

---

① Rose P, "Sovereign Wealth Funds: Active or Passive Investors?", Social Science Electronic Publishing, 2008, Available at SSRN: https://ssrn.com/abstract = 1307182, accessed 1 August 2018.

② Hong L I, Depoliticization and regulation of sovereign wealth funds: A Chinese perspective, Asian Journal of International Law, 2011, Vol. 1, pp. 403 – 422.

③ 刘丽丽："世界贸易组织对国际投资法的影响——从《与贸易有关的投资措施协议》来看"，载《法制与社会》2008 年第 2 期，第 125—126 页。

加入了关于禁止某些履约要求的规定，这些禁令往往包含与贸易有关的业绩要求。①

除 TRIMs 之外，《关税及贸易总协定》（GATT）也是 WTO 协定中规范货物贸易的多边协议，该协议中不包括直接规范国际投资的规定，因此很难被作为保护主权财富基金及其投资的国际法依据，但理论上，GATT 中的一般原则可以适用于主权财富基金，如非歧视原则（关于国内税收和监管的强制性国民待遇）、平等贸易原则以及贸易政策法规的统一实施及透明原则②等。GATT 第 10 条③中对成员方贸易条例的公布和实施的规定，可用于限制一国对主权财富基金在其领土内的活动而可能采取的措施，另外，第 17 条④中对国营贸易企业的规定对主权财富基金也有适用空间。但将 GATT 的一般原则用于保护主权财富基金同时也受到多方面的限制：第一，GATT 的一般原则很难用于规范具体的投资案例；第二，GATT 中缺乏保护外国投资的具体规则；第三，GATT 与货物贸易有关，GATT 中的一般原则及具体规则只能间接适用于投资。因此，适用 GATT 来保护主权财富基金及其投资将颇具争议并且具有一定难度。

WTO 多边体系与投资有关的货物贸易或服务贸易协议可以视为解决投资争端的实体法依据⑤。根据《WTO 争端解决程序和规则谅解协议》（DSU）中的规定，WTO 争端解决机制适用于与贸易有关的投资措施，但诉讼当事方只能是 WTO 的成员方政府或作为 WTO 成员的单独关税区，任何自然人或法人都不能直接作为 WTO 争端解决机制的当事人。⑥ 因此，主权财富基金并无资格成为 WTO 争端解决机制的当事人，但不代表其与东道国的投资争端无法依据 DSU 进行解决。主权财富基金可以借由与母国之间的密切关系，要求母国政府代表其在 WTO 体制中申诉东道国采取的不当措施，通过此种方式间接解决与东道

---

① 何艳："双边投资协定中的技术转让履行要求禁止规则研究——兼论我国在中美双边投资协定谈判中的立场"，载《当代法学》2014 年第 4 期，第 153—160 页。

② 韩德培："关贸总协定及其基本原则与规则"，载《法学评论》1993 年第 3 期，第 7—13 页。

③ The General Agreement on Tariffs and Trade, Article X, https：//www. wto. org/english/docs_e/legal_e/gatt47_01_e. htm#articleX, accessed 1 August 2018.

④ The General Agreement on Tariffs and Trade, Article XVⅡ, https：//www. wto. org/english/docs_e/legal_e/gatt47_01_e. htm#articleXVⅡ, https：//www. wto. org/english/docs_e/legal_e/gatt47_01_e. htm#articleX, accessed 1 August 2018.

⑤ Zang M Q, Talking Across the Boundaries：Engagement between the WTO and ISDS Adjudicators, Society of International Economic Law（SIEL）, Sixth Biennial Global Conference；PluriCourts Research Paper No. 18－02, 2018.

⑥ 梁开银："论 ICSID 与 WTO 争端解决机制的冲突及选择——以国家和私人投资争议解决为视角"，载《法学杂志》2009 年第 8 期，第 90—93 页。

国的投资争议。当然，通过母国出面的间接方式是值得商榷的（在争端解决章节中将具体论述），但不可否认的是 WTO 争端解决机制为主权财富基金投资争议的解决另辟蹊径，可以作为无奈之下的备选。WTO 多边贸易规则在主权财富基金投资的保护和争议解决中所起的作用是极其有限的，但是对 WTO 国际规则的适用代表了将主权财富基金视为纯粹的商业投资者，而不是与主权所有者（母国）等同起来，这也为主权财富基金投资提供了国际投资保护的多样化支持。

三、OECD 文件对主权财富基金保护的指导意义

代表主要发达经济体的经合组织（OECD）呼吁其成员方通过自愿原则，防止采取任何保护主义措施，确保公开市场及投资自由化政策，并为此作出了很多努力。OECD 的成员方主要为发达国家并因此被称为发达国家的代言人，为了充分评价与主权财富基金相关的 OECD 规则的合理性，有必要先回顾一下 OECD 的性质。首先，OECD 与欧盟和联合国等超国家实体相比，是性质完全不同的国际组织，OECD 是建立在成员方协同构筑"民主政府和市场经济体制"信念之上的，它所扮演的角色仅是一个实现公共服务与公司经营领域实现良好治理的重要推手。[1] 其次，OECD 也期望通过国际协议、建议、宣言、指导方针的制定与实施，对经济全球化过程中国家治理水平、市场自由化的提高起到促进作用，所有 OECD 的文件都不具有强制遵守的效力，但并不代表这些文件不具有遵守的价值，不管是对于成员方还是非成员方或其他非政府组织，这些文件都是针对各国及全球经济存在问题所进行的多边对话的重要成果，因此具有重要的借鉴意义，也正是这种对话、平等的机制成为 OECD 能够一直致力于对全球经济发展产生深远影响的根本。

OECD 制定的多项规则都与主权财富基金相关，如 OECD 于 2008 年出台的《关于主权财富基金与投资接受国政策的宣言》（以下简称《OECD 宣言》）及同年 10 月形成的《关于主权财富基金的指导方针》、1961 年及 2011 年版的《OECD 国际资本流动准则》以及 1976 年通过的《关于国际投资与多国企业的宣言》。根据上述 OECD 指导规则，外国投资不受歧视的原则、确保采取管制措施的透明度义务以及逐步且单方放松管制的承诺等原则得以确立，OECD 的成员方可以选择自愿遵守，如表 3-1 所示。

OECD 一直在关注投资接受国对主权财富基金的监管问题，OECD 投资委

---

① Rajavuori M, Governing the Good State Shareholder: The Case of the OECD Guidelines on Corporate Governance of State-Owned Enterprises, European Business Law Review, 2018, Vol. 29, pp. 103 – 142.

员会曾在《关于主权财富基金与投资接受国政策的报告》①中提出了进一步约束接受国投资政策的原则：（1）非歧视原则，即外国投资者在同等情况下不应受到低于国内投资者的待遇；（2）透明度，要求投资接受国关于外国投资限制的信息应当是全面的和容易获取的；（3）逐步自由化，逐步取消对流经本国的资本的限制；（4）"停滞"原则，在保持或逐步取消现有限制的前提下，不再引入新的限制；（5）单方自由化，实行单方自由化的接受国承诺允许其他成员方受益于其采取的自由化措施，而不以其他成员方也采取同等的自由化措施为条件。OECD 投资委员会还呼吁成员方在新的市场参与者出现时，应当对投资者予以充分认识，不能盲目或带有偏见的对新成员加以监管。②

表 3 - 1　OECD 有关主权财富基金的指导规则

OECD 有关主权财富基金的指导规则	对投资接受国监管的规制
《关于主权财富基金与投资接受国政策的宣言》	明确了主权财富基金在东道国的外国投资者身份，并确立了非歧视原则、消除投资保护主义壁垒及提高东道国监管措施的透明度等内容。
《关于主权财富基金的指导方针》	确立了东道国对主权财富基金监管时应遵循的：非歧视原则、透明度原则、监管与保护成比例原则、问责制原则
《OECD 国际资本流动准则》	主张消除资本流动障碍，并包含了一系列促进透明化、自由化的措施，并呼吁莫在必要范围和时间之外维持管制措施
《关于国际投资与多国企业的宣言》	该《准则》中确立的国家待遇原则将国际最低待遇与国民待遇相结合，可适用于主权财富基金在接受国应得到的待遇标准

四、欧盟法律对主权财富基金的区域性保护

欧盟对主权财富基金的保护主要体现为保障资本自由流动的规范中。资本

---

① Sovereign wealth funds and recipient country policies, Report by the OECD Investment Committee, April 2008, http://www.oecd.org/daf/inv/investment-policy/40408735.pdf, accessed 2 September 2018.

② 陈克宁：《主权财富基金监管法律问题研究》，武汉大学 2010 年博士学位论文，第 135—136 页。

流动概念中的"资本"既包括直接投资，也包括有价证券投资。直接投资包括旨在建立或维持与企业之间的持久或直接联系的任何种类的投资，如果其他形式的投资不能使投资者有效地参与公司的管理或控制，则被视为有价证券投资。资本自由流动的原则是在1991年生效的第88/361号欧洲理事会指令中得以确立的，后来在《欧洲联盟条约》及欧盟法院的判例法中得以强化。① 资本自由流动的原则不仅适用于欧盟市场内部的资本，《阿姆斯特丹条约》还将该原则扩大适用于来自或流向欧盟外国家的资本。② 来自于欧盟以外第三国的投资不管流向欧盟国有企业或非国有企业都受到资本自由流动原则的保护，但原则的适用会受到克减及保留，主要体现在以下几个方面。

首先，与欧盟市场内资本的自由流动相比，资本在欧盟与第三国之间的流动受制于《欧洲联盟运行条约》第46条第1款所谓的"祖父条款"的限制，根据该条款，成员方有权对截至1993年12月31日前根据其国内法存在的涉及直接投资（包括房地产）、设立营业机构、提供金融服务或买卖有价证券的资本进出第三国所设置的任何限制进行保留。该条款允许欧盟成员方维持特定日期前存在的对外国直接投资市场准入的限制，以及成员方对原本允许保留的限制的修改也无须再向欧盟委员会通知。

其次，欧盟条约允许成员方在以公共政策或公共安全为由的情况下减损欧盟内部市场自由义务，以及欧盟法院也在判例法中提出减损市场自由义务的其他合法公共利益事由。③ 欧盟成员方保证资本自由流动义务的减损只有在非歧视性、符合比例原则以及为实现合法的公共利益目标的前提下，才能与欧盟法律兼容。

欧盟法院关于成员方在"战略性"部门（如石油、电信、电力等行业）提供公共服务活动或业务的企业进行私有化而实行"黄金股"的判例法中指出，在有关成员方境内发生危机时，确保此类服务的安全供应的目的能够构成公共安全的理由，因此成员方有充分合理的依据限制资本自由流动。④ 欧盟法院认为，对整个社会至关重要的能源和货物的最低供应，公共服务的连续性，国防，

---

① 杨永红："欧洲资本自由流动的黄金时代之开端——评欧洲法院有关黄金股机制案例法对资本市场的影响"，载《特区经济》2007年第5期，第80—82页。

② 《阿姆斯特丹条约》第56条第2款中规定，禁止对成员方之间以及成员方与第三国之间的资本流动的一切限制。

③ Chalmers D, Davies G, Monti G, European Union law: cases and materials, Pension Reform Project Preparation Mission, 2010, Vol. 5, pp. 375 – 378.

④ Case C – 274/06, Commission of the European Communities v. Kingdom of Spain, [2008] ECR I – 26, p. 71.

对公共政策、公共安全及卫生紧急情况的保障，都能够成为成员方对欧盟市场基本自由进行限制的合理理由，但前提是应当符合比例原则。① 反之，纯粹的经济理由一般不能构成"公共利益"进而成为限制欧盟内部市场自由的理由，但若追求的"公共利益"的本质为经济性不在此列，可以作为限制措施的合理依据。对于成员方通过法律规定而持有私有化企业的股份并赋予此部分股份特别权利（如对企业管理决定的否决权以及防止或限制第三者获取有关企业的控制权的权利等），并在事先未具体说明行使政府特别权利的条件和情形的，欧盟法院认为此种限制在能源供应及其他公共利益方面不具有必要性，也不符合比例原则。总而言之，只有当社会的根本利益受到真正且足够严重的威胁时，成员方才能以公共安全为理由采取必要和相称的限制性措施。

尽管欧盟委员会呼吁成员方坚持欧盟有关资本自由流动的法律，并阐述了OECD 文件及圣地亚哥原则的重要性，但欧盟及其成员方对外国直接投资的国家公共安全控制计划仍表现出收紧趋势，② 主权财富基金在欧盟内部的投资也将遭遇更多的挑战。各成员方对外国直接投资设立的准入门槛很难被视为对资本自由流通原则义务的合理减损：一方面，某些准入门槛远远超出了欧盟法律对合法措施的要求；另一方面，准入门槛限制了外国投资者在内部市场的活动，与欧盟法院强调的设立机构的权利与提供服务的自由是相悖的。

第三节　主权财富基金投资保护面临的困境及克服

对涉及主权财富基金投资保护的多边、区域及双边保护的现行法律框架的审查表明，保护规则的缺陷在于过度碎片化以及规定的模糊性，具体表现在以下几个方面。

第一，在多边规则层面，现行多边条约对主权财富基金的投资提供了有限的保障。由于缺乏专门的投资多边条约，WTO 多边规则能够提供的投资保护是片面的、附条件的、碎片化的。③ 以 GATS 提供的多边保护为例，首先，其能够

① See O'Brien M, Case C 326/07, Commission of the European Communities v. Italian Republic, Judgment of the Court of Justice（Third Chamber）of 26 March 2009, Common Market Law Review, 2010, Vol. 47, pp. 245 – 261.

② 叶斌："欧盟外资安全审查立法草案及其法律基础的适当性"，载《欧洲研究》2018 年第 5 期，第 25—34 页。

③ Van Aaken A, Fragmentation of International Law: The Case of International Investment Protection. Published in: Finnish Yearbook of International Law, U. of St. Gallen Law & Economics Working Paper No. 2008 – 01, 2008, Vol. 17, pp. 91 – 130.

提供保护的对象仅限于主权财富基金用于服务贸易的投资，提供的保护内容限于东道国有义务确保透明度、非歧视待遇，以及市场准入和国民待遇，然而，东道国在 GATS 下的义务还存在一般例外、安全例外、区域一体化例外条款，市场准入和国民待遇条款也受制于每个国家所列的具体承诺减让表。① 其次，GATS 的保障条款只适用于外国直接投资，主权财富基金进行的有价证券等间接投资被排除在外。最后，许多主权财富基金的母国并非 WTO 的成员方，这都为主权财富基金寻求 GATS 的多边保护增加了难度。

OECD 文件为主权财富基金提供了多边软法保护，可用于解释东道国的限制性措施并评估其合法性。但 OECD 的指导规则过于碎片化，难以形成规制主权财富基金及东道国的完整体系；加之未设立有效的争端解决机制，使得这些指导规则缺乏约束力。OECD 文件中监督东道国行为的尝试并未起到预期的效果，而且可以预测在短期内此种状态不会改变。事实上，由于东道国采取的限制措施的多样性，从"关键行业"名单到关键基础设施清单，再到扩大"国家基本安全"概念等，要确定东道国认为真正需要保护的公共利益似乎越发复杂，也导致对限制措施的定性更加困难。此外，期望东道国单方面接受损害其行动自由的 OECD 文件也是不现实的。

第二，在区域保护层面，欧盟主要通过判例法对成员方采取的投资限制措施加以约束，《欧洲联盟运行条约》对成员方基于公共秩序及安全理由而采取的限制资本自由流通的相关规定得到了很好的遵守，有关成员方采取限制措施的判例法（尤其是"黄金股"）也为相关法律的解释和例外情形提供了决定性的参考要素，同时也得出只有在符合严格标准的前提下才能采取判例中所涉的限制性措施的结论，特别是压制性、预防性措施必须符合比例原则，同时法院对预防性限制措施进行了更高程度的甄别，以确保成员方拟保护的国家利益与对主权财富基金投资的限制符合比例原则。虽然欧盟法律在一定程度上起到了保护主权财富基金的作用，但其适用具有主体和地域的限制性，因此仍不能作为全面有效的保护机制。

第三，在双边保护层面，虽然主权财富基金一直在奋力争取双边投资保护的一般待遇标准，但其投资与私人投资相比往往会被差别对待。向主权财富基金提供差别而非歧视性的待遇在一定程度上应当被允许，但若遭遇到东道国的歧视待遇则需要寻求由双边投资条约构成的国际投资法的保护，因此主权财富基金能否成为投资条约下的保护对象是决定其享有的保护标准的关键。现有双

---

① 曾野：《〈服务贸易总协定〉（GATS）下的市场准入与国民待遇义务的关系研究——以"中国电子支付服务案"为例》，对外经济贸易大学 2015 年硕士学位论文。

边投资条约中对"投资者"和"投资"界定的一般模式决定了对主权财富基金的身份认定存在困难，在对投资条约进行解释时不仅要依据条约文本的具体内容，必要时还要结合条约的其他条款内容及宗旨进行解释，加之主权财富基金的治理结构和法人主体资格各有差异，在进行身份认定时就更加复杂。

主权财富基金一直标榜自己独立投资者的身份，但现有投资条约及其发展出的新范本等是否认可其投资者的身份还未得出确切统一的结论，这也是在国际投资法框架下对主权财富基金投资进行保护的最大难题。[①] 双边投资条约是构成现代国际投资法的主体，因此在主权财富基金投资保护问题上将发挥主导作用，但条约适用的充分性却受到挑战：（1）双边投资条约中"国家"和"另一国国民"的概念是否足够详细，以至于能将主权财富基金归类为投资者。对主权财富基金身份的评估极为重要，因为这直接决定了双边投资条约能否作为保护主权财富基金投资免受东道国给予歧视待遇的法律依据；（2）双边投资条约能否以及在何种程度上将东道国监管措施归为间接征收，这将决定主权财富基金能否因限制性措施的实施获得东道国合理补偿；（3）双边投资条约中新加入的国家安全例外或其他一般例外条款是否适用于主权财富基金投资，并可在涉及东道国重要利益的情形下免除东道国的条约义务；（4）现有双边投资条约在解决投资争端方面的适当性应当重新加以衡量，事实上，用尽当地救济或岔路口条款对于主权财富基金投资争端的解决可能是不适当的，因为此类投资者不仅具有"公共性"，还具有"主权性"。

在符合双边投资条约规定的前提下，主权财富基金有权采取行动，通过争端解决程序来保护其投资，如果无法援引现有双边投资条约，主权财富基金也可提议母国与其拟投资的国家之间就双边投资条约进行再谈判。但是双边投资条约提供的保护标准可能无法防止或对抗东道国采取的带有投资保护主义的限制性措施，因为双边投资条约的再谈判趋势是扩大保障条款的范围来涵盖根本安全利益例外条款，而"根本安全利益"往往未经定义或定义模糊，并由东道国酌情决定，此种趋势明显降低了主权财富基金在争端解决中的行动余地。

主权财富基金在国际投资法框架下应享有的投资保护水平一直备受争议，这场争论很有可能在可预见的将来持续进行。由于针对主权财富基金的多边硬法框架在近期内无法建立，投资条约（如自由贸易协定、双边投资协定）才是眼下可能解决此问题的主要途径。另外，国际贸易领域的 WTO 多边协定、OECD 文件以及区域立法也可作为主权财富基金投资保护的依据。尽管上述国

---

① Basu A, Guha S K, The Role of Sovereign Wealth Fund in International Investment Law, Nirma University Law Journal, 2012, Vol. 1.

际条约和规则提供了多样性的保护途径，但还仅限于理论探讨层面，主权财富基金投资究竟能够享有何种投资待遇标准或许只能在未来投资争端的解决中加以验证。

　　虽然现有国际投资体系的局限性决定了其无法为主权财富基金提供真正有效的投资保护，但不妨碍主权财富基金为争取合理投资待遇而作出更多努力及积极行动，下列建议可供基金参考：（1）查阅拟投资国家的关于外国投资的法律，尤其应当关注那些正在或即将向限制性方向修订的条例；（2）督促母国与东道国谈判、签署和批准新的有利于保障基金市场准入及投资安全的双边投资条约，或在已有投资条约的情况下进行再谈判；（3）以国家或行业部门为单位，建立精密的（法律）风险分析机制，以便在对关键国家或部门进行投资时分析出风险最小化方案。

第四章　主权财富基金海外投资的争端解决机制

第一节　主权财富基金投资争端的产生及解决现状

东道国出于对主权财富基金投资目的及本国安全的担忧，纷纷制定了用以审查及监督主权财富基金投资的法律或政策，并表现出收紧趋势。在这一背景下，一旦主权财富基金不满东道国对其投资采取的限制性措施，则极易与东道国产生投资争端。主权财富基金与东道国之间投资争端的解决是对主权财富基金进行投资保护的内容之一，同时也是评价东道国限制性措施合法性及消弭投资者与东道国投资冲突的重要途径。在国际投资领域，投资者—国家投资仲裁已成为解决国际投资争端的最主要途径，但主权财富基金能否援引该机制目前并未形成统一定论，还需对相关投资条约及 ICSID 公约的相关条款进行解读，进而厘清主权财富基金在国际投资规则体系中的位置。

一、主权财富基金投资扩张引发的投资争端

晚近主权财富基金海外投资的发展及海外投资策略的转变使其在传统投资领域的影响不断增强，尤其是主权财富基金与基础设施建设项目的结合，更是提升了外界对其的关注度。东道国出于对主权财富基金"主权"色彩的担忧，往往通过限制性措施约束其在本国的投资。在上述背景下，主权财富基金与东道国政府及其他利益关系人产生投资纠纷的风险都大大提升，而目前就已存在多起由东道国监管措施及合同纠纷而引发的仲裁案例。

主权财富基金跨境投资过程中常因与东道国境内企业签订的投资合同而产生合同纠纷。在 2007 年至 2008 年美国次贷危机引发的投资纠纷中，阿联酋阿布扎比投资局（ADIA）对花旗集团进行了两次仲裁申请。[①] ADIA 与花旗集团曾达成一项投资协议，ADIA 向花旗集团投资 75 亿美元购买其 4.9% 的股份，作为一项"资本注入"帮助花旗集团在信贷危机中进行重建。该投资协议中还

[①]　阿布扎比投资局与花旗集团的两次仲裁分别在 2009 年和 2013 年。Citigroup, Inc. v. Abu Dhabi Inv. Auth. , 776 F. 3d 126, 134.

有一项仲裁条款，规定由协议本身或违反协议而引起的争端交美国仲裁协会仲裁。根据这一条款，ADIA 于 2009 年及 2013 年以受花旗集团虚假陈述误导为由，要求解除该项投资协议，并先后启动了两次针对花旗集团的仲裁，但均以失败告终。① 2016 年，利比亚投资局（利比亚主权财富基金）分别将高盛和法国兴业银行起诉至伦敦法庭，投资局指控高盛对一宗衍生品交易实施"不正当影响"，最终败诉。② 另外，利比亚投资局还向伦敦高等法院起诉法国兴业银行，指控其充当贿赂通道，据悉双方达成了和解。③ 2017 年 3 月，ADIA 将巴西国家石油公司、巴西石油全球金融公司起诉至美国纽约州南部地区法院，判决结果还不得而知。④ 从上述案例可看出，主权财富基金在东道国极易成为潜在的诉讼当事人与索赔方，而合同纠纷的解决直接关系到主权财富基金的投资利益。

主权财富基金在东道国不仅要面临投资协议引发的合同纠纷及可能存在的欺诈贿赂行为的指控，还需应对由东道国限制性措施引发的投资争端。目前已有几个国家的主权财富基金在对外投资的过程中与东道国产生争端，这些实例也反映了主权财富基金投资争端的解决现状。淡马锡公司是新加坡设立的管理其主权财富基金的公司，该公司在印度尼西亚拥有两大电信公司。2007 年，印度尼西亚商业竞争监督委员会（KPPU）以淡马锡公司违反了当地反垄断条例为由，要求淡马锡公司出售其中一家公司的股权，并对其进行了罚款。淡马锡公司对该裁决不服，提起诉讼。2008 年 5 月，雅加达地方法院对该案作出判决，要求淡马锡公司减持其在印度尼西亚两家公司股权的一半，并出售给印尼电信公司，并对其进行罚款。淡马锡公司对该判决不服，上诉至印度尼西亚最高法院，但其上诉请求最终未得到最高法院支持。⑤ 淡马锡公司在回应此案时呼吁，希望印度尼西亚能够尊重其所享有的法律权利。

---

① Orr L, Abu Dhabi Loses Fight to Citi over Bailout, Aicio News, 2013.

② Kit Chellel & Matthew Campbell, Goldman Sachs Wins Suit Over $ 1.2 Billion Libyan Fund Losses, BLOOMBERG（Oct. 14, 2016, 9：07 AM），https：//www. bloomberg. com/news/articles/2016 - 10 - 14/goldman-sachs-wins-libya-investment-fund-s - 1 - 2 - billion-lawsuit, accessed 25 December 2018.

③ 法国兴业银行将以 13 亿美元和解利比亚行贿案和 Libor 操纵案，路透中文网，http：//finance. sina. com. cn/7 × 24/2018 - 06 - 05/doc-ihcmurvi1695652. shtml，最后访问日期：2018 年 11 月 5 日。

④ ADIA Sues Petrobas Thanks to Operation Car Wash Results, SWFI（Mar. 21, 2017），http：//www. swfinstitute. org/swf-news/adia-sues-petrobras-thanks-to-operation-car-wash-results/, accessed 5 November 2018.

⑤ 马海蓉："淡马锡被诉霸占七成半市场垄断印尼电信"，http：//www. idcquan. com/gjzx/724381. html，最后访问日期：2018 年 12 月 3 日。

在淡马锡公司与印度尼西亚的投资争端中,淡马锡公司选择通过东道国国内诉讼来解决争端,但诉讼结果并未达到预期效果。投资者在选择国内法院解决投资争端时,往往会对东道国的法治环境及法院倾向性产生担忧,并且从客观情况来看一些发展中国家法律相对不够健全、法官专业素养较低,上述因素都会影响投资争端解决的效率及公正。2016 年,阿曼苏丹国主权财富基金将其与保加利亚的投资争端提交至 ICSID,目前已完成仲裁员的指定及原被告分别提交纪要书和答辩纪要书阶段。[①] 主权财富基金投资领域、投资规模的扩展以及自身管理存在的问题无疑将增大其与东道国投资争端发生的可能性,未来探寻合理的争端解决路径将是关乎主权财富基金自身及其母国、东道国利益的关键。

二、投资争端解决途径的不完善及选择受限

投资争端的解决是东道国与主权财富基金双方共同关注的问题,因此对此类投资争端的性质及解决现状进行分析就显得尤为必要。在国际投资法框架下,私人投资者与东道国的投资争端解决体系已经较为成熟,但是主权财富基金投资争端的解决仍未形成各国的统一做法。近年来,国有企业已经越来越频繁地成为投资仲裁案件的当事人,[②] 而与国有企业具有相似性的主权财富基金势必也将面临同样的境遇,尤其是主权财富基金转而加大长期投资项目(如基础设施建设)的投入,产生投资争端的可能性也就大大增加。

对于投资者与东道国的投资争端,在投资者—东道国争端解决机制出现之前,投资者的补救办法往往仅限于与主权国家谈判或要求母国政府代表其进行外交谈判,或向法院提出索赔等。在投资者本国起诉外国政府是不可行的,而在东道国法院起诉恐无法得到公正判决。而无论选择上述何种途径,投资者都无法确定能否从东道国处获得经济补偿。在过去的 20 年间,利用双边投资条约及投资者—东道国争端解决机制已成为解决投资争端的主要途径,[③] 构成国际投资法框架主体的双边投资条约呈现的碎片化双边合作却成为"意大利面碗"

---

① State General Reserve Fund of the Sultanate of Oman v. Republic of Bulgaria, ICSID Case No. ARB/15/43.

② Annacker C, Protection of Sovereign Wealth: Book Review of Sovereign Investment: Concerns and Policy Reactions/edited by Karl P Sauvant, Lisa E Sachs and Wouter PF Schmit Jongbloed, ICSID Review, 2013, Vol. 29, p. 213.

③ Salacuse J W, The Emerging Global Regime for Investment, Harvard International Law Journal, 2010, Vol. 51, p. 427.

效应①的真实反映。在国际贸易领域已有世界贸易组织作为多边框架的先驱，但投资领域仍未建立起有效的多边合作。大多数国家更愿意与他国就资本流动和跨境投资签订量身定做的双边投资条约，条约的内容可视为成员方向投资者提供的保证，即国家对外国投资采取的行动将在双边投资条约的框架内进行。由此，双边投资条约脱离了对习惯国际法所规定的如"征用"等具有争议的实质性权利的依赖，并阐明了在条约框架下投资者实质性权利的具体标准。② 然而，投资条约赋予投资者的实质性权利并非革命性的，此类条约的最主要吸引力及价值在于向投资者提供了能够直接执行实质性权利的机制。③ 在双边投资条约出现之前，投资者在东道国违反国际法的情况下可用于救济的途径非常有限，而投资条约使投资者有权就国家违反条约的行为直接申请仲裁，并寻求为投资者提供一个可靠、中立的平台以执行该条约的规定。世界银行设立的国际投资争端解决中心（ICSID）就是这样的机构，它为ICISD公约成员方境内的私人投资者提供了一个向其他成员方提出索赔要求的国际机构。

如果主权财富基金的投资在东道国境内受到限制性措施的影响，主权财富基金是否也可采用投资者—东道国投资仲裁机制解决，就需要对投资条约及现有投资争端解决机制进行深入解读。近年来，主权财富基金在国际投资领域日趋活跃，但由于主权财富基金投资与私人直接投资存在较大差异，针对私人直接投资而缔结的投资条约并未规定是否将主权财富基金纳入保护范畴。④ 而ICSID作为解决投资争端的主要场所，对主权财富基金海外投资争端的管辖权也尚不明确。纵览ICSID审结的200多个案例中并没有主权财富基金投资争端，原因可能在于：首先，各国签订的双边投资条约以及ICSID公约没有对主权财富基金投资争端的管辖权作出明确规定，投资者对仲裁胜诉的预期较低；其次，主权财富基金投资争端通常涉及政治、主权因素，因此争端双方通常通过协商谈判解决。虽然目前已有主权财富基金依据双边投资条约提起仲裁并登记在案的案例，但仲裁庭并未对是否具有管辖权作出裁决。主权财富基金在某些情况下还可能成为投资争端中的被告并援引主权豁免原则从而免于处罚，东道国法院通

---

① "意大利面碗"效应最早是在巴格沃蒂的《美国贸易政策》一书中被提及，是指在双边及区域贸易协定中不同的优惠待遇和原产地规则就像碗里的意大利面条一样，相互交织，剪不断，理还乱。

② Dolzer R, Fair and equitable treatment: a key standard in investment treaties, The International Lawyer, 2005, Vol. 39, pp. 87 – 106.

③ Franck S D, Foreign direct investment, investment treaty arbitration, and the rule of law, Global Business & Development Law Journal, 2006, Vol. 19, p. 337.

④ Annacker C, Protection and admission of sovereign investment under investment treaties, Chinese Journal of International Law, 2011, Vol. 10, pp. 531 – 564.

常会认为主权财富基金是作为商业实体进行投资，不能援引主权豁免原则。[①]

对投资条约及 ICSID 公约的相关条款进行解读，厘清主权财富基金在国际投资规则体系中的位置，将对主权财富基金海外投资产生重要影响。我国目前已成为主权财富基金海外投资大国，我国政府及主权财富基金管理公司应当警惕海外投资过程中可能遇到的风险。而对投资过程中与东道国产生的争端，也应谨慎选择争端解决途径。从以上总结的主权财富基金投资争端解决的可选途径看，交由国内法院审理会使投资者产生担忧及不信任，而援引主权豁免原则的可能性极低，因此提交仲裁，引入中立的第三方才是解决主权财富基金投资争端的理想途径。

第二节　主权财富基金援引投资者与国家间争端解决机制的可行性分析

投资者—国家仲裁机制已成为激励外国直接投资的重要组成部分，国际投资条约赋予个人或企业通过援引条约对东道国启动仲裁程序强制解决投资争端的权利是保护投资者利益、避免争端政治外交化解决的最有效机制之一，[②] 但主权财富基金能否援引该机制则需要对双边投资条约及 ICSID 公约中的具体条款进行解释，而解释的重点集中在对合格"投资者"及"投资"的认定标准上。

一、投资者与国家间投资争端解决机制的发展及当下面临的挑战

国际投资法发展至今已成为一个不断扩大并庞杂的体系，截至 2017 年，国际投资条约总数已达到 3324 项，[③] 其中包括最常见的也是数量最多的专门用于国际投资保护的双边投资条约，也包括用于促进投资自由化及投资保护的区域及双边自由贸易协定中的投资章节等。国际投资条约虽表现出严重的碎片化，但大多数都以投资条约中的典型条款为主体，包括国民待遇及最惠国待遇条款、对征用的限制及迅速有效的赔偿规定、汇兑与转移条款以及投资者与国家间投资仲裁条款等。投资者与东道国的投资争端往往源于投资者指控东道国违反关于征用、国民待遇或公平公正待遇等条约规定。尽管国际投资条约的条款在框

---

① Bassan F, The law of sovereign wealth funds, Edward Elgar Publishing, 2011, pp. 104 – 106.

② 张光："论国际投资仲裁中投资者利益与公共利益的平衡"，载《法律科学（西北政法大学学报）》2011 年第 1 期，第 109—114 页。

③ 联合国贸易和发展会议："2017 年世界投资报告：投资与数字经济"。

架结构上是基本一致的，但在一些重要条款的具体规定上还是有所差别，双边投资条约之间的差别在争端解决条款当中也有体现。① 该条款通常允许投资者自由选择仲裁机构及仲裁规则，目前最受投资者认可的仲裁机构为解决投资争端国际中心（ICSID）及联合国国际贸易法委员会（UNCITRAL），上述机构仲裁的投资案件约占投资仲裁案件总数的 90%；其他可选的仲裁机构还包括斯德哥尔摩商会、国际商会等，还有一些国际投资条约中允许特定情形下采用临时仲裁。在国际投资条约谈判中，占据谈判优势地位的投资者母国更倾向于选择 ICSID 作为解决投资争端的场所，② 而对于处于谈判劣势的发展中国家而言，双边投资条约中仍然存在限制东道国经济自主权的条款，这些条款的存在也使发展中国家难以在今后的多边投资条约中为自身争取更为公平的条件。③

在典型的投资者—国家仲裁机制中，只有外国投资者方可以东道国的行为或政策损害投资价值为由向东道国政府提出索赔，即只有外国投资者才能发起此机制，东道国政府在仲裁过程中所能做的最大努力就是成功地为自己辩护，从而免于支付赔偿。因此，投资者—国家仲裁机制也被视为外国直接投资激励结构的重要组成部分。基于国际投资领域对任意和无补偿征用的长久关切，外国投资者在未得到东道国保证的情况下往往怯于进行直接投资，因此大多数国际投资条约都遵循一项假设：东道国政府的国内法院系统并不总能公平地审理外国投资者的索赔要求，尤其是这些索赔请求是由政府政策造成的损害所引起。正是基于这一假设，国际投资条约中才引入投资者—国家仲裁机制，通过中立的第三方解决东道国政府为了公共卫生、环境、社会福利和经济发展而采取的可能降低外国直接投资价值的政策引发的投资争端。以引发广泛关注的"菲利普·莫里斯案"为例，跨国企业菲利普·莫里斯公司因澳大利亚 2011 年颁布的《烟草简单包装法》中禁止品牌香烟包装显示公司标识及图像的规定，向国际常设仲裁法院提起了一项高调的仲裁申请。菲利普·莫里斯公司主张政府征用而导致的利润损失与澳大利亚政府在保护公众健康方面的经济主权主张相互对立，尽管本案仲裁庭作出了有利于澳大利亚政府的裁决，但也证明了投资者可

---

① Allee T, Peinhardt C, Delegating differences: Bilateral investment treaties and bargaining over dispute resolution provisions, International Studies Quarterly, 2010, Vol. 54, pp. 1 – 26.

② Jones K, Patterns of Investor-State Dispute Settlement Decisions, International Advances in Economic Research, 2018, Vol. 24, pp. 79 – 96.

③ Mosoti V, Bilateral investment treaties and the possibility of a multilateral framework on investment at the WTO: Are poor economies caught in between, Northwestern Journal of International Law & Business, 2005, Vol. 26, p. 95.

以利用投资者—国家仲裁机制向东道国的政府政策发起挑战。①

在截至 2013 年 7 月审结的 83 起有利于投资者的案件中，平均赔偿金额高达 8140 万美元。近年来，投资者在投资仲裁中提出的索赔数额在持续增长，从 2011 年到 2014 年，有 52 起仲裁案件的索赔金额超过 10 亿美元，其中包括尤科斯石油将获得俄罗斯政府创纪录的 500 亿美元赔偿②以及西方石油公司被裁决将获得厄瓜多尔 17.7 亿美元（2015 年仲裁庭将赔偿金额降至 10.7 亿美元）赔偿。③ 东道国政府已经对投资仲裁裁决中表现出倾向投资者的趋势感到震惊与不满，玻利维亚、厄瓜多尔、委内瑞拉已经宣布退出 ICSID 公约，尽管这一行动不会免除它们根据已有的仲裁裁决将要承担的赔偿责任。而声称要退出 ICSID 公约的阿根廷近年来实施的主权债务重组计划也使其处在了投资者—国家仲裁机制的风暴中心，其在 ICSID 涉入数十宗仲裁案件，截至 2015 年 8 月已败诉并需赔偿金额达 9 亿美元，同时面临多宗未决案件指控。④ 其他未宣布退出 ICSID 公约的东道国也通过国际投资条约的规则安排采取了防御行为，如美国、加拿大、新加坡在重新修订的双边投资条约范本和其他国际投资条约中，都加强了对仲裁庭在外国投资者对本国提起的投资争端中的解释裁量权的限制。⑤

东道国对投资者与东道国间投资仲裁的警惕仍将加剧，而在未来的国际投资条约的谈判中也将保持更为谨慎的态度。⑥ 欧盟与美国拟议的《跨大西洋贸易与投资伙伴协议》（TTIP）中，就参与方达成广泛投资安排中的投资争端解决方案成为协议谈判的障碍之一，欧盟担心美国投资者根据投资者与东道国仲裁机制限制政府规制权力，侵蚀欧盟国家的社会政策，以德国为代表的欧盟国家甚至要求投资争议在本国法院解决，从而完全抛弃投资者—国家仲裁机制。⑦

---

① Philip Morris Asia Limited v. The Commonwealth of Australia, UNCITRAL, PCA Case No. 2012 – 12.

② Yukos Universal Limited (Isle of Man) v. The Russian Federation, Final Award, UNCITRAL, PCA Case No. AA 227, https://www.italaw.com/sites/default/files/case-documents/italaw3279.pdf, accessed 10 January 2019.

③ Occidental Exploration and Production Company v. The Republic of Ecuador, Award, ICSID Case No. ARB/06/11.

④ Lavopa F, Crisis, Emergency Measures and Failure of the Investor-State Dispute Settlement System: The Case of Argentina, IPS-TRANSCEND Media Service, 2015.

⑤ Trakman L E, The status of investor-state arbitration: resolving investment disputes under the transpacific partnership agreement, Journal of World Trade, 2014, Vol.48, pp.1 – 29.

⑥ 李庆灵：“国际投资仲裁中的缔约国解释：式微与回归”，载《华东政法大学学报》2016 年第 5 期，第 132—142 页。

⑦ 叶斌：“欧盟 TTIP 投资争端解决机制草案：挑战与前景”，载《国际法研究》2016 年第 6 期，第 71—82 页。

澳大利亚也根据其在菲利普·莫里斯案中取得的经验，宣布在未来的国际投资条约（包括 TTIP）中都不再适用投资者与东道国间的投资争端解决机制。①

与发达国家相比，接受外国投资的发展中国家在推行可能与外国投资者利益相冲突的发展政策时，更易受到外国投资者干涉，而被认为存在系统性缺陷的投资者—国家仲裁机制则是外国投资者进行干涉的最重要的手段，加之投资仲裁程序往往冗长而昂贵，使必须对投资者起诉作出应对的发展中东道国处于更为不利的地位。东道国对投资者—国家仲裁机制的质疑已显而易见，并有越来越多的国家呼吁对该机制进行改革。但也有学者对投资者诉东道国案例记录进行了分析及变量测试（包括仲裁机构、仲裁规则、仲裁模式、当事人的仲裁经验以及仲裁结果等要素），得出的结论是目前的投资仲裁机制似乎并不存在有利于投资者的偏见。② 无论现有的争端解决机制是否存在偏袒投资者的趋势，国际投资条约中的争端解决机制都不应被全盘否定或被其他解决方案完全颠覆。现代国家投资条约赋予个人或企业通过援引条约对东道国启动仲裁程序强制解决争端的权利是平衡投资者与东道国利益的最有效的机制之一，对这一机制的改革也应当以平衡双方利益为目的，而不是对这一机制存在合理性的否定。

在肯定投资者—国家仲裁机制保护外国直接投资价值的前提下，主权财富基金能否将因东道国限制性措施引发的投资争端提交该机制解决，还需就国际投资条约中的具体条款内容确定。但可以肯定的是国际投资条约与主权财富基金投资之间并不存在不可逾越的真空地带，一些基金母国批准的国际投资条约中明确规定主权财富基金可以作为投资者并享有投资保护待遇，但大多数条约中就基金身份的确定还是模糊的，需要就条约内容进行具体解读。下文将以双边投资条约为主要研究对象，探讨主权财富基金是否具有援引投资者—国家仲裁机制的资格。

二、双边投资条约下主权财富基金投资争端管辖权的确定

从各国目前签订的投资条约来看，未出现投资条约明确规定将主权财富基金投资排除在"投资者"范畴外的例子。但由于主权财富基金的特殊性，其能否成为投资条约保护的对象并享受相关的投资待遇尚存在争议。③ 随着主权财

① Trakman L E, Status of Investor-State Arbitration: Resolving Investment Disputes under the Transpacific Partnership Agreement, Journal of World Trade, 2014, Vol. 48, pp. 1 – 29.

② Jones K, Patterns of Investor-State Dispute Settlement Decisions, International Advances in Economic Research, 2018, Vol. 24, pp. 79 – 96.

③ Annacker C, Protection of Sovereign Wealth Book Review of Sovereign Investment: Concerns and Policy Reactions, ICSID Review, 2014, Vol. 29, p. 213.

富基金海外投资的扩张，投资条约中涉及国有企业及主权财富基金的内容必然逐渐增多，目前已有针对国有企业及主权财富基金投资的投资条款的实践。此类条约实践为主权财富基金提交争端仲裁提供了可能，但随之而来的问题是仲裁庭对此类争端管辖权的确定。下文将以提交 ICSID 仲裁为例，探讨主权财富基金投资争端的管辖权问题。

（一）双边投资条约实践中对投资及投资者的界定

ICSID 仲裁庭对投资争端具有管辖权，首先要满足的条件是争端所涉投资及投资者应符合相关投资条约的规定，即在主权财富基金投资争端中基金及其投资能否视为投资条约项下合格的投资者及投资。主财富基金涉及的投资争端适用的主要是主权财富基金所有国与他国之间签订的投资条约，这些投资条约中对"投资者"的界定将直接影响 ICSID 对主权财富基金投资争端的管辖权。

目前拥有主权财富基金的国家数量在不断增多，而其中一些大型主权财富基金所有国签订的投资条约具有重要的研究价值，在一定程度上也代表了这一领域的主流做法。

阿联酋、沙特阿拉伯、科威特和卡塔尔拥有 15 个最大的主权财富基金中的5 个，[1] 它们在投资条约实践中的做法是非常一致的，几乎都是通过谈判赋予"投资者"最广泛的定义，从而包含本国的主权财富基金。例如，沙特阿拉伯自 2001—2011 年签订的六个投资条约中对"投资者"的定义都极其相似，明确表示沙特阿拉伯货币管理局为合格投资者。[2]《沙特阿拉伯王国政府和马来西亚

---

[1]　阿联酋、沙特阿拉伯、科威特和卡塔尔拥有的 5 个主权财富基金主要包括阿联酋阿布扎比投资局、SAMA 外汇控股公司、科威特投资局、卡塔尔投资局和迪拜投资公司。

[2]　Agreement between the Government of the Kingdom of Saudi Arabia and the Government of Malaysia concerning the Promotion and Reciprocal Protection of Investments, 14 August 2001, Art. 1（3），http：// unctad. org/Sections/dite_tobedeleted/iia/docs/bits/saudi_malaysia. pdf；Agreement between the Government of the Republic of Korea and the Government of the Kingdom of Saudi Arabia concerning the Reciprocal Encouragement and Protection of Investments, 19 February 2003, Art. 1（3），http：//unctad. org/Sections/ dite_tobedeleted/iia/docs/bits/korea_saudiarabia. pdf；Agreement between the Kingdom of Saudi Arabia and the Republic of Austria concerning the Encouragement and Reciprocal Protection of Investments, 25 July 2003, Art. 1（3），http：//unctad. org/Sections/dite _ tobedeleted/iia/docs/bits/saudi _ austria. pdf；Agreement between the Kingdom of Saudi Arabia and the Belgo-Luxembourg Economic Union （B. L. E. U.）concerning the Reciprocal Promotion and Protection of Investments, 11 June 2004, Art. 1（3），http：//unctad. org/ Sections/dite_ tobedeleted/iia/docs/bits/saudi _ belg _ lux. pdf；Agreement between the Government of the Republic of India and Government of the Kingdom of Saudi Arabia concerning the Encouragement and Reciprocal Protection of Investments, 20 May 2008, Art. 1（3），http：//unctad. org/Sections/dite_tobedeleted/iia/ docs/bits/India_Saudi% 20Arabia. pdf；Agreement between the Czech Republic and the Kingdom of Saudi Arabia for the Encouragement and Reciprocal Protection of Investments, 13 March 2011, Art. 1（3），http：//unctad. org/Sections/dite_tobedeleted/iia/docs/bits/czech_saudi. pdf, accessed 15 November 2018.

政府关于促进和保护投资协定》第 1 条第 3 款规定，"'投资者'一词，在沙特阿拉伯方面，系指：……沙特阿拉伯王国政府及其金融机构和当局，如沙特阿拉伯货币管理局，公共基金和其他类似的沙特阿拉伯政府机构"。① 同样地，阿联酋在 1992—2011 年审核的 27 个投资条约中，有 26 个在对"投资者"的定义中提及包含缔约国政府、金融机构、国有企业及发展基金，② 而唯一例外的投资条约是与俄罗斯签订的，其中关于"投资者"的定义作了狭义的规定。③ 科威特签订的大多数投资条约使用措辞宽泛，投资条约中对投资者的限定常包含"缔约国政府及其机构和组织"之类的描述，④ 足以将本国的主权财富基金纳入"投资者"范畴，而在一些投资条约中对"投资者"的定义则更进一步，如《德意志联邦共和国和科威特国关于鼓励和相互保护投资的协定》第 1 条第 3 款规定，"'投资者'一词，在科威特方面，系指：……直接或间接代表科威特政府行事的科威特投资管理局或其海外办事处，以及发展基金、政府机构或其他类似组织"。⑤ 卡塔尔签订的投资条约也与以上三个国家情况类似，多对"投资者"定义宽泛，足以包括本国的主权财富基金。⑥

截至 2016 年 12 月，中国对外签订双边投资条约达到 104 项，⑦ 从条约内容来看我国政府并未奉行将主权财富基金纳入"投资者"定义的政策，相反，在

---

① Agreement between the Government of the Kingdom of Saudi Arabia and the Government of Malaysia concerning the Promotion and Reciprocal Protection of Investments, 14 August 2001, Art. 1 (3), http: // unctad. org/Sections/dite_tobedeleted/iia/docs/bits/saudi_malaysia. pdf, accessed 15 November 2018.

② Agreement between the Federal Republic of Germany and the United Arab Emirates for the Promotion and Reciprocal Protection of Investments, 2 July 1999, Art. 1 (2), http: //unctad. org/Sections/dite_tobedeleted/iia/docs/bits/UAE_Germany. pdf, accessed 15 November 2018.

③ Agreement between the Government of the United Arab Emirates and the Government of the Russian Federation on the Promotion and Reciprocal Protection of Investments, Art. 1 (2), http: //unctad. org/Sections/dite_tobedeleted/iia/docs/bits/UAE_Russia. pdf, accessed 15 November 2018, this Treaty has not yet entered into force.

④ Agreement between the State of Kuwait and the Republic of India for the Encouragement and Reciprocal Protection of Investments, 28 June 2003, Art. 1 (3), http: //unctad. org/Sections/dite_tobedeleted/iia/docs/bits/India_Kuwait. pdf, accessed 15 November 2018.

⑤ Agreement between the Federal Republic of Germany and the State of Kuwait for the Encouragement and Reciprocal Protection of Investments, 15 November 1997, Art. 1 (3), http: // unctad. org/Sections/dite_tobedeleted/iia/docs/bits/germany_kuwait. pdf, accessed 15 November 2018.

⑥ Agreement between the Government of the Republic of India and the Government of the State of Qatar for the Reciprocal Promotion and Protection of Investments, 15 December 1999, Art. 1 (1), http: // unctad. org/Sections/dite_tobedeleted/iia/docs/bits/India_Qatar. pdf, accessed 15 November 2018.

⑦ 中华人民共和国商务部条约法律司：我国对外签订双边投资协定一览表，http: // tfs. mofcom. gov. cn/article/Nocategory/201111/20111107819474. shtml，最后访问日期：2018 年 11 月 17 日。

投资条约中普遍采纳"投资者"的典型定义模式，将"投资者"限定为拥有中国国籍的自然人或依据中国法律设立的法人或其他组织①。如在中国与日本及大韩民国、中国与乌兹别克斯坦签订的投资条约中对作为投资者的"企业"都解释为"根据缔约任何一方可适用的法律和法规设立或组建，且住所在该缔约一方领土内并且有实际经营活动的任何实体，包括公司、商行、协会、合伙及其他组织，不论是否营利和是否由私人或政府所拥有或控制"②，这样的规定足以将国有企业纳入"投资者"的范畴，但对于主权财富基金还需要对投资条约内容作出进一步解释，因为主权财富基金有的是以公司形式存在（如中投公司），而有的自身并非法人机构③。另外，拥有最大主权财富基金的挪威在其签订的投资条约中，也采取了与我国相似的策略，对"投资者"的解释未涉及主权财富基金、政府或国有企业等实体。

　　另外，主权财富基金要成为双边投资条约的保护对象，除了符合"投资者"的定义外，其投资也应满足投资条约的要求。现有投资条约中对受其保护的投资的界定通常可分为三类：第一类为"开放式"，即先对投资概念进行概括，然后将现有的合法财产及将来可能出现的资产都纳入保护范围之内；第二类为"封闭式"，即明确列举其保护的投资类型，此种类型的投资定义以《北美自由贸易区协定》为代表；第三类为"混合式"，既包括"一切资产但不限于的"的描述，同时也对资产类型进行了限制，排除一些资产类型作为受保护的对象。④但是，无论采用何种界定方式，有几类资产是得到投资条约的普遍保护的，包括公司股份、股票或其他形式的参股，动产或不动产，法律或合同赋予的特许权、知识产权等。虽然现有投资条约没有明确规定主权财富基金投资是否属于受保护的投资类型，但是可通过对其保护的资产类型的解读来分析这一

---

　　①　如《中华人民共和国和葡萄牙共和国关于促进和相互保护投资的协定》第1条第2款规定："'投资者'一词，在中华人民共和国方面，系指，（1）根据中华人民共和国的法律，具有其国籍的自然人；（2）经济实体，包括根据中华人民共和国的法律法规设立或组建且住所在华境内的公司、协会、合伙及其他组织，不论其是否营利也不论其为有限责任或无限责任"，http://tfs.mofcom.gov.cn/aarticle/h/au/200611/20061103745067.html，最后访问日期：2018年11月17日。

　　②　《中华人民共和国政府、日本国政府及大韩民国政府关于促进、便利及保护投资的协定》，2014年5月17日，第1条第4款，http://tfs.mofcom.gov.cn/article/h/at/201405/20140500584816.shtml，《中华人民共和国政府和乌兹别克斯坦共和国政府关于促进和保护投资的协定》，2011年9月1日，第1条第2款，http://tfs.mofcom.gov.cn/article/h/au/201111/20111107819500.shtml，最后访问日期：2018年11月17日。

　　③　国内有学者认为我国的主权财富基金只有一个，即中投公司。参见胡晓红，张建军，李煜：《主权财富基金双边规制研究》，北京大学出版社2018年版，第158页。

　　④　季烨："国际投资条约中投资定义的扩张及其限度"，载《北大法律评论》2011年第1期，第85—108页。

问题。主权财富基金起初主要是通过股权并购进行投资，后来逐渐扩展到建立公司实体、参与基础设施建设，由此可见这些投资都属于上述列举的受保护的投资类型。由于在各国签订的投资条约中，合格"投资"所涵盖的资产类型有所差别，因此在判断是否具有属物管辖权时，需要仲裁庭根据具体的投资条约条款进行解释判断。但从投资条约普遍认可的资产类型来看，主权财富基金投资能够成为投资条约项下所保护的"投资"。

（二）主权财富基金受益于投资条约保护的不确定性

在确定主权财富基金是否符合投资条约中的"投资者"的定义时，应依投资条约中的用语按其上下文并参照条约之目的及宗旨所具有之通常意义，善意解释之。① 从上文选取的国际投资条约中可看出，根据投资条约中的不同用语，主权财富基金是否属于合格的"投资者"的明确度是不同的。但其中包含两个极端，一个极端是投资条约中明确规定了"投资者"的定义中包含主权财富基金，甚至列明具体的主权财富基金名目；另一个极端是投资条约中直接规定将主权财富基金及国有公司、政府机构排除在外。大多数投资条约对"投资者"的定义是处于上述两种极端情况之间，仅规定了对投资者的一般要求。而在其他各国的投资条约的实践中，对"投资者"的界定也同样表现出无规律性。加拿大《双边投资协定 2004 年范本》中对于加方"投资者"，包括加拿大国有企业，而在 2012 年与捷克及斯洛伐克签订的投资条约中却对国有企业及主权财富基金都保持沉默。② 美国《双边投资协定 2012 年范本》中的"投资者"则包括"由私人或政府所有或掌控的任何实体"，由此可推定主权财富基金也在保护范畴内。从上述投资条约的实践来看，主权财富基金能否受益于投资条约保护无法得出确切结论，这是由各个国家在投资条约中对"投资者"的多样要求决定的。

虽然大多数国家的投资条约中对于"投资者"的定义是否包含主权财富基金是模糊不清的，但是这些投资条约中往往包含一些术语（如中国与卡塔尔签

---

① 《维也纳条约法公约》第 31 条第 1 款规定："条约应依其用语按其上下文并参照条约之目的及宗旨所具有之通常意义，善意解释之。"

② Agreement between Canada and the Czech Republic for the Promotion and Protection of Investments, 22 January 2012, Art. 1 (e), http: //unctad. org/Sections/dite_tobedeleted/iia/docs/bits/canada_czech% 20republic. pdf; Agreement between Canada and the Slovak Republic for the Promotion and Protection of Investments, 14 March 2012, Art. 1 (e), http: //unctad. org/Sections/dite_tobedeleted/iia/docs/bits/ Canada_slovakia_new. pdf, accessed 20 November 2018.

订的投资条约中对于中方投资者使用了"经济组织"一词①），此类术语赋予了主权财富基金被列入"投资者"的可能性。在此种情况下，根据条约解释规则需要考量的问题就变成"国际投资条约的缔约方是否有意愿使主权财富基金受益于投资条约的保护"？要回答这个问题，必须参照"投资者"定义的背景以及投资条约的目的和宗旨，同时，投资条约中的其他条款，比如附件或时间表，也可能有助于回答这一问题。以中国与卡塔尔签订的投资条约（以下简称中国与卡塔尔 BIT）及阿联酋与德国签订的投资条约（以下简称阿联酋与德国 BIT）的序言为例，② 中国与卡塔尔 BIT 序言中只是对双方签约的目的及宗旨进行了表述，没有迹象表明缔约国打算将主权财富基金包含在用以限定投资者的"经济组织"之内，而在阿联酋与德国 BIT 序言中除了表明条约目的和宗旨外，还出现了"促进私人投资的积极性"的表述，若仅以序言作为解释依据，那么就有理由认为缔约国在有意将"投资者"限制在非公共或政府实体范围内（不包括主权财富基金）。然而，在得出结论之前还要审查投资条约的其他条款，阿联酋与德国 BIT 中第 1 条第 2 款明确规定了对于阿方，合格投资者包括阿方政府及发展基金等。另外，在探寻缔约国的意图时也应参照缔约国之间签订的嗣后条约和国家实践，如果阿联酋与德国 BIT 中没有第 1 条第 2 款，即没有投资者定义条款，仅根据序言就排除主权财富基金，这样的结果对于阿联酋来说也是反常的，因为根据上文的结论阿联酋缔结的绝大多数投资条约实践中都将主权财富基金纳入"投资者"的范围。

三、ICSID 公约下主权财富基金投资争端管辖权的确定

ICSID 仲裁庭在确定其对主权财富基金投资争端管辖权时，除了审查相关投资条约的规定外，还要判断争端是否符合 ICSID 公约的规定。ICSID 公约的序言及第 25 条仅对公约的目的及仲裁庭的管辖权作了一般性规定，但这些规定为

---

① 《中华人民共和国政府和卡塔尔国政府关于鼓励和相互保护投资协定》，1999 年 4 月 1 日，第 1 条第 2 款，http：//tfs. mofcom. gov. cn/aarticle/h/at/201002/20100206778926. html，最后访问日期：2018 年 11 月 18 日。

② 《中华人民共和国政府和卡塔尔国政府关于鼓励和相互保护投资协定》序言约定，中华人民共和国政府和卡塔尔国政府（以下称"缔约双方"），愿为缔约一方的投资者在缔约另一方领土内的投资创造有利条件，认识到相互鼓励、促进和保护此种投资将有助于促进投资者投资的积极性和增进两国的繁荣，愿在平等互利原则的基础上，加强两国间的经济合作；阿联酋与德国 BIT 序言：……认识到相互鼓励和保护此种投资将有助于促进私人投资的积极性和增进两国的繁荣，Agreement between the Federal Republic of Germany and the United Arab Emirates for the Promotion and Reciprocal Protection of Investments, 2 July 1999, Art. 1 (2), http：//unctad. org/Sections/dite_tobedeleted/iia/docs/bits/UAE_Germany. pdf, accessed 20 November 2018.

主权财富基金投资争端管辖权的确定引出了两个新的问题：一是 ICSID 公约的主要目的是鼓励"私人国际投资"，这里不包括公共国际投资；二是 ICSID 公约排除了缔约国对另一缔约国的索赔。上述两个问题为主权财富基金投资争端管辖权的确定增加了难度，这意味着仲裁庭除了要裁断主权财富基金投资的私人或公共性质之外，还要解决主权财富基金的投资行为是否为国家行为的问题。

（一）主权财富基金投资为私人国际投资或公共国际投资之争

ICSID 公约中对构成"投资"的资产未具体界定，但其宗旨在于鼓励私人国际投资，并未提及公共国际投资。作为 ICSID 公约的倡议者，世界银行在其 1965 年的执行董事报告中指出，ICSID 公约是"为发展经济而制定"，并且是"促进相互信任的气氛，从而刺激更多私人国际资本流入希望引进外资的国家"的重要一步。① 也正是为了实现这一目标，ICSID 公约在序言中即指出"考虑到为经济发展进行国际合作的需要和私人国际投资在这方面的作用"。② 根据条约解释的习惯国际法，对 ICSID 公约第 25 条中将公约的管辖范围限于"缔约国"与"他国国民"之间的投资争端，应依据条约的目的及宗旨来解释。ICSID 公约的目的及宗旨显然包括鼓励私人投资（有别于公共投资），而这也反映在公约的序言当中。因此，ICSID 仲裁庭在审理主权财富基金投资争端时，应当对私人国际投资及公共国际投资加以区分。

至此，在探讨主权财富基金的投资是否符合 ICSID 公约规定时，不可忽略的问题之一就是主权财富基金进行的投资能否被视为私人国际投资。有学者认为，国有企业可以从事私人国际投资，并且援引 ICSID 公约提起仲裁。在当今世界，基于资本的来源来区分私人与公共投资已经不合时宜。与其关注资本来源，不如将重点放在投资者是否作为政府的代理人或行使政府职能进行的投资。③ 另外，也有观点认为 ICSID 仲裁庭在考虑国有企业或主权财富基金对国家提起的仲裁时，应当采取灵活、宽松的做法。在以国家资本主义为特征的国家，很难划定国家与国有企业的界限。若对私人国际投资进行狭义的解释，那么国有企业及主权财富基金的投资将被排除在外，但它们的投资活动通常都是多任务性的，不能不加区别地统一对待。

---

① Report of the Executive Directors on the Convention on the Settlement of Investment Disputes between States and Nationals of Other States, 18 March 1965, para 9.

② Convention on the Settlement of Investment Disputes between States and Nationals of Other States, 14 October 1966, preamble.

③ Broches A, Selected Essays: World Bank, ICSID, and other subjects of public and private international law, Martinus Nijhoff Publishers, 1995, p. 193.

关于如何划定国家的界限，从而确定一项投资是私人国际投资还是公共国际投资，可以引入已经发展较完善的习惯国际法的归属规则来解决。根据国际法委员会起草的《国家对国际不法行为的责任条款草案》（以下简称《草案》）第8条，① 要将"受到国家指挥或控制"的行为归属于国家，不仅要求此种"控制"对被控制的实体行使，而且还要求对该实体实施的特定行为行使;② 而根据《草案》第5条，③ 要将基于行使政府权力的实体行为归属于国家，则该实体必须在有关特定情况下拥有和行使此种政府权力。④ 从《草案》第8条和第5条的内容来看，与上文提到的用以区分ICSID公约适用的私人与公共国际投资的两个因素"作为政府的代理人"及"行使政府职能"相互对应。因此，若采纳上述标准来判断主权财富基金进行的投资为私人还是公共国际投资，则需要根据具体投资决定的作出、投资的性质以及投资的目的来判断主权财富基金是以公司还是以"政府代理人或行使政府职能"作出的投资，从而确定这项投资归属于国家还是主权财富基金。

对ICSID公约第25条的解释除了参照公约目的及宗旨外，ICSID仲裁庭在仲裁实践中也通常会运用萨利尼（Salini）案中确立的标准（以下简称萨利尼标准）来解释公约中的"投资"，这一标准认为适格的投资应当满足：实质性投入；投资项目持续一段期间；投资者承担某些风险；对东道国经济发展作出重要贡献。⑤ 主权财富基金投资完全符合萨利尼标准的前三项，但对于此类投资是否有利于东道国经济发展还存在争议。M·索那拉雅（M. Sornarajah）教授认为主权财富基金与跨国公司的投资目的相同，纯粹为了获取经济利益。而跨国公司的投资还产生了附带效益，如技术转让、增加就业等，因此其符合萨利尼标准的经济发展要求。但是，主权财富基金投资一般通过购买债券、股权并购

---

① 《草案》第8条规定，受到国家指挥或控制的行为　如果一人或一群人实际上是在按照国家的指示或在其指挥或控制下行事，其行为应视为国际法所指的一国的行为。

② 这一标准也被称为"有效控制"标准。Gustav F W Hamester GmbH&Co KG v. Republic of Ghana, ICSID Case No. ARB/07/24, Award of 18 June, 2010, para 179; Nicaragua v. United States of America, Merits, Judgment of June 27, 1986, ICJ Reports 1984, paras 113 and 115.

③ 《草案》第5条规定，行使政府权力要素的个人或实体的行为　虽非第4条所指的国家机关，但经该国法律授权行使政府权力要素的个人或实体，其行为依国际法应视为该国的行为，但以该个人或实体在特定情形下系以政府资格行事者为限。

④ Gustav F W Hamester GmbH&Co KG v. Republic of Ghana, ICSID Case No. ARB/07/24, Award of 18 June, 2010, para 197.

⑤ 黄世席："国际投资条约中投资的确定与东道国发展的考量"，载《现代法学》2014年第9期，第136—146页。

等方式投资，目的是为母国积累财富，因此很难满足萨利尼标准。① 此种观点在主权财富基金对外投资的最初阶段可能适用，但是近年来主权财富基金的投资策略已经发生转变。越来越多的主权财富基金投资到实业公司、基础设施建设中，这些部门都为东道国提供了就业机会，并改善了当地居民的生活质量。因此此类主权财富基金投资完全符合萨利尼标准的各项要求。

（二）ICSID 仲裁实践中对国家与国家之间投资争端的定性

ICSID 公约第 25 条将其管辖权限制为"缔约国"与"他国国民"的投资争端，这也意味着国家与国家、私人与私人之间的投资争端被排除在外。ICSID公约排除国家间投资争端的目的之一是追求投资争端的非政治化解决，这在公约的第 27 条禁止外交保护的规定中有很清楚的体现。② 如前文所述，主权财富基金一般由国家控制或管理，因此其行为往往有被视为国家行为之嫌，一旦主权财富基金投资争端被提交到 ICSID，就需要仲裁庭甄别其属于国家间投资争端还是国家与私人间的投资争端。关于主权财富基金的投资行为能否归属于其母国，上文已经论述了可采用习惯国际法的归属规则作为指导来确定主权行为的边界。习惯国际法归属规则的一个值得注意的方面是，在确定某一行为是否为主权行为时，不仅需要考虑这一行为的性质，也要考虑到这一行为的目的。国际法委员会对《国家对国际不法行为的责任条款草案》第 5 条的评注中也提到，在确定某一实体是否根据该条行使了政府权力时，"行为的目的特别重要"。③

而在仲裁实践中，由于主权财富基金投资争端的案例较少，目前在 ICSID登记的案件也尚未作出裁决，因此仲裁庭对主权财富基金投资行为的定性还犹未可知。但主权财富基金与国有企业都是由国家所有或控制的法人或其他机构，因此，仲裁庭对国有企业的相关裁定在一般情况下具有参考意义。在国有企业与东道国的投资争端中，东道国提出的管辖权异议通常为国有企业为一国的国家机构而非国民，因而不能根据 ICSID 公约提交仲裁。由于 ICSID 公约中并未

① Sornarajah, M, Sovereign wealth funds and the existing structure of the regulation of investments, Asian Journal of International Law, 2011, Vol. 1, pp. 267 – 288.

② 《ICSID 公约》第 27 条规定："缔约国对于其国民和另一缔约国根据本公约已同意交付或已交付仲裁的争端，不得给予外交保护或提出国际要求，除非该另一缔约国未能遵守和履行对此项争端所作出的裁决。"

③ Draft Articles on Responsibility of States for Internationally Wrongful Acts, with Commentaries, in Report of the International Law Commission on the Work of its Fifty-third Session, UN Doc A/56/10 (2001), http: //legal. un. org/docs/? path = .. /ilc/reports/2001/english/chp4. pdf&lang = EFSRAC, accessed 20 November 2018.

对"他国国民"作出具体规定，仲裁庭在仲裁实践中往往依据《国家对国际不法行为的责任条款草案》第 4 条、第 5 条及第 8 条的内容来填补 ICSID 公约文本中的空白。在 Gustav F W Hamester GmbH & Co KG v. Republic of Ghana 案中，仲裁庭根据《草案》总结了可将国有企业的行为归于国家的三种情况：一是国家机关的行为（包括行使政府职能的行为）；二是行使政府权力要素的个人或实体的行为；三是受到国家指挥或控制的行为。① 《草案》第 4 条将"国家机关"定义为"依该国国内法具有此种地位的任何人或实体，不论其行使立法、行政、司法或其他任何职能"。国有企业虽依据国内法设立，但国内法并未将该企业规定为国家机关，并且国有企业通常具有独立的法人地位，可以持有资产并开设账户。即使一些国有企业会根据政府指示行事，但如果此种指示只是"一般性质的指示"，而非"具体指示"，并且此类一般政策指示是"在征求董事会或管理部门的意见后"作出，也未与国有企业先前作出的合同承诺及义务相违背，那就不应将国有企业视为国家机关。②

　　《草案》第 5 条将"行使政府权力要素的个人或实体行为"归于国家，而一些拥有特定国家权力的国有企业的行为能否直接被视为国家行为，United Parcel Services of America Inc. v. Government of Canada 案及 Trendtex v. Central Bank of Nigeria 案给出了否定答案。两案仲裁庭都认为即使国有企业掌握了一定的政府权力（如制定规章或作为货币管理机构），但也应将行使政府权力的行为与纯粹的商业行为进行区分，前者属于国家行为，而后者不能归属于国家，③ 即具体行为的目的显得尤为重要。《草案》第 8 条规定可将国有企业行为归属于国家的情形是"受国家指挥或控制的行为"，White Industries Australia Limited v. Republic of India 案仲裁庭曾指出"国际公法下要确定一人或一群人的作为或不作为是否受到国家的'控制'或'指挥'，审查标准是极高的"。④ 国有企业虽然是国家设立的法人实体，在一定程度上受国家控制，但这并不是将国有企业的行为归于国家的充分依据。从国内法来看，其拥有独立的人格，除非国家行使《草案》第 5 条中的国家权力来指挥或控制国有企业，否则其在开展活动

---

① 　Gustav F W Hamester GmbH&Co KG v. Republic of Ghana, ICSID Case No. ARB/07/24, Award of 18 June, 2010, para 180.

② 　Gustav F W Hamester GmbH&Co KG v. Republic of Ghana, ICSID Case No. ARB/07/24, Award of 18 June, 2010, paras 182—187.

③ 　United Parcel Services of America Inc v. Government of Canada, Award on the merits, May 24, 2007, paras 63—78, Trendtex Trading Corporation v. Central Bank of Nigeria, January 13, 1977, ILR, Vol. 64, p. 122.

④ 　White Industries Australia Limited v. Republic of India, UNCITRAL, Award (30 November 2011) para 5. 1. 25.

时不应视为国家行为。Jan de Nul N. V. and Dredging International N. V. v. Arab Republic of Egypt 案仲裁庭也重申了国际法委员会总结的《草案》第 8 条的"有效控制"标准，要满足这一标准既要求国家对个人或实体实行一般控制，也要求国家对个人或实体具体行为的控制。① 虽然主权财富基金与国有企业存在一定的差异，但在主权财富基金的投资行为是否归属母国问题上，ICSID 关于国有企业的相关仲裁实践具有重要的借鉴价值，因为二者都与国家存在密切关系。从 ICSID 对国有企业及其投资行为的定性来看，要将其认定为"国家机关"或将其行为认定为"国家行为"的审查标准是相当复杂及苛刻的。在对主权财富基金及其行为进行认定时，也同样可适用上述审查标准，而不能仅根据受母国控制的因素就将主权财富基金或国有企业的行为归属于国家，应该通过对习惯国际法及 ICSID 公约的解释来给相关行为定性，从而确定争端产生于国家与国家之间还是国家与私人之间。

四、主权财富基金提起规制性征收之诉的可行性

假设主权财富基金可以作为双边投资条约下的投资者，但仍无法保证其能够依据投资条约就东道国采取的限制性措施引发的争端提交 ICSID 或其他机构仲裁从而取得赔偿，其中还涉及东道国采取的限制性措施是否属于双边投资条约的适用范围。对于这一问题，同样不可能得出统一答案，而是取决于东道国采取的限制性措施的性质以及双边投资条约的具体规定。以东道国涉及征收的规制性措施为例，主权财富基金若要获得赔偿必须满足两个条件：其一是东道国的限制性措施属于征收，二是东道国与主权财富基金母国之间的现有投资条约中对"征收"的界定足够广泛，进而包括东道国采取的限制性措施。②

东道国对主权财富基金采取的限制性措施可分为预防性措施与压制性措施两大类，前者旨在限制主权财富基金投资流入本国，后者旨在中和基金中的"主权"色彩。某些东道国通过国内法规定的限制性措施表面上适用于所有外国投资，但实质上是为主权财富基金投资量身定做，还包括其他专门适用于国家所有经济实体（包括主权财富基金、国有企业等）的措施，其目的都是对主权财富基金投资进行监管。目前被东道国普遍采用的限制性措施包括通过股份转让等方式暂停投资者持有股票的投票权、对投资者拟购买的股份配额设定上

---

① Jan de Nul NV and Dredging International NV v Egypt, ICSID No. ARB/04113, Award of 6 November 2008, para 173.

② 朱雅妮："国际投资损害赔偿标准与仲裁实践"，载《湖南师范大学社会科学学报》2017 年第 2 期，第 70—77 页。

限、强制披露投票记录或取消主权财富基金享有的免税额等。东道国采取的上述措施以及其他类似措施会导致主权财富基金对其投资目标公司管理、使用、控制权的有效丧失或股份价值的贬值，涉嫌对主权财富基金投资的间接征收。

鉴于不同双边投资条约中界定间接征收的范围有所不同，加之数量庞大无法逐一核查，因此基于目前使用最为广泛的间接征收标准审查东道国采取的限制性措施的性质更为合理。根据通行的间接征收标准，审查的重点应当包括以下方面：（1）东道国采取限制性措施的效果是否达到间接征收标准，例如造成投资者管理权、使用权、控制权的丧失，应得利益或预期利益的减损，或资产的重大贬值等；[1]（2）东道国采取限制性措施的目的，即是否具有正当的公共目的。[2] 东道国不论以政策制定者、实质上的"买方"还是不同种类财产权利之间的调节者的身份采取限制性措施，一旦被认定为间接征收，都应向投资者支付补偿，但补偿的金额取决于具体的双边投资条约中采纳的计算模型。在主要主权财富基金母国批准的双边投资条约中，对间接征收的规定趋势是朝着扩大其范围的方向发展的，但在具体条款的规定上表现出多样性的做法，其中一些不会在条约的用语中直接表明"征收"的范围，有的则是基于对间接征收概念的界定或通过承认等同于国有化或征收的措施等形式赋予间接征收更广泛的适用空间。[3] 即使根据双边投资条约，东道国采取的政策措施被仲裁庭认定为间接征收并给予赔偿，对于主权财富基金而言并非是最为满意的解决方案，因为其最终寻求的目标不是获得赔偿，而是可以自由投资的环境。

另外，东道国为了防止投资者动辄将其采取的限制性措施提起征收之诉，通过在双边投资条约加入一般例外条款，特别是与公共安全、公共利益相关的例外条款，开始得到推崇。一般例外条款的发展反映了东道国对公共政策权力空间的诉求，[4] 旨在将为公共目的而实施的规制措施排除在间接征收范围之外。国际仲裁实践中就一般例外条款的解释也未形成统一定论，仲裁庭也在维护投资者利益与公共利益之间摇摆，如在 Metalclad v. Mexico 案[5] 及 Methanex

---

[1]　张光："论东道国的环境措施与间接征收——基于若干国际投资仲裁案例的研究"，载《法学论坛》2016 年第 4 期，第 61—68 页。

[2]　梁咏："我国海外投资之间接征收风险及对策——基于'平安公司 富通集团案'的解读"，载《法商研究》2010 年第 1 期，第 12—19 页。

[3]　Agreement Between the Government of the United Arab Emirates and the Government of the United Kingdom of Great Britain and Northern Ireland for the Promotion and Protection of Investments, Art. 6 (1), http: //unctad. org/Sections/dite_tobedeleted/iia/docs/bits/UAE_UK. pdf, accessed 1 February 2019.

[4]　梁丹妮："国际投资协定一般例外条款研究——与 WTO 共同但有区别的司法经验"，载《法学评论》2014 年第 1 期，第 100—106 页。

[5]　Metalclad Corporation v. The United Mexican States, ICSID Case No. ARB (AF) /97/1.

Corp. v. United States of America 案①中，仲裁庭针对墨西哥与美国政府采取的为公共利益的政策措施给出了截然相反的裁决，Metalclad 案仲裁庭认为无须考量政府采取的政策措施的目的或动机，只要其措施的实质效果构成了间接征收就应当予以赔偿，而 Methanex 案中仲裁庭则认为应当为东道国政府预留政策空间，而政府为了公共利益实施的非歧视、符合正当程序并给予补偿的限制措施不构成征收，因此政府也无须就征收措施给予投资者赔偿。目前就一般例外条款还未出现国际投资条约重新谈判的潮流，主要主权财富基金母国也未将该条款视为对其投资的直接威胁，但并不代表这一条款不会在将来有新的发展，而这也取决于国际投资法框架下对投资者利益与东道国公共利益保护的兼顾和取舍。

第三节 解决主权财富基金投资争端的其他途径

投资者—东道国投资仲裁是在双边投资条约框架下解决争端，而在贸易领域以 WTO 多边协定为中心的多边贸易框架下也设立了专门的争端解决机制，主权财富基金与东道国的投资争端若能在该机制下解决，无疑为其投资权利提供更全面且有别于双边投资条约的保护。② 双边投资条约中虽然包含了缔约国的多项承诺，但绝大多数承诺旨在保护既定投资，只有少数国际投资条约中载有自由化承诺。而 WTO 协定（如 GATS）一直致力于成员方内投资环境的自由化与透明度，这也是其区别于国际投资条约的一个显著特点。目前 WTO 争端解决程序只能由成员方政府开启，企业或个人除了通过间接参与 WTO 争端解决程序外，还可通过"法庭之友"制度直接陈述自己的立场及观点。除此之外，主权财富基金还可选择替代性争端解决机制以及非裁判性解决方法。虽然通过 ICSID 外的其他国际仲裁机构仲裁或临时仲裁、东道国国内诉讼以及非裁判性解决方法都存在弊端，但对于争端解决有特殊要求的主权财富基金而言也可将上述方式作为备选。

一、利用 WTO 争端机制间接解决主权财富基金投资争端的设想

目前，对主权财富基金投资进行规制及保护的国际投资法处于碎片化状态。

---

① Methanex Corp. v. United States of America, Final Award, https：//www. italaw. com/sites/default/files/case-documents/ita0529. pdf, accessed 5 February 2019.

② Chaisse J, Assessing the relevance of multilateral trade law to sovereign investments： Sovereign Wealth Funds as "investors" under the general agreement on trade in services, International Review of Law, 2015, http：//dx. doi. org/10. 5339/irl. 2015. swf. 9, accessed 5 February 2019.

尽管联合国及 OECD 意识到国际投资快速增长期暴露出的管制问题并一直致力于推动缔结一部国际多边投资条约，但均以失败告终。因此，迄今仍未有一部专门性的国际投资多边条约，但基于贸易而签署的多边条约中却不同程度地包含涉及外国投资的规定。主权财富基金亦被视为在投资领域重振多边倡议的起点，虽然"投资"是 WTO 提出的四个"新加坡议题"之一，但由于各国利益存在较大分歧，因此"投资"问题从未从谈判桌上"起飞"，而与其他三个议题（竞争政策、政府采购透明度、贸易便利化）相比，也未出现具有共同利益及目标的成员方的努力成果。[①] 在多边贸易谈判回合中欲达成共同利益将耗费巨额的交易成本，因此在国际贸易领域的多边投资倡议一直未取得任何进展。WTO 体系中与外国投资相关的内容分布在 GATT、GATS、TRIMs 中，虽然现有 WTO 协定在投资的监管和保护中所起的作用非常有限，但至少可用于限制东道国违反相关协定的单方面行动，进而限制贸易保护主义倾向引发的报复性措施，防止投资者母国与东道国陷入贸易或投资战争。此外，WTO 争端解决机制在决策的明确性及一致性方面具有良好的记录，它为争端双方提供了制度化的磋商程序，并能够在必要时对争端作出裁决。[②]

在上述背景下，已经逐步发展成熟并受到国际广泛认可的 WTO 框架体系不失为一个好的选项来弥补对主权财富基金海外投资多边规制的缺失。以跨境服务投资领域为例，随着主权财富基金投资趋向多元化，GATS 协议所包含的服务行业及企业成为主权财富基金的投资重点。据花旗银行的一项统计数据显示，主权财富基金对于整个服务行业的投资比例占其整体交易值的 62%，其中金融行业占 46%，能源行业占 11%，IT 行业占 1%，电信行业占 2%，健康行业占 2%。近年来，主权财富基金的数量及资产储备都在不断壮大，可以预见的是其在服务领域的重要性也将日益凸显。但是，应当值得注意的是东道国的服务行业领域需要主权财富基金投资流入的同时，一旦这些投资流向东道国的敏感部门（如通信、能源、金融等）就必然引起东道国的警惕。东道国如何对主权财富基金在服务行业的投资进行监管以及母国如何对此类投资进行保护是亟须探讨和解决的问题。

GATS 所调整的国际服务贸易（以商业存在的方式）与国际投资存在密切联系；并且，通过 GATS 来规制主权财富基金在服务行业的外国投资也有其优势，目前已有绝大多数（占总数 95% 以上）的主权财富基金母国批准加入

---

① 张晓君、温融："多边贸易谈判新议题的产生背景、发展及其启示——以'新加坡议题'为例"，载《重庆师范大学学报（哲学社会科学版）》2005 年第 3 期，第 102—106 页。

② 齐飞："WTO 争端解决机构的造法"，载《中国社会科学》2012 年第 2 期，第 147—163 页。

WTO，剩下的有九个主权财富基金母国为 WTO 的观察员身份，[①] 另外四个既非 WTO 的成员方也非观察员身份。[②] 这一数据意味着 GATS 可以为占总数 95% 的主权财富基金提供统一的行动规则，尤其包括世界上最大的十个主权财富基金。现有的 WTO 框架协议中并未明确提出对主权财富基金的投资行为进行规制，但 WTO 的多边贸易规则（尤其是 GATS）对主权财富基金的投资行为有其适用空间。确定主权财富基金服务行业的投资与 GATS 的内在联系，进而明确其在 GATS 框架下的实体及程序权利，包括享有 WTO 基本原则项下的权利及寻求 WTO 争端解决的权利，都将对主权财富基金在服务领域的投资产生重要影响。

（一）GATS 中与投资有关的成员方义务

GATS 规制的四种国际服务贸易形式中与投资具有密切关系的是"商业存在"模式，如果主权财富基金通过商业存在的方式进行跨境投资，则可适用 GATS 的规定。商业存在的概念是指服务提供者为了提供服务而在另一国建立或拥有商业设施的情形。服务本身是由作为另一 WTO 成员方的服务提供商（如主权财富基金）在一成员的领土内设立的一个商业或专业机构，如附属公司、分公司或代表办事处来提供的。[③] 通过涵盖"商业存在"的服务贸易条款，GATS 实际上是一项旨在向外国投资者提供开放市场的协议，并能适用于多个服务部门：教育、银行、保险、电信等。因此，在服务投资层面，GATS 具有成为促进主权财富基金全球服务投资的关键国际协定的潜力。

GATS 提供的普遍的投资待遇为最惠国待遇，市场准入及国民待遇则按照成员方提交的承诺表中所列部门给予，此种规则安排在一定程度上限制了 WTO 成员方领土内投资自由化的发展程度。与其他三种国际服务贸易方式（跨境交付、境外消费、自然人流动）相比，与投资相关的"商业存在"贸易方式更易受市场准入及国民待遇的直接影响，成员方可通过设置准入门槛（如限制许可证的发放）等措施对外国投资的流入进行限制，或通过限制有资格设立子公司的外国投资者的数量等方式减损投资者享有的国民待遇。[④] GATS 框架下成员方可通过正面清单将开放的具体服务部门及服务供应模式进行列举，以此给成员

[①] 作为 WTO 观察员的主权财富基金母国包括：哈萨克斯坦、阿尔及利亚、利比亚、伊朗、阿塞拜疆、赤道几内亚，其中哈萨克斯坦拥有三个主权财富基金。

[②] 东帝汶石油基金的母国东帝汶、巴勒斯坦投资基金的母国巴勒斯坦、收益平衡储备基金的母国基里巴斯、土库曼斯坦稳定基金的母国土库曼斯坦都既非 WTO 成员方也非观察员身份。

[③] Lipson D J, GATS and Trade in Health Insurance Services: Background Note for WHO Commission on Macroeconomics and Health, Commission on Macroeconomics & Health Who, 2001.

[④] Sornarajah, Muthucumaraswamy, The international law on foreign investment, Cambridge University Press, 2017, pp. 642 – 644.

方最大限度的选择性自由，包括对服务贸易领域的外国投资者的挑选。GATS
成员方对市场准入和国民待遇的承诺都通过"正面清单"作出，而最惠国待遇
承诺则通过"负面清单"作出，①"负面清单"允许成员方就某些措施作出保
留，待条件满足时则将保留措施从清单中移除，同时在适用保留的服务部门开
放最惠国待遇。被列入"正面清单"或"负面清单"的措施或服务部门，只要
达到 GATS 规定及成员方承诺的开放条件，就应当实行自由化。与 GATS 相比，
国际投资条约中也包含了缔约方的多项承诺，但绝大多数承诺旨在保护既定投
资，国际投资条约中载有的自由化承诺被认为是对国家主权的限制。②

　　除了成员方在正面、负面清单中作出的承诺外，GATS 中还包括一些对投
资环境具有直接影响的一般性义务，包括成员方设置的国内监管、承认、垄断
及排他服务提供者、商业惯例等规则必须遵守的纪律等。国内监管主要通过设
立提供服务所必须的条件或程序，如授权程序、资格要求、技术标准和许可证
等，可能阻碍服务贸易的自由化，进而影响服务投资的运作。成员方的承认规
则通常要求服务提供者在专业服务领域达到其授权、许可、认证的标准或要求
获得特殊的教育或经验，若这些承认规则不合理地构成外国服务提供者准入市
场竞争的壁垒也将影响服务投资。GATS 中对垄断及排他服务提供者的规定是
确保在成员方领土内的任何服务的垄断供应商不以不符最惠国待遇原则的方式
行事，从而为外国投资者提供公平的竞争环境。关于商业惯例方面的规定，
GATS 呼吁各成员取消可能通过限制服务供应商达到限制竞争效果的商业惯例。
GATS 一直致力于提升成员方内投资环境的自由化与透明度，这也是其区别于
国际投资条约的一个显著特点，国际投资条约只有在保证自身规定透明的前提
下才能促进透明度，但其不具备要求东道国国内法透明的功能，GATS 则要求
各成员方应及时公布所有凡与服务贸易有关或影响服务贸易运作的普遍适用措
施，③ 若公布不可行，则应当采取其他可获知的方式。

　　GATS 中规定的一般义务排除某一成员在特定服务部门及次级部门作出的
具体承诺，这些一般义务也可视为对服务部门的跨境投资提供的基本保护和监
管，其中最重要的一般义务为 GATS 第 2 条规定的最惠国待遇原则。WTO 协定

---

① 吴成贤："GATS 对承诺方式的选择及其分析——兼谈对服务贸易自由化的影响"，载《国际
经贸探索》2001 年第 4 期，第 14—18 页。

② 李小霞："双边投资条约的发展新趋势及中国对策探析"，载《经济问题》2010 年第 3 期，
第 53—56 页。刘笋："投资自由化规则在晚近投资条约中的反映及其地位评析"，载《华东政法学院
学报》2002 年第 1 期，第 41—46 页。

③ Bhuiyan S, National law in WTO law: effectiveness and good governance in the world trading system,
Cambridge University Press, 2007, pp. 68 – 75.

中的最惠国待遇要求成员方必须立即和无条件地给予其他成员方的不应低于它们给予任何成员方的类似服务或服务提供者的待遇，但 GATS 中的最惠国待遇作出了特殊修改，第 2 条中同时也允许成员方维持与最惠国待遇原则不符的措施，"只要该措施已列入第 2 条豁免附件并符合该附件的条件"，① 因此，成员方在加入 GATS 时可在附件中申请最惠国待遇豁免，但原则上此种豁免不得超过十年，并应逐步取消不符措施。

外国服务及服务提供者的市场准入也是 GATS 中的重要内容，与货物贸易的准入不同的是，服务贸易的准入并非通过边境措施，而是通过逐步给予国内外服务提供者平等的竞争机会来实现的，因此实现服务贸易准入的手段主要为国民待遇义务及其附带的条件，这也充分体现了 GATS 的渐进式的、个体自由化的纪律模式。GATS 在第 16 条中列举了成员方不得在境内维持或采取的措施，包括数量、总金额、服务总量、配额、雇用自然人总数、法律资格、外国资本及股权等限制，但在具体承诺表中已明确规定的除外。虽然成员方应当在其作出准入承诺的服务部门给予国民待遇，但在 GATS 下成员方也可以通过具体承诺控制和确定国民待遇义务的程度及自由化，在成员方未作出承诺的服务部门，除了承担一般义务外，成员方无须实行自由化。

国民待遇与最惠国待遇原则共同构成了作为世界贸易体系支柱的非歧视待遇基本原则，国民待遇原则禁止对其他成员方进口的产品（商品及服务）给予区别于国内生产的产品（商品及服务）的差别待遇。国民待遇原则是 WTO 体系的基石之一，适用于整个 WTO 体系。GATS 第 17 条中也载有服务贸易国民待遇原则，该原则也是 GATS 的基石，但其机制和功能与《关贸总协定》中的国民待遇原则有所不同。与货物贸易采取的关税保护措施相比，服务贸易是通过承诺准予或拒绝给予外国同类服务国民待遇或其他条件来实施的。显然，若国民待遇成为一项一般待遇将等同于在所有服务部门实现完全自由的市场准入，而 GATS 成员方的法律却不可能给予外国服务广泛的准入待遇，因此只能在渐进及逐步自由化的进程中实现国民待遇。GATS 采取的方式是"正面清单"法，要求成员方仅对列入承诺时间表的服务及服务提供者给予国民待遇。如果成员方在某一服务部门或次级部门作出具体承诺，则应给予其他成员方服务及服务提供者不低于给予本国类似服务及服务提供者的待遇。

透明度原则也是 WTO 构建的多边贸易体系的核心之一，② GATS 为了消除

---

① GATS, Article Ⅱ: 2.

② 詹晓宁、葛顺奇："最大化扩大透明度范围——WTO '多边投资框架' 中的透明度规则"，载《国际贸易》2003 年第 8 期，第 45—47 页。

成员方出于保护主义的国内法规及政策等制造的服务贸易壁垒，在第 3 条及第 6 条中分别规定了透明度要求及独立司法审查机制，鉴于成员方法律对服务贸易市场准入的干预，第 6 条中载有若干与成员方"国内监管"相关的程序性及实体性规范，是 GATS 对成员方国内监管提出的约束性纪律要求，[①] 并能对服务投资的保护及竞争环境产生实质影响。GATS 第 6 条的目的在于避免成员方的国内监管措施对服务贸易所造成的武断管制，属于成员方的一般义务和纪律，当国内监管措施对外国服务或服务提供者造成歧视或对服务贸易造成不必要的限制时，该监管措施可视为对 GATS 第 6 条的违反。另外，成员方存在的违反第 6 条的监管措施是不允许列入承诺表的。截至目前，已有成员方对其他成员方就该项一般义务和纪律的违反提起争端解决，并首次导致了对 GATS 基本结构及一般义务的适用及解释，对未来与 GATS 有关的投资争端的解决也将产生启发与影响。[②]

"美国博彩案"曾因其是第一个以服务贸易争端为核心的案件而被称为 GATS 第一案，[③] 在该案中安提瓜认为美国法[④]违反了 GATS 第 6 条的要求，因为美国法不是以第 6 条第 1 款中"合理、客观和公正的方式予以实施的"。[⑤] 该案的专家组针对安提瓜的指控，指出"安提瓜没有提供表面证据，用以证明美国的监管措施与 GATS 第 6 条第 1 款及第 3 款不一致"，[⑥] 而在上诉机构报告中甚至未就第 6 条的适用问题进行分析。虽然 GATS 根据 GATT 制定的一般法律原则与纪律是开放并供判例法进行解释适用的，但 WTO 争端解决机构在"美国博彩案"中对成员方采取的监管措施构成违反 GATS 第 6 条的标准并未进行解释，也为后续就该条义务的违反提起的争端（包括服务贸易投资争端）解决增加了不确定性，但也未根本否定依据 GATS 第 6 条提起争端解决的可能性。

---

①　石静霞、胡荣国："试从 GATS 第 6 条与第 16 条的关系角度评'美国博彩案'"，载《法学》2005 年第 8 期，第 99—106 页。

②　Terry L S, But What Will the WTO Disciplines Apply To-Distinguishing among Market Access, National Treatment and Article Ⅵ: 4 Measures When Applying the GATS to Legal Services, Journal of the Professional Lawyer, 2003, Vol. 83.

③　韩龙："GATS 第一案——'美国赌博案'评析"，载《甘肃政法学院学报》2005 年第 4 期，第 96—102 页。

④　本案中受指控的美国法包括有线通信法、旅游法、禁止非法博彩经营法等与有关网络博彩服务的联邦法和一些州法律，安提瓜认为这些美国法对网络博彩服务的跨境提供进行了不适当地限制，违反了美国在 GATS 下应当承担的义务。

⑤　Report of the Appellate Body. United States-Measures Affecting the Cross-Border Supply of Gambling and Betting Services, WT/DS285/AB/R, 7 April 2005.

⑥　Report of the Panel. United States-Measures Affecting the Cross-Border Supply of Gambling and Betting Services, WT/DS285/AB/R, 10 Nov. 2004.

GATS 第 6 条第 1 款中的"合理、客观、公正"标准与 GATT 第 20 条中确定的禁止滥用政府权力的规定是相一致的，但就满足该标准的具体要求未进行解释，因此在就成员方采取的具体监管措施是否合理进行判定时，可参考 WTO 体系的其他规定进行，如成员就服务贸易申请的处理时限及采取的与技术标准有关的监管措施等可根据《贸易技术壁垒协议》《实施卫生与植物卫生措施协议》以及《进口许可程序协议》等制定的标准加以解释。此外，在对 GATS 第 6 条进行解释时还应考虑包括必要性、目标与措施之间合理关系在内的比例原则的适用。

（二）主权财富基金利用 WTO 争端解决机制的可行性

原则上，私营部门以及非政府组织（包括主权财富基金）在 WTO 及其工作会议中没有直接发言权，但二者在 WTO 负责协调的贸易问题以及与贸易相关的其他问题上已经成为不可忽视的重要角色，并在很大程度上代表了一般公众对 WTO 的意见及看法。他们可以通过利用各种渠道对 WTO 的组织议程产生影响，以便为其关注的事项进行游说。私人公司以及国内非政府组织通常与国家政府保持密切联系，在必要时刻可寻求国家作为代表维护自身利益。跨国非政府组织（如世界自然基金会、绿色和平组织）还通过跨国渠道与 WTO 及其各委员会进行密切沟通，并试图直接公开地影响 WTO 的工作。主权财富基金作为国家所有的投资工具，其利益的得失更是得到国家政府的关切，在必要时也可利用母国在 WTO 的成员方身份解决投资争端。

WTO 争端解决机制被设计为政府之间的争端解决途径，因此只能由成员方发起。WTO 争端解决机制脱胎于 1947 年《关税与贸易总协定》中就缔约方之间争端解决的核心规则，后经乌拉圭回合多边贸易谈判，形成了 WTO 争端解决机制的基本法律文件《关于争端解决与程序的谅解》（DSU），DSU 吸纳了 GATT 争端解决机制中被证明为行之有效的制度，同时也对其进行了革新，现行的 WTO 争端解决机制中包括磋商、专家组、上诉、执行、报复和仲裁等基本程序，并可适用于乌拉圭回合达成的各项协议。专家组和上诉程序是保密的，只有当事各方的代表（包括指定的律师）才能到庭。当事方以外的其他成员可以作为第三方参与，但根据 DSU 第 10 条，第三方必须对该事项有"实质利益"，并有义务将其利益通知争端解决机构。[①] 第三方在 WTO 争端解决机制中享有广泛的参与权，从磋商、专家组、上诉到最终的执行和仲裁阶段都可根据

---

① Chaisse J, Matsushita M, Maintaining the WTO's Supremacy in the International Trade Order: A Proposal to Refine and Revise the Role of the Trade Policy Review Mechanism, Journal of International Economic Law, 2013, Vol. 16, pp. 9 – 36.

DSU 行使相应的权利。但 WTO 争端解决机制中的第三方制度仍存在局限性，第三方的主体只能是成员方，非成员方、国际组织、企业和个人都不能作为第三方参与争端解决，但受成员方监管措施影响的企业或个人可通过向所在成员方施加影响或压力等方式间接维护自身利益。因此，从 DSU 规定的争端解决程序来看，企业或个人无论是以申诉方还是第三方身份参与争端都不具有主体资格，但可通过其他途径实现间接参与。目前，已有 WTO 成员方针对上述情形制定了正式的国内法律和地区内法规，如我国的《对外贸易壁垒调查规则》、美国的 301 条款及欧盟的《贸易壁垒条例》都有类似规定，[①] 受损企业或个人可依据本国相应法律，先行调查、收集他国违反 WTO 规则的证据，然后向本国主管部门提出申诉，待本国政府通过审核并决定立案后，则可由该国政府开启 WTO 争端解决程序。

企业或个人除了通过间接参与 WTO 争端解决程序外，还可通过"法庭之友"制度直接陈述自己的立场及观点。"法庭之友"制度自多哈发展回合开始后为 WTO 争端解决机制所承认和接受，[②] 根据 DSU 第 13 条第 1 款的规定，在专家组程序中，"每一专家组有权向其认为适当的任何个人或机构寻求信息和技术建议"，但未经信息提供方授权，专家组不得对所提供的机密信息进行披露。在专家组裁定案件的实践中，"法庭之友"制度也得到了发展，以"欧共体石棉案"为例，本案中由非政府组织及学术团体组成的"法庭之友"分别向专家组递交了 5 份"法庭之友"陈述，最终其中两份陈述被纳入欧盟官方材料，而在上诉程序中，上诉机构在接受"法庭之友"的陈述后，还颁布了《补充程序规则》，该规则要求当事方以外的自然人和法人在向上诉机构提交申请书并获得批准之后方可向上诉机构递交陈述。本案也确立了"法庭之友"陈述不再依附于当事方上诉材料，而是可独立提交的先例。[③]

非国家成员方被排除在 WTO 争端解决程序之外是一项无法逾越的原则，因此个人或企业的利益在此机制下往往是非正式的，但他们的确是违反 WTO 义务的成员方监管措施的直接受害者。个人或企业无法启动正式的争端解决程

---

① 我国《对外贸易壁垒调查规则》第 5 条规定，国内企业、国内产业、或者代表国内企业、国内产业的自然人或其他组织可以向商务部提出贸易壁垒调查申请。美国《1988 年综合贸易与竞争法》第 1302 节 a 款规定，任何利害关系人都可向贸易代表提出申请。欧盟《贸易壁垒条例》第 3 条第 1 款、第 4 条第 1 款规定，代表共同体产业的任何自然人、法人或不具有法律人格的协会及代表一家或一家以上共同体企业的任何共同体企业，或不论是否具有法律人格的协会可以提出申请调查。

② 杜玉琼："论 WTO 争端解决机制的透明度——以'法庭之友'制度为视角"，载《社会科学研究》2013 年第 2 期，第 71—76 页。

③ European Commnuities-Measures Affecting Asbestos and Asbestos—Containing Products，DS/135.

序,在专家组及上诉机构面前自然是无法享有有力的话语权,是否为维护本国的私人行为者利益而开启 WTO 争端解决程序只能由政府自行决定。① 政府在国内决定是否启动 WTO 争端解决的程序在某些国家已经形成一整套申请机制,这一机制实质上反映了国家在一般国际公法下对本国个人和团体施加的典型外交保护。② 上文提到的我国的《对外贸易壁垒调查规则》、美国的 "301 条款" 及欧盟的《贸易壁垒条例》便是这一机制的雏形并在不断发展成熟,美国的 301 条款及欧盟的《贸易壁垒条例》都为私营实体提供了程序性权利,以便其将他国违反国际贸易法的指控提请相关政府部门注意。欧盟机制的正式审查程序需要私营实体提供充分的违反 WTO 规定的表面证据后才能开启,该机制在其存在的最初并未受到经常援引,欧盟的私营实体更倾向于利用非正式渠道提请本国政府注意他国不公平的贸易做法。③ 我国的《对外贸易壁垒调查规则》倾向于采用美国的审查方式,即通过该规则授权国内企业直接向政府请愿,对外国贸易壁垒展开调查。自 2005 年以来,我国也开始接受欧洲的多方协调制度,通过汇集商务部、地方政府及相关行业协会的信息及资源,帮助受影响的私营企业消除外贸壁垒。④

主权财富基金母国中已有建立私营实体提请本国政府启动 WTO 争端解决程序的机制,基金可以利用这一机制向政府反映他国不合理的监管措施,而母国也可通过该机制下的审查程序决定是否支持主权财富基金的主张。实际上,即使主权财富基金母国一级没有类似我国、欧盟或美国那样的正式申请机制,母国也会因主权财富基金投资所代表的公共利益而听取其意见及注意外国市场中可能出现的贸易壁垒。主权财富基金是由政府所有及控制的投资工具,不具备将他国监管措施提交 WTO 争端解决机制的主体资格,但政府作为所有者对其经营及决策发挥影响是必不可少的,⑤ 因此当主权财富基金在贸易投资领域

---

① Petersmann E U, Petersmann E, The dispute settlement system of the World Trade Organization and the evolution of the GATT dispute settlement system since 1948, Common Market Law Review, 1994, Vol. 31, pp. 1157 – 1244.

② Cameron J, Gray K R, Principles of International Law in The WTO Dispute Settlement Body, International & Comparative Law Quarterly, 2008, Vol. 50, pp. 248 – 298.

③ McNelis N, Bronckers M, Fact and Law in Pleadings before the WTO Appellate Body, International Trade Law & Regulation, 2000, p. 118.

④ Gao H S, Public-Private Partnership: The Chinese Dilemma, Journal of World Trade, 2014, Vol. 48, pp. 983 – 1005.

⑤ Chaisse J, The Regulation of Sovereign Wealth Funds in the European Union: Can the Supranational Level Limit the Rise of National Protectionism?, Sovereign Investment. Concerns and Policy Reactions, *Oxford*, 2012, p. 462.

遇到壁垒时，向母国政府传达所遇贸易壁垒的细节将更为便捷，而一旦主权财富基金的投资利益受到外国监管措施的负面影响，说服母国将案件提交 WTO 也有更大胜算。另外，WTO 争端解决机制中的"法庭之友"制度为企业和个人参与争端解决提供了途径，主权财富基金在母国提交争端后也可利用这一制度向 WTO 争端解决机构陈述自己的意见，以求在争端解决中为己方赢得更有利的处境。

　　WTO 体系中的多项协定都有与投资相关的内容，上述论述主要以 GATS 为切入点，通过"商业存在"的方式建立起服务贸易与投资之间的联系，这也为主权财富基金服务投资保留了适用 GATS 的空间。若主权财富基金投资到 WTO 的成员方，东道国对其采取的有关服务贸易的监管措施应当符合 GATS 下成员方的义务。GATS 下的最惠国待遇、国民待遇及市场准入义务是能够对主权财富基金产生重要影响的成员方义务，但后两项并非成员方的一般义务，需要与成员方的具体承诺相结合才能加以确定，因此主权财富基金在不同的 WTO 成员方的服务投资能够享有的自由化程度也是有差别的。若成员方的服务贸易自由化程度非常高，则代表投资者可投资的服务部门及投资权利越广泛，但私人投资者享有的上述待遇可能无法自动适用于主权财富基金，因为 GATS 第 14 条规定了"安全例外"条款，即使是成员方承诺准入的部门也可以"基本安全利益"为由拒绝主权财富基金的投资。[①] GATS 第 14 条第 1 款（b）项中规定的"本协定不得解释为阻止任何成员为保护其基本安全利益而有必要采取的行动……"很有可能被成员方作为采取监管措施的依据。即使成员方向 WTO 作出的具体承诺中保证向他国服务及服务提供者提供充分的市场准入，但该承诺仍受第 14 条之约束，即基于国家基本安全的理由，成员方可偏离已作出的承诺而采取补救措施。若主权财富基金认为成员方采取的监管措施超出了维护"基本安全利益"的必要性，可以请求母国就监管措施与 GATS 具体规定及成员方作出的具体承诺不符提出申诉，并要求专家组（或）上诉机构就 GATS 第 14 条第 1 款（b）项的内容及适用情况进行解释。

　　WTO 已将与贸易有关的投资问题纳入其规制范畴，由 WTO 框架下的多边协议产生的投资争议都可适用 WTO 争端解决机制来解决，但由于该机制本身具有的司法性质[②]及对申诉主体的限制，导致在 WTO 以往的争端解决实践中很

---

　　① 李小霞："WTO 根本安全例外条款的理论与实践"，载《湖南社会科学》2010 年第 5 期，第 97—99 页。

　　② 刘笋："浅析 WTO 争端解决机的司法性质及其对国际投资争议解决法的影响"，载《广西师范大学学报（哲学社会科学版）》2002 年第 1 期，第 69—74 页。

难看到投资争端。而在国际投资法框架下，双边投资条约允许投资者直接对东道国提起投资仲裁，即投资者—国家仲裁，此种仲裁模式允许投资者以独立身份就违反双边投资条约的东道国的投资立法或投资政策提起仲裁，因此近年来投资者—国家仲裁机制吸引了大量的投资争端。与之相反的是，WTO 争端解决机制仅限于国家之间的贸易争端，即使 WTO 法律规则体系中包含了直接或间接规定投资纪律的规则，也无法为投资者提供直接有效的保护。① 此外，WTO 的司法政策也存在局限，WTO 体制下的救济仅限于纠正非法行为，② 但是否就非法行为造成的损失进行赔偿则需要取得被申诉方的同意。因此，如果母国同意代表主权财富基金就他国违反 WTO 协定的行为进行申诉，WTO 所能提供的法律救济只能建议该成员方取消不符措施，若成员方未履行取消不符措施的义务，母国可申请临时性救济措施，包括谈判达成赔偿协议或中止减让或其他义务。

WTO 争端解决机制对主权财富基金投资争端的解决适用空间是有限的，但也为此类争端的解决提供了突破传统途径的机遇。与 WTO 争端解决机制相比，投资者—国家仲裁机制更受投资者青睐，但却不具备 WTO 机制的独有优势。WTO 的司法性质是由其条文及组织健全性、运行有效及时性、上诉程序的权威性决定的，③ 而投资者—国家仲裁机制则缺乏严格的上诉程序，并且在组织保障及执行上一直饱受质疑。而在母国意欲直接参与投资争端解决的场合，投资者—国家仲裁机制也是无法满足的。另外，WTO 的多边框架正是国际投资法所缺少的，而且 WTO 经过多年经营正在逐步实现开放和自由化，WTO 争端解决机制也在趋向提供稳定、透明、中立的争端解决环境，因此通过健全的多边规则及完备的程序法来解决主权财富基金投资争端对于基金及其母国来说更具吸引力，也为其提供了除东道国当地救济以外的司法解决方法。主权财富基金在服务贸易领域投资的增长，必然将引起 WTO 成员方在促进服务贸易领域进一步自由化过程中更多的注意，反之，主权财富基金母国也应当在 WTO 谈判的背景下，为不断增长的主权财富基金投资项目争取更有利的条件。

二、其他争端解决机制的适用

(一) 临时仲裁作为备选途径

ICSID 仲裁及其《附加便利规则》的适用已经成为最为常见的国际投资争

---

① Wagner M, Regulatory Space in International Trade Law and International Investment Law, University of Pennsylvania Journal of International Law, 2014, Vol. 36.

② 温树英："WTO 法律救济的现状与改革"，载《法学评论》2008 年第 6 期，第 70—76 页。

③ 刘笋："浅析 WTO 争端解决机的司法性质及其对国际投资争议解决法的影响"，载《广西师范大学学报（哲学社会科学版）》2002 年第 1 期，第 69—74 页。

端解决机制，但相当一部分双边投资条约中还允许投资者与东道国选择替代性争端解决机制。[①] 可供选择的替代性争端解决方式包括国际商会国际仲裁院（ICC 仲裁院）、斯德哥尔摩商会仲裁院（SCC 仲裁院）或根据《联合国国际贸易法委员会仲裁规则》（UNCITRAL 仲裁规则）进行的临时仲裁。ICC 仲裁院的仲裁工作由秘书处协助，仲裁案件的范围不限于投资争端，并且仅需 3000 美元的登记费用，与 ICSID 仲裁的需要缴纳并且不予退还的 25000 美元的申请费用相比更为低廉。此外，根据 1958 年的《联合国承认及执行外国仲裁裁决公约》（《纽约公约》），ICC 仲裁院作出的仲裁裁决可强制执行。但 ICC 仲裁院作出的裁决更易受到根据《纽约公约》规定的"拒绝承认和强制执行的情形"而提出的异议，相反，ICSID 的裁决则被等同于"法院的最终判决"，从而不受上述例外情形的约束。[②] 除了投资者—国家投资争议外，ICC 仲裁院还为投资争议双方都非国家的索赔提供了进行国际仲裁的平台，这也填补了 ICSID 管辖范围的空白，但也影响了 ICC 仲裁院在处理投资者—国家争端方面的案件受理数量及仲裁经验。SCC 仲裁院的仲裁工作也由秘书处协助，仲裁裁决也可根据《纽约公约》强制执行。SCC 仲裁院适用的仲裁规则最重要的特征为其灵活性，具体表现为当事人可自行选择仲裁适用的语言、当事人也可就仲裁规则进行选择、仲裁庭也时常准备接受争议双方提交的材料等。[③] SCC 仲裁院的注册费标准为 1500 欧元一件，与 ICSID 的申请费用相比更为低廉。虽然 SCC 仲裁院可受理任何国家当事人所提交的投资争议，但从 SCC 仲裁院的仲裁实践看，因违反双边投资条约而引发的投资仲裁案件数量极为有限。依据 UNCITRAL 仲裁规则发起的临时仲裁也具有很强的灵活性、保密性，并尊重当事人的自主性，但由于仲裁程序可变通，造成其仲裁结果与机构仲裁相比具有较低的可预见性。另外，各国对临时仲裁结果的承认与执行做法不一，导致仲裁裁决很容易在执行阶段遭到拒绝。

　　ICSID 提供的机构仲裁及其他仲裁庭的临时仲裁都可以作为主权财富基金投资争端解决的备选途径，但 ICSID 仍然是国际投资仲裁中最受欢迎并且最具经验的争端解决平台，这得益于其庞大的成员基础、具有经验及知识的专家仲裁员以及终局性的仲裁裁决。当然，其他机构仲裁及临时仲裁也具备 ICSID 仲

---

① Vandevelde K J, Dolzer R, Stevens M, Bilateral Investment Treaties, International Law Update, 1993, Vol. 90, p. 545.

② 肖芳："国际投资仲裁裁决在中国的承认与执行"，载《法学家》2011 年第 6 期，第 94—107 页。

③ Shaughnessy P, Pre-arbitral urgent relief: the new SCC emergency arbitrator rules, Journal of International Arbitration, 2010, Vol. 27, pp. 337–360.

裁不具有的优势，因此当主权财富基金在投资争端解决中具有的特殊需求与上述国际仲裁的备选途径的优势相契合时，则更能发挥出特定国际仲裁方式的效用及价值。

（二）非裁判性投资争端解决机制

除了利用仲裁或诉讼方式解决投资争端外，还可通过投资政策避免及化解主权财富基金与东道国的投资争端。OECD 每年都会汇集大约 50 个国家政府举办一次投资自由会议，并在会议上就投资政策进行讨论。[①] 主权财富基金母国可以通过寻求影响 OECD 或类似经济组织关于多边投资规则的制定以及投资政策的讨论等活动，而不是过度依赖对双边投资条约的谈判，以保护主权财富基金在东道国不受歧视性待遇，从而减少投资争端的产生。另一种理想的方式是通过 OECD 的努力建立一个新的国际机构来专门审理与主权财富基金有关的争端。然而，目前还没有对此种须精心设计及多方参与的解决方案的需求和必要，迄今主权财富基金向 ICSID 或其他国际仲裁机构提起的仲裁都寥寥无几。

主权财富基金还可利用的非裁判性投资争端解决方式为 WTO 设立的贸易政策审查机制，并以此对抗成员方采取的贸易监管措施。与适用于主权财富基金的软法规则（如圣地亚哥原则）相比，WTO 体系中的贸易规则原则上都是通过成员方谈判达成的具有约束力和可执行的规定。在规则的执行方面，国际软法未通过具有约束力的架构设置来促进规则的进一步遵守，而 WTO 体系则设立了贸易政策审查机制（Trade Policy Review Mechanism，TPRM）来审查和评估成员方的贸易政策是否公开透明，并符合 WTO 规范，以此确保 WTO 多边贸易规则得到更好的遵守。[②] TPRM 要求各成员方定期轮流进行贸易政策和做法的审查，并编写两份报告：一份由接受审查的成员方提交；另一份由 WTO 秘书处根据有关信息或有关成员的报告起草的一份新报告进行提交。所有报告在会议上由成员进行集中讨论后都将立即公布并可网上查阅，而有关审查的所有文件最后将被提交给部长会议。虽然 TPRM 的审查不是适用 WTO 争端解决机制的基础，也并不因此要求成员作出新的政策上的承诺，但 TPRM 的经验值得主权财富基金借鉴。[③] 目前仿照 WTO 的贸易政策审查机构设立用于审查东道国限制性

---

① OECD, Freedom of Investment at the OECD, http：//www. oecd. org/daf/inv/investment-policy/ foi. htm, accessed 5 August 2018.

② Laird S, Valdés R, The trade policy review mechanism, in The Oxford Handbook on The World Trade Organization, Oxford University Press, 2012, pp. 463 – 484.

③ TPRM 的性质是提高透明度的机制还是促进 WTO 规则实施的机制是经常被讨论的话题，但无论其性质为何，设立该机制都起到了预防贸易争端的效能。参见吴建功："TPRM 关于争端预防的制度安排及其机理"，载《法学杂志》2011 年第 6 期，第 67—70 页。

措施的机构设想还不现实，但 TPRM 的审查运行程序可以为相关组织所借鉴，如以主权财富基金论坛为实验场地，将成员方对主权财富基金采取的准入前后的限制性措施进行报告并讨论评估，评估结果将不具有约束力，但可为因上述措施引发的投资仲裁提供参考依据。

（三）主权财富基金投资争端解决的国内诉讼途径

在主权财富基金海外投资过程中如果存在违反东道国国内法的行为，通过国内讼诉也可为投资争提供解决办法。以美国为例，涉及主权财富基金的国内诉讼可分为两类：强制诉讼与私人民事诉讼。强制诉讼是美国监管当局为执行联邦或州的证券法而采取的行动；民事诉讼则是由私人在美国法院提起的普通诉讼。这两类诉讼虽然不属于国际范畴，但却可能关乎对主权财富基金在全球范围内投资所造成影响的预期。从 2011 年 1 月开始，美国的金融机构开始接受美国证券交易监督委员会（SEC）的询问，以调查这些机构是否在与外国主权财富基金的交易中存在违反《反海外腐败法》的行为。美国的《反海外腐败法》禁止主权财富基金向与其有关联的政府官员进行利益输送，以影响对主权财富基金作出的投资政策。[1] 如果 SEC 或司法部决定对主权财富基金违反《反海外腐败法》的行为采取行动，鉴于在美国法院提起的诉讼可能带来更有利于美方的积极结果，其很有可能通过国内法途径解决。除此之外，提起诉讼的美国政府部门对通过国际司法机构解释国内法持谨慎态度，因此更趋向依赖国内诉讼程序解决此类争端。SEC 还可能选择更为经济的方式，即在根本不提供解决争端机会的情况下直接进行处罚，从而最有效率地阻止主权财富基金的不法行为。[2] 如果主权财富基金对东道国政府部门的处罚存在异议，也可通过国内法进行救济。

在通过国内法解决主权财富基金投资争端时，东道国法院通常会将主权财富基金与私人投资者等同对待，但与国际仲裁相比，适用国内法的过程将具有浓厚的政治色彩。外国投资者，尤其是类似主权财富基金的带有主权色彩的投资者，在许多情况下，对投资地当地法院解决其与东道国之间投资争端的公正性是没有信心的。[3] 国际仲裁允许当事方挑选一组专家或具有解决复杂投资争

---

① 童德华、贺晓红："美国《反海外腐败法》执法对中国治理海外商业贿赂的借鉴"，载《学习与实践》2014 年第 4 期，第 84—91 页。

② 刘岳川、胡伟："中国企业面临的海外反腐败执法风险及其应对——以美国《反海外腐败法》为例"，载《探索与争鸣》2017 年第 8 期，第 85—91 页。

③ Dodge W S, Investor-state dispute settlement between developed countries: reflections on the Australia-United States Free Trade Agreement, Vanderbilt Journal of Transnational Law, 2006, Vol. 39, pp. 5 – 36.

端所需技术背景的仲裁小组成员，而东道国当地救济则是在国内程序法下随机挑选法官或陪审团。当地救济与国际仲裁相比，还存在执行障碍的劣势。债务国法院可以拒绝执行有利于外国人的判决，或者因立法、不利先例或其他情形而拒绝当地执行。在国内法院判决不能强制执行的情况下，可能构成拒绝司法或满足双边投资条约中"用尽当地救济"的要求。因此，在多数情形下，国内诉讼最终将转回国际仲裁。

东道国救济与国际投资仲裁相比缺乏专业性及经验，其中立性也常常遭到投资者的质疑，但对于主权财富基金投资争端的解决，东道国救济也有其特殊的优势。首先，在国内诉讼中，争端双方更容易因财富效应而达成和解，虽然和解通常代表主权财富基金对东道国的妥协，但对于那些想继续在东道国进行投资的主权财富基金而言，通过经济利益的让渡而避免与东道国政府的正面冲突更符合其长远投资的需求。其次，通过东道国国内救济无法绕开主权财富基金投资争端所涉及的主权问题，而主权问题极容易使东道国将基金的投资动机与政治挂钩，这也是主权财富基金极力避免的，但在特定情形下也可从中受益。以美国为例，美国的《外国主权豁免法》可以视为主权财富基金对抗国内诉讼的工具。根据《外国主权豁免法》的规定，外国政府所有的实体免受在美国法院遭到起诉。因此，作为外国政府所有的主权财富基金在美国不受起诉，但此种豁免必须与例外情形不符，否则基金仍受国内法管辖。[①]《外国主权豁免法》中的例外情形包括商业活动例外，即原告的索赔是基于在美国进行的商业活动，或在美国进行的与其他地点的商业活动有关的行为，或在他国进行的但对美国产生直接影响的商业活动的情形下，外国政府也不能获得管辖豁免。[②] 因此，根据《外国主权豁免法》的例外规定，主权财富基金寻求管辖豁免的可能性被大大降低，但还可在执行阶段寻求豁免。《外国主权豁免法》规定，美国法院只能就用于美国的商业活动的主权财产执行判决，因此如果主权财富基金能够证明其财产并非用于商业活动，则可获得执行豁免。[③]

主权财富基金可寻求多种途径解决投资争端，但争端解决的关键还在于双边投资条约提供的投资者—东道国争端解决机制。作为保护外国投资者及确保投资者获得非歧视待遇的主要手段，双边投资条约构成了主权财富基金投资争

---

① Weidemaier W M C, Gulati M, Market Practice and the Evolution of Foreign Sovereign Immunity, Law & Social Inquiry, 2018, Vol. 43, pp. 496 – 526.

② Slawotsky J, Sovereign wealth funds and jurisdiction under the FSIA, U. Pa. J. Bus. L., 2008, Vol. 11, p. 967.

③ Weidemaier W M C, Gulati M, Market Practice and the Evolution of Foreign Sovereign Immunity, Law & Social Inquiry, 2018, Vol. 43, pp. 496 – 526.

端解决的实质性基础。而 ICSID 作为最受欢迎的国际投资争端解决机构，凭借其具有约束力的裁决及裁判案例的影响力，也将成为主权财富基金投资争端解决的理想平台。但迄今为止双边投资条约保护的投资者是否包括主权财富基金，以及 ICSID 对主权财富基金投资争端的管辖权都不够明朗，需要 ICSID 就相关案例进行裁决之后才能予以确定。为了确保主权财富基金投资争端得到妥善合理的解决，除了传统双边投资条约中的投资仲裁途径外，还可选择替代性争端解决机制以及非裁判性解决方法。虽然通过 ICSID 外的其他国际仲裁机构仲裁或临时仲裁、东道国国内诉讼以及非裁判性解决方法都存在弊端，但对于争端解决有特殊要求的主权财富基金而言也可将上述方式作为备选。

第五章　中国主权财富基金进行海外投资时应注意的问题

第一节　中国主权财富基金发展现状

以中投公司为代表的中国主权财富基金经过十多年的发展已然成为国际投资领域的有力参与者，综观我国主权财富基金对外投资成绩单，投资收益显示总体向好趋势，投资政策更加稳健，投资组合也更加趋向多元。在对主权财富基金对外投资前景保持乐观的同时，我们也应当注意到当今国际经贸环境愈加复杂，中国主权财富基金的突出表现已引发他国的关切，对我国主权财富基金可能暗含政治意图的担忧促使他国采取一系列具有针对性的投资审查措施，对我国主权财富基金投资待遇水平产生了直接影响。我国主权财富基金在抓住机遇的同时，也应积极探索应对路径，为自己争取更为自由的投资环境。

一、中国主权财富基金的法律性质及对外投资概况

目前，我国政府唯一承认的管理主权财富基金的公司为中投公司，该公司是由国务院批准设立的国有独资公司，下设三个子公司，包括中投国际、中投海外、中央汇金。中投公司在 2018 年 7 月发布《2017 年年度报告》，这是中投公司自成立以来发布的第十份年度报告，这份报告被视为我国主权财富基金十年成绩单。根据该份报告中披露的数据，截至 2017 年年底，中投公司境外投资累计年化净收益率为 5.94%，资产总额达到 9000 多亿美元，与初始投入的 2000 多亿美元资本金相比，资产总额增长两倍有余。[①]

中投公司在 2012 年发布的《中投文化共识》中明确了其设立的使命在于"致力于实现国家外汇资金多元化投资，在可接受风险范围内实现股东权益最

---

① 中国投资有限责任公司："2017 年年度报告"，2018 年 7 月，http：//www.china-inv.cn/wps/wcm/connect/2ead2bc5 - 4e25 - 4a1f-bcca - 3cee617f68a7/% E4% B8% AD% E6% 8A% 95% E5% 85% AC% E5% 8F% B82017% E5% B9% B4% E5% B9% B4% E5% BA% A6% E6% 8A% A5% E5% 91% 8A. pdf? MOD = AJPERES&CACHEID = 2ead2bc5 - 4e25 - 4a1f-bcca - 3cee617f68a7，最后访问日期：2018 年 12 月 5 日。

大化，以服务于国家经济发展和深化金融体制改革的需要"。① 中投公司的境外投资和管理业务主要由中投国际和中投海外两个子公司承担，中央汇金主要对境内国有重点金融企业进行股权投资。中投公司海外投资活动的发展大致经历了三个阶段：第一阶段是成立初期，这一时期中投公司将投资重点放在金融机构上；第二阶段是为应对全球金融危机而处于的相对投资不活跃时期；第三阶段是从 2009 年开始的重新启动投资时期，这一阶段的投资显著转向对能源、资源、基础设施项目的投资。目前中投公司在全球范围内投资的资产类别包括公开市场股票（即对上市公司的股权投资）、固定收益（包括国债、公司债等各种债券产品）、另类资产②和现金产品③，上述资产类别在中投公司境外投资组合中所占比例分别为 43.6%、15.9%、39.3% 和 1.2%。④

中投公司为应对各国货币政策日趋收紧趋势，资产收益恐面临较大挑战的威胁，提出了优化投资结构与聚集发展合力的新布局。同时，为了落实"创新对外投资方式"的十九大精神，中投公司在对外投资领域将进行下列调整：一是适当并稳步增加对非公共市场另类投资的比重，打造具有中投特色的中投模式，在未来十年内将另类资产投资比重在原有基础上再扩大 10 个到 15 个百分点，力争到 2022 年年底使另类资产和直接投资业务占境外投资组合比重的 50% 左右；二是加大自营特别是直接投资的力度，既节省管理费用又可提供项目增值服务，打造"中国视角"投资，深入挖掘与我国市场需求相契合的境外直投项目，同时利用境内巨大的市场提高境外投资的价值及投资收益；三是积极进行投资创新，包括推进优化和新设双边基金，搭建平台型基金；四是构建多维度跨境投资生态网络，利用已建立的跨境投资"朋友圈"加强境外投资与

---

①　中国投资有限责任公司："中投文化共识"，2012 年 7 月，http：//www. china-inv. cn/china_inv/About_CIC/Corporate_Culture. shtml，最后访问日期：2018 年 12 月 5 日。

②　中投公司投资的另类资产包括对冲基金、泛行业直接投资、多资产、泛行业私募股权、私募信用、资源、大宗商品、房地产以及基础设施等。

③　中投公司投资的现金产品包括现金、隔夜存款以及短久期美国国债等。

④　这一数据为截至 2017 年 12 月 31 日的统计结果，参见中国投资有限责任公司："2017 年年度报告"，2018 年 7 月，http：//www. china-inv. cn/wps/wcm/connect/2ead2bc5－4e25－4a1f-bcca－3cee617f68a7/% E4% B8% AD% E6% 8A% 95% E5% 85% AC% E5% 8F% B82017% E5% B9% B4% E5% B9% B4% E5% BA% A6% E6% 8A% A5% E5% 91% 8A. pdf？ MOD ＝ AJPERES&CACHEID ＝ 2ead2bc5－4e25－4a1f-bcca－3cee617f68a7，最后访问日期：2018 年 12 月 5 日。

国内企业对接合作，在吸引外资、理性投资的基础上发挥桥梁纽带作用。^① 在"创新对外投资方式"实践方面，2017 年 11 月中投公司与美国高盛集团达成战略合作共识，共同成立中美制造业合作基金，承诺目标投资额为 50 亿美元，用于投资美国制造业、工业、消费、医疗等行业。^② 这不仅代表了美国向中国发出接受中国主权财富基金投资的信号，也是中投公司开展双边基金投资模式取得的阶段性成果。中投公司已与日本五家重要金融机构签署了设立中日产业合作基金的合作备忘录，^③ 还透露正在与意大利国家存款贷款公司筹备设立中意产业合作基金。^④ 双边基金已成为中投公司创新对外投资的主要实验场，基金双方可通过共同出资、利益捆绑、共同管理的模式，实现经贸领域的深度合作，最终达到互利共赢的目的。

自 2013 年中国提出了"一带一路"倡议，这一倡议不仅使中国的对外开放进入一个新时期，也同时催生了新的投资需求，一方面是基础设施的互联互通；另一方面是产业合作领域。"一带一路"为中投公司提供了对外投资的新平台、新机遇，也将其对外投资业务的发展推向新阶段。中投公司在成立初期主要将资金用于投资发达国家金融行业，近年来对投资策略进行了转变，不仅致力于优化海外投资决策体系，还将海外投资业务板块与"一带一路"建设对接，由中投公司联合多家国内企业投资完成的"欧洲大型物流设施资产组合项目"即是服务"一带一路"建设的重要举措，也是目前中投公司单笔资产规模最大的直接投资项目。^⑤ 中投公司在全球范围内开展境外投资，投资组合涉及的行业除了金融投资外，还涉及基础设施、能源以及农业的直接投资和基金投

---

① 中国投资有限责任公司："2017 年年度报告"，2018 年 7 月，http：//www. china-inv. cn/wps/wcm/connect/2ead2bc5 – 4e25 – 4a1f-bcca – 3cee617f68a7/% E4% B8% AD% E6% 8A% 95% E5% 85% AC% E5% 8F% B82017% E5% B9% B4% E5% B9% B4% E5% BA% A6% E6% 8A% A5% E5% 91% 8A. pdf? MOD = AJPERES&CACHEID = 2ead2bc5 – 4e25 – 4a1f-bcca – 3cee617f68a7，最后访问日期：2018 年 12 月 5 日。

② 中国投资有限责任公司："中投公司与高盛集团联合举办中美产业合作峰会"，2018 年 4 月 19 日，http：//www. china-inv. cn/china_inv/Media/2018 – 10/1001493. shtml，最后访问日期 2018 年 12 月 1 日。

③ 中国投资有限责任公司："中投公司与五家日本金融机构联合成立中日产业合作基金"，2018 年 10 月 26 日，http：//www. china-inv. cn/china_inv/Media/2018 – 10/1001493. shtml，最后访问日期 2018 年 12 月 1 日。

④ 21 世纪经济报道："中投计划成立中意产业合作基金 已与意方达成共识"，2018 年 11 月 6 日，http：//field. 10jqka. com. cn/20181106/c607984279. shtml，最后访问日期 2018 年 12 月 25 日。

⑤ 欧洲大型物流设施资产组合项目简称 Logicor 项目，该项目的投资组合覆盖了波兰、捷克、斯洛伐克、匈牙利、罗马尼亚及俄罗斯等"一带一路"的多个沿线国家，对于促进上述国家与地区的物流网络建设升级和区域发展都将起到推动作用。

资。在进行多元化海外投资以实现股东利益最大化目标的过程中，中投公司也在坚持做负责任的投资者，在进行海外投资时"坚持最严格的道德标准，并遵守东道国的法律和法规，尊重当地社情民意"。①

二、中国主权财富基金在"一带一路"倡议下的新起点

2013 年，习近平同志提出"一带一路"的倡议，为中国主权财富基金"走出去"提供了新舞台、新机遇。在倡议提出时，中国的外汇储备已经接近 4 万亿美元，创下了政府持有外汇储备的世界纪录。② 考虑到中国官方外汇储备的巨大规模，中国政府可以放心地资助全球发展项目。为了支持"一带一路"沿线国家的互联互通，中国政府倡导筹建了丝路基金、亚洲基础设施投资银行、金砖国家开发银行和上合组织开发银行四大"资金池"，其中前三个"资金池"启动资金到位，已开始正式运营，上合组织开发银行也正在进一步筹备的过程当中。中投公司和国家外汇管理局③以及其旗下的投资平台和金融机构响应"一带一路"倡议，为"资金池"提供了大量资金支持④以及金融中介工具和金融管理支持，将中国的外汇储备投入"一带一路"建设当中，并协助监督资金的使用。以丝路基金为例，其股东包括中国外汇管理局、中投公司、中国进出口银行、国家开发银行等。⑤

"一带一路"发展项目的大部分资金直接或间接来源于中投公司和国家外汇管理局，以及与上述机构具有股权投资关系的国有重要金融企业，⑥ 其中包

① 中国投资有限责任公司："2017 年年度报告"，2018 年 7 月，http://www.china-inv.cn/wps/wcm/connect/2ead2bc5 - 4e25 - 4a1f-bcca - 3cee617f68a7/% E4% B8% AD% E6% 8A% 95% E5% 85% AC% E5% 8F% B82017% E5% B9% B4% E5% B9% B4% E5% BA% A6% E6% 8A% A5% E5% 91% 8A. pdf? MOD = AJPERES&CACHEID = 2ead2bc5 - 4e25 - 4a1f-bcca - 3cee617f68a7，最后访问日期：2018 年 12 月 5 日。

② 中国人民银行："2013 年黄金和外汇储备报表"，http://www.pbc.gov.cn/diaochatongjisi/116219/116319/116351/116453/index.html，最后访问日期：2018 年 1 月 15 日。

③ 中国国家外汇管理局下设多家独资子公司，包括华新公司、华安公司、华欧公司、华美公司等四家投资公司，其中华安公司是外界最为熟知的。

④ 中国一带一路网："丝路基金"，https://www.yidaiyilu.gov.cn/zchj/rcjd/959.htm，最后访问日期：2018 年 1 月 15 日。

⑤ 丝路基金官网："公司概况"，http://www.silkroadfund.com.cn/cnweb/19854/19858/index.html，最后访问日期：2019 年 1 月 17 日。

⑥ Thomas S, Chen J, The Role of China's Sovereign Wealth Funds in President Xi Jinping's Ambitious Belt and Road Initiative. In: Zhang W., Alon I., Lattemann C. (eds) China's Belt and Road Initiative, Palgrave Studies of Internationalization in Emerging Markets, Palgrave Macmillan, Cham, 2018, pp. 289 - 303.

括中投公司下设子公司中央汇金控股的国有四大银行——中国工商银行、中国建设银行、中国银行以及中国农业银行，① 还包括中国最大的两家政策性银行——国家开发银行和中国进出口银行，在 2015 年之前，中央汇金持有国开行48% 的股份，后逐渐减持股份至 35% 左右，成为第二大股东，梧桐树投资平台有限公司②和全国社会保障基金理事会分别为第三、第四大股东。③ 中国进出口银行也未能成为"一带一路"中与中投公司或外管局等中国主权财富基金完全"隔离"的投资者，其控股股东为外管局子公司——梧桐树投资平台有限公司。由此可见，中国主权财富基金及其控股的其他金融机构为"一带一路"项目建设提供了重要的资金支持，这得益于中国在积累外汇储备方面取得的成功。只有外汇储备充足，我国的主权财富基金才能将部分外汇储备直接投资于发展项目或通过持股的金融机构为项目发放贷款。除了提供资金支持外，中投公司在人事、经营及投资目标等方面也进行了调整，为"一带一路"新项目保驾护航。④ 中国主权财富基金通过参与"一带一路"建设也受益良多：在项目投资、经营中能够培训出一支精通"一带一路"沿线发展状况的中国国际投资专家团队；增强协助制订和实施以中国为主导的全球经济发展计划的能力。

参考近期中国面临的金融和贸易挑战，中投公司和国家外汇管理局及其参股的国有商业、政策性银行还能否继续为"一带一路"项目和开发基金提供资金成为值得探讨的问题。外界分析人士认为，尽管中国从上到下给予了"一带一路"政治和外交上的支持，但自 2014 年来中投公司和外汇管理局遭遇的一系列挑战会影响其继续提供财政支持和金融安全保障，主要原因在于：其一，中国依然庞大的外汇储备水平正在下降，从 2014 年的约 4 万亿美元降至 2018 年的 3 万亿美元左右，⑤ 这是自 2001 年以来的首次重大下调；其二，穆迪投资者

---

① 参见中央汇金投资有限责任公司官网"控参股机构"，http：//www. huijin-inv. cn/huijin-inv/Investments/Banking. shtml，最后访问日期：2019 年 1 月 17 日。

② 梧桐树投资平台有限公司与华安公司类似，都是中国外汇管理局全额出资的子公司，主要经营范围为境内外项目、股权、债权等投资与资产管理。

③ 参见国家开发银行官网"关于开行"，http：//www. cdb. com. cn/gykh/khjj/，最后访问日期：2019 年 1 月 18 日。

④ 中投公司总经理屠光绍在出席第 12 届亚洲金融论坛时表示，中投在"一带一路"的推进过程中，一定要找到适合自己的投资目标及投资方式，发现机遇进行投资，并指出基础设施建设项目与中投的投资定位契合，中投将与当地机构或国内产业投资者共同参与"一带一路"投资。参见中投公司官网："屠光绍总经理出席第 12 届亚洲金融论坛"，http：//www. china-inv. cn/china_inv/Media/2019 –01/1001564. shtml，最后访问日期：2019 年 1 月 17 日。

⑤ 中国人民银行："货币储备资产"，http：//www. pbc. gov. cn/diaochatongjisi/resource/cms/2019/01/20190107155900669664. htm，最后访问日期：2019 年 1 月 15 日。

服务公司以及其他主要评级机构在 2017 年下调了中国主权信用评级，这是自 1988 年来的第二次降级；[①] 其三，美国权威智库"新美国安全研究中心"（CNAS）在发布的报告中指出，一些接受"一带一路"项目贷款和投资的国家可能没有足够的利润来偿还贷款或奖励投资者，存在出现严重债务危机的风险。[②]

外界对"一带一路"建设及中国稳定的资金支持存在担忧是可理解的，尤其是在有着多民族多文化、政治和金融环境不稳定的发展中或贫穷国家投资时，会存在更多的投资风险。但从上述中国主权财富基金对重要金融机构掌控情况以及中投公司和国家外汇管理局对"一带一路"资金池的财务安全监督，我们可以相信现有的投资风险不会影响和限制中国对"一带一路"项目的持续投资。中国国务院国有资产委员会在回应美国智库研究提出"一带一路"投资亏损问题时，强调"一带一路"项目是依据长期发展规划指南进行的，每个项目的实施都要经过一系列的分析调查程序，对于项目的风险评估都是由企业与第三方或国际权威机构共同参与，政府机构也会加强督导和追责。[③]

"一带一路"的共建在未来将面临更多挑战，同时也将对中国和沿线受援国家产生互惠互利的效果。"一带一路"建设项目能够吸收国内过剩的制造产能，用于"一带一路"和"海上丝绸之路"的基础设施建设，也可以促进更多贫困国家的经济发展，增强中国的"软实力"及助力构建"人类命运共同体"。中国主权财富基金也将依托资金、平台、网络及海外投资经验优势在"一带一路"的建设中继续发挥纽带与支持作用，积极探索投资合作的新模式，如跨境投资生态圈双边基金、合作峰会等，[④] 在抓住战略机遇的同时为"一带一路"建设作出贡献。

三、中国主权财富基金面临的他国投资关切

中国主权财富基金在外资领域影响力的日益突出引发了来自各方的关注，主要表现为国内对其投资效益以及他国对其影响力的关注。在国内，主权财富

---

① 苏民："中国主权信用评级被低估了吗？：基于面板线性与有序概率回归方法"，载《世界经济研究》2017 年第 11 期，第 123—136、139 页。

② Kliman D, Grace A, Power Play Addressing China's Belt and Road Strategy, Center for a New American Security, September 20, 2018, https://www.cnas.org/publications/reports/power-play, accessed 15 February 2019.

③ 中国网："'一带一路'投资在东南亚五成以上亏损？国资委回应"，http://finance. ifeng.com/a/20170508/15360726_0.shtml，最后访问日期：2019 年 1 月 17 日。

④ 中国投资有限责任公司："中投论坛 2018——国际产业合作及双向投资 CEO 峰会"，http:// www.china-inv.cn/china_inv/Media/2018 – 11/1001499.shtml，最后访问日期：2018 年 12 月 19 日。

基金引发的担忧往往集中在其作为国家资源的保管及经营人能否使公共财富保值、增值。若主权财富基金投资管理不善或存在违规投资行为，将对本国公民的经济和金融利益产生不利影响。[①] 这一关切对于我国主权财富基金而言尤为重要，因为我国主权财富基金的资金来源往往由财政资源而非自然资源销售提供。我国审计署 2014 年发布的对中投公司的审计结果披露，中投公司在境外投资领域存在管理不规范的行为，包括未及时委派项目管理人员或委派人员不尽职以及投资后管理不到位等问题，在审计的自 2008—2013 年中投公司进行的境外投资项目中有 6 个损失项目、4 个浮亏项目以及 2 个存在损失风险项目。[②] 中投境外投资失利项目中最引人注目的是对黑石集团、摩根士丹利等金融机构的投资，此外中投公司高管还曾确认曾向因日本地震和核电事故而亏损巨大的东京电力投资。[③] 我国主权财富基金的资产具有公共性质，一旦投资项目出现亏损将造成国家公共财富的流失，因此我国主权财富基金对外投资项目的安全性及盈利情况一直是政府及民众关注的焦点。

投资接受国对主权财富基金的担忧主要源于投资目标及策略的不透明性，毕竟我国主权财富基金的投资规模已经达到足以影响接受国的经济安全及金融稳定的程度。在主权财富基金对外国公司进行股权投资时，投资接受国的担忧更为明显。若投资暗含了母国的政治目标，如为了获得资源、技术或利用目标公司在当地的影响力，都将对投资接受国的国家安全和经济安全造成威胁。主权财富基金还可能被母国政府利用，帮助母国的"冠军企业"在外国市场取得控制地位，从而为母国积累财富。[④]

主权财富基金的投资目标根据各自的设定通常由战略性和高度政治化到纯粹的金融性过渡，这一理论可称为投资目标的二元论，大多数主权财富基金都被认为除了获得超额的财务回报外，其投资决策还取决于更大的政治影响力或设立国的战略利益，只有极少数被认为是为了纯粹的经济利益而投资。对主权财富基金投资动机的解释还有一种三元论理论，这一理论认为主权财富基金的

---

① Truman E M, Sovereign Wealth Funds: Is Asia Different?, Peterson Institute for International Economics Working Paper No. 11 - 1, Available at SSRN: https://ssrn.com/abstract = 1898787, accessed 5 January 2019.

② 中华人民共和国审计署："2014 年第 5 号公告：中国投资有限责任公司 2012 年度资产负债损益审计结果"，http://xinxi.audit.gov.cn: 8888/gdnps/content.jsp? id = 46188，最后访问日期：2019 年 1 月 5 日。

③ 凤凰网："中投高管确认投资东京电力，投资额远小于之前报道"，2011 年 3 月 23 日，http://news.ifeng.com/c/7fZTsOWjl5d，最后访问日期：2018 年 4 月 25 日。

④ Aizenman J, Glick R, Sovereign wealth funds: Stylized facts about their determinants and governance, International Finance, 2009, Vol. 12, pp. 351 - 386.

投资行为是三种动机的混合，各种动机又由于基金个体差异性而表现出不同的混合比例。动机一为主权财富基金可以充当母国的外交政策工具；动机二为主权财富基金是"国有企业的蜕变"，与其他国有或国家控制的实体一起被作为国家能像私人实体一样行事的工具；动机三为主权财富基金被用于提供各种类型的"国内补偿"，例如，将投资收益用于填补宏观经济缺口或救助陷入困境的国内机构等。① 但值得一提的是，学术界对主权财富基金投资策略及目标的解释并未达成明确的共识。

中国主权财富基金在"走出去"的过程中一直受到东道国对其投资目标及投资策略的质疑，甚至一度被其他国家及学者视为中国"走向全球的战略新工具"② 以及维护本国经济利益及国家安全的政治手段。相较于一般的私人投资者，外国政府担忧来自中国主权财富基金的投资可能对本国的利益造成潜在伤害。我们可以将东道国对中国主权财富基金投资的关切总结为五个方面：一是主权财富基金投资管理不善，将对东道国的经济造成不利影响；二是怀疑我国通过主权财富基金追求政治和经济目标；三是主权财富基金引发的金融保护主义加剧；四是与主权财富基金活动相关的金融动荡发生的潜在可能性；五是投资引发的我国与东道国之间的利益冲突。针对上述五个方面的关切，第二和第五是影响我国主权财富基金对外投资待遇的关键，也是我国主权财富基金在进行海外投资时经常遭到东道国的警惕或者投资审查的根源。以中国主权财富基金在欧洲能源市场的投资为例，有国外学者就猜测中国主权财富基金可能通过在能源公司董事会中安插代表从而获取敏感信息，再将这些信息转移给位于中国的竞争对手。此外，还有国外学者认为，通过主权财富基金投资，中国政府可以控制东道国的能源公司或关键基础设施，增强中国在欧洲国家中的政治影响力，使这些国家更易在中国政治压力下作出经济让步。③

现阶段我国主权财富基金进行海外投资的模式主要是通过购买目标公司的少数股权获取长期利润，大多数情况下并不参与目标公司的经营管理，即以被动投资者的身份换取东道国及目标公司信任。但事实证明，即使我国主权财富基金作出相关让步承诺，仍有可能遭到来自东道国对投资动机及行为的怀疑。例如，2008 年，中国建设银行与工商银行意图在美国设立分行，由于股东中有

---

① Shemirani M, Sovereign wealth funds and international political economy, Routledge, 2016, pp. 2 - 5.

② Kamiński T, Sovereign Wealth Fund investments in Europe as an instrument of Chinese energy policy, Energy Policy, 2017, Vol. 101, pp. 733 - 739.

③ Kamiński T, Sovereign Wealth Fund investments in Europe as an instrument of Chinese energy policy, Energy Policy, 2017, Vol. 101, pp. 733 - 739.

中央汇金（中投公司的子公司），美联储担心其中掺杂政治影响，而一度对该项投资进行阻挠。① 中投公司曾在 2010 年收购了美国爱依斯电力公司约 15% 的股份，成为爱依斯第一大股东，并任命曾在政府任述职的人员担任爱依斯的董事。② 外界对于主权财富基金任命曾有在政府任职的人员参与公司管理，会联想到其背后是否隐藏有政治动机，即使这种怀疑并未真实存在。

为了消除投资接受国对我国主权财富基金的担忧并避免可能引发的国外投资保护主义威胁，我国亟须明确主权财富基金身份定位，首先，需要明确我国主权财富基金并非我国政府进行经济治国的工具，并用于在政治上取得战略回报，而是与其他私人投资者一样，在投资时仅以取得商业回报为最高目标；其次，在参与目标公司的经营过程中，采取有效措施以保证投资收益的同时打消东道国对敏感信息窃取或国家经济安全的担忧。我国主权财富基金在抓住机遇的同时更应该深入研究可能遇到的风险，找准自己的角色定位并向其他先进的主权财富基金看齐，努力打造良好并负责任的投资者形象。我国政府也应在多种场合发出"中国声音"，为维护我国投资者的合法权益采取积极行动，推动建设公开、公平和非歧视性的国际投资环境。

第二节　国际投资法框架下中国主权财富基金的角色定位

主权财富基金自身带有的"公共"和"主权"色彩往往会使其遭遇与一般私人投资者相区别的投资待遇，尤其是当其投资被认为暗含母国的政治意图时，将会面临更为严格的审查或者直接为投资接受国所拒绝。但从主权财富基金自身角度而言，它们更希望投资接受国将自己视为私人投资者，并享有与私人投资者同等的投资待遇。③ 正是由于投资接受国与主权财富基金之间存在的身份认定偏差，导致主权财富基金在国际投资领域的监管保护以及投资争端解决等问题都处于不明朗状态。因此，我国主权财富基金有必要找准自己的角色定位，以期在对外投资时获得应有的投资待遇。

---

① 经济观察报，工商银行、建设银行：美联储放行在美设分行，http://finance.sina.com.cn/j/20080623/13045012387.shtml，最后访问日期：2018 年 2 月 3 日。

② Thomas S, Chen J, China's Sovereign Wealth Funds: origins, development, and future roles, Journal of Contemporary China, 2011, Vol. 70, pp. 467–478.

③ 胡晓红、张建军、李煜：《主权财富基金双边规制研究》，北京大学出版社 2017 年版，第 223—224 页。

一、公共与私人之间的投资者身份对抗

经济全球化的推进削弱了国家经济政策在境内外的调控效果，国家边界也变得日益模糊，资本在国家间流动的障碍逐渐减少。国家和企业纷纷转战利用市场作为创收及管理市场利益相关者的工具，尤其是全球市场的大型国家参与者更是将对市场有组织的干预作为重要的管理手段，这种干预有的表现为促进金融稳定的宏观经济管理，有的则表现为市场上的长周期行为。[1]但当一国政府在私人市场上采取有组织或有针对性的干预行为时，特别是干预的范围扩展到本国领土范围外的投资领域，就将产生涉及他国监管等多方面的复杂问题。

主权财富基金即是政府间接参与私人市场的手段之一。[2]由于主权投资者的经济利益和政治利益之间的界限不甚明晰，且这种不明晰的界限从国内领域跨越到国际领域，作为国际投资领域重要参与者的主权财富基金引发的问题就变得更加尖锐起来。主权财富基金的母国及东道国都在寻求建立私人投资监管机制来管理此类投资工具，目的是为主权财富基金全球投资活动波及的利益攸关方制订最佳行动方案，防止可能破坏经济全球化的单边保护国家立法的产生，同时避免援引国际正式立法的困难，但首先遇到的难点在于将主权财富基金作为公共还是私人投资者进行监管。

主权财富基金公共或私人投资者身份认定的讨论一直在持续，其中包括两种最纯粹简单的结论，一种结论是认为主权财富基金是"公共投资工具"，通过投资进入私人市场，并在市场中充当政府管理企业的工具，也是政府对市场进行更有力干预的表现。国家除了通过主权财富基金实现政治目的外，还期望达到协调经济政策的效果；另一种结论是主权财富基金为"私人主权实体"，从事私人活动，追求公共福利，与拥有和资助并最终为其服务的国家机器是相脱节的。

对主权财富基金纯粹"公共"或"私人"投资者身份的认定都无法与其本质和行为表征的特点完全吻合。主权财富基金作为新一代国有商业的一部分，所有国通过它将不同的经济、政治和公共利益交织联系在一起。因此，从公—私分化的角度来看，主权财富基金是公有主体，但作为私营市场参与者在私营

---

[1]　Al-Hassan A, Papaioannou M M G, Skancke M, et al, Sovereign Wealth Funds: Aspects of Governance Structures and Investment Management, IMF Working Papers 13/231, International Monetary Fund, 2013.

[2]　周晓虹："关于主权财富基金治理的三重追问"，载《当代法学》2012 年第 6 期，第 127—135 页。

公司保留的领域从事活动，主权财富基金既是公共基金，也是私人基金，它们的投资决策可能单独受政治或市场的影响，也可能两者兼而有之。

二、法律治理结构对中国主权财富基金身份认定的影响

主权财富基金需要"私人投资者"的身份认同，如此才能在投资接受国享有与私人投资者相同的待遇。但投资接受国出于对其投资安全性的担忧几乎不可能将其视为纯粹的"私人投资者"，这就形成了两方不可调和的身份认定矛盾。尤其是我国的主权财富基金在早期披露信息较少，更为其披上神秘面纱，在对外投资中也多次遭遇他国的安全审查。① 因此，我们需要在探讨影响主权财富基金身份认定要素的基础之上，找出自身存在的不足，以求在今后的对外投资中获得公平合理的待遇。

法律结构、治理和监管是影响主权财富基金身份认定的主要尺度，也是外界评估基金经营、运作及自我要求的核心标准。下文主要以中投公司为例，分析我国主权财富基金在此三方面的实践。

（一）法律结构

关于法律结构，如果主权财富基金不是一个单独的法律实体，就很难标榜其独立性。主权财富基金的独立法人资格是由私法（如民法的一般规定）或公法（如部分减损一般规则的特别法）赋予，并对主权财富基金的独立性产生不同影响。通常，依据的法律越普适，则越可能被认定为独立于国家的实体，当然也存在例外。② 我国的中投公司是依据《中华人民共和国公司法》设立的独立法人，是独立于我国政府的法人实体。

（二）治理

在治理方面，若主权财富基金为非独立法人实体，其理事机构很可能由政府官员组成，并由政府将基金的管理责任下放给中央银行或法定管理机构以寻求业务经营的独立性。主权财富基金治理的探讨价值体现为可用以评估其独立于母国政府的实际程度。事实上，所有主权财富基金都设有董事会，只是一部分完全由政府控制，另一部分则由政府官员和行业专家共同参与，少数完全独立于政府。

有关主权财富基金治理的第一套规则来源于 OECD 文件，其中的《国有企

---

① 周晓虹："是否存在一个公平的竞技场？"，载《当代法学》2011 年第 6 期，第 118—126 页。

② 挪威主权财富基金属于典型的例外，虽然其不具有法律人格，但其行为被认为符合最佳做法，并为其他主权财富基金提供了多方面的行为基准。

业公司治理准则》可适用于主权财富基金。根据该准则，外国投资不受歧视的原则、透明度义务（对所采取的任何限制措施）以及逐步单方面放松管制的承诺可被适用于 OECD 成员方。① 此外，还可适用的规则为 OECD 投资委员会在《关于主权财富基金与接受国政策的报告》中提出的非歧视、透明度、逐步自由化、"停滞"及单方面自由化原则。适用于主权财富基金的第二套治理规则来自圣地亚哥原则的第 6—17 条，虽然这些原则不具约束力，但已成为多数全球主要主权财富基金普遍接受的原则和做法。圣地亚哥原则中关于主权财富基金治理的规定相对笼统，主要侧重于管理人员的作用及责任的划分，对所有国国家权力的行使提供指导以及管理行为应遵守的标准。② 在治理规则中还提出最低限度的治理要求，应当是规定管理人员的作用、责任分配、任命都应遵循适当的程序并取得明确授权。③ 圣地亚哥原则还要求主权财富基金及所有国就问责制和内部审计（包括审计程序及道德和职业守则）建立监管框架。④

上述治理原则属于第三方对监管方或为满足监管方需求而提出的，当我们换位到被监管方时，若一个主权财富基金符合 OECD 文件所列举的大多数要求，东道国自行附加的要求就变得多余。因此，有学者认为应当制订进一步具体的多边准则应对主权财富基金的治理。⑤ 在治理规则中，应当明确主权财富基金及其管理人员的身份，并表明制订和执行投资战略的主体以及各方的职责。另外，还应制订关于公司治理的规则、违反内部规则的制裁以及某些情形下具体的道德约束。

一国要设立一个治理良好的主权财富基金，下列前提和条件至关重要：机构一致性（基金任务说明的明确性）；征聘程序（对有资格经营基金的管理人员的选拔）；内部规则（投资决策和风险评估程序）；与政治因素相独立（不受

---

① Gordon K, Pohl J, Policy frameworks for SWF investments: OECD and host-country perspectives, Chapter 5 in Research Handbook on Sovereign Wealth Funds and International Investment Law, Edward Elgar Publishing, 2015, pp. 124 – 142.

② Sovereign Wealth Funds: Generally Accepted Principles and Practices "Santiago Principles" GAPP Art. 6 and Art. 7, October2008, http: //www. ifswf. org/sites/default/files/santiagoprinciples_0_0. pdf.

③ Sovereign Wealth Funds: Generally Accepted Principles and Practices "Santiago Principles" GAPP Art. 6, Art. 7, Art. 8 and Art. 9.

④ Ibid GAPP Art. 10, Art. 12, and Art. 13.

⑤ Neill B O. Truman E M, Sovereign Wealth Funds: Threat or Salvation?, Peterson Institute for International Economics, Washington, 2010.

政治干预)。① 对于上述前提和条件，最佳实践如下。

为了达到机构一致性，受益人及其他利益攸关方的长期利益应当得到国内法的保护，并制定适当的股东退出程序以及明确的授权、限制、任务说明、投资目标清单、投资战略以及联系方式等。

对于人力资本，制定的标准应当是：适当和充足的资源配置、强有力的领导能力、设计良好的激励方案以及基于投资业绩实施的奖惩制度。

在进行投资决策时，应当事先制定问责制度、风险预算、投资目标的设定以及建立动态型决策和学习机制。

最后，为了避免政治因素的干扰，投资组合管理人应当得到提供资金资助的当局和董事会对其权利和责任的明确保障，以及透明的董事会任命程序，保荐人、董事会和基金管理层之间明确的责任划分、严格的行为守则、有限的例外情形来保证。

上述最佳做法仅为主权财富基金的设立和经营提供了一套可供参考的操作标准，各国还应该结合自身的政治体制及社会传统选择切合国情的主权财富基金治理模式。我国主权财富基金的治理模式与上述最佳做法相比，在多方面保持或接近一致，也有因国情而遗留的不符点。以中投公司为例，在机构一致性建设方面，中投公司 2008 年 9 月开通官方网站，作为外界了解中投公司企业文化及经营治理情况的窗口，在发布的《中投文化共识》中阐述了中投公司的使命、愿景和核心价值观，确立了实现股东利益最大化的目标，② 在投资活动中秉承的投资原则为致力于成为基于商业目的、不寻求对被投资企业控制、负责任且稳健审慎的财务投资者。③

在责任分配及人员任命方面，中投公司依据《公司法》设立董事会和监事会，并由国务院代表国家行使股东权利，并设立执行委员会，形成三者相互制衡的治理架构，④ 根据公司章程中对各部门的授权，董事会负责指导和监督公司经营管理活动，并任命公司高级管理人员，下设执行委员会执行董事会决

---

① Dixon A D, Monk A H B, The Design and Governance of Sovereign Wealth Funds: Principles & Practices for Resource Revenue Management, 2011, Available at SSRN: https://ssrn.com/abstract = 1951573; Clark G L, Knight E R W, Temptation and the virtues of long-term commitment: the governance of sovereign wealth fund investment, Asian Journal of International Law, 2011, Vol. 1, pp. 321 – 348.

② 中国投资有限责任公司："中投文化共识"，2012 年 7 月，http://www.china-inv.cn/china_inv/About_CIC/Corporate_Culture.shtml，最后访问日期：2018 年 12 月 5 日。

③ 中国投资有限责任公司："投资原则"，http://www.china-inv.cn/china_inv/Investments/Investment_Philosophies.shtml，最后访问日期：2018 年 1 月 10 日。

④ 中国投资有限责任公司："投资原则"，http://www.china-inv.cn/china_inv/Investments/Investment_Philosophies.shtml，最后访问日期：2018 年 1 月 10 日。

议、负责制度建设、绩效考核与薪酬激励；监事会负责监督董事及高级管理人员的行为及职业操守，并负责公司审计，制定了《中投公司员工行为规范》用以要求"员工严格遵守一切适用的法律法规，执行最高的职业道德与操守标准"。①

在进行投资决策体系构建方面，中投公司在中投国际和中投海外两个子公司下分别设立投资决策委员会、投资和管理委员会，根据相应的投资决策授权方案分别开展投资，另外还设立由国际知名专家组成的非常设国际咨询委员会，为重大决策提供咨询。为防控投资风险，通过执行委员会和风险管理委员会对市场风险、信用风险及内控与操作风险进行全面管理和预防。②

中投公司的架构设置及治理体系已相对科学完善，与符合最佳实践的主权财富基金相比并未存在明显差距，但在遭遇外资审查时仍易遭到拒绝，这也代表外界对中国主权财富基金的"去政治化"仍存怀疑。此种怀疑的存在基于多种原因，首先，中国主权财富基金在信息披露方面透明度仍有待提高，根据主权财富基金研究所披露的主要主权财富基金的透明度指数数据，中投公司透明度指数为7，排名24位，③虽然透明度的高低并非表征主权财富基金受政治因素控制的唯一指标，但高透明度代表了大量关键信息的披露，无疑更能提振利益相关者的信任和信心，确保主权财富基金的稳定性和可预见性，因此在基金治理中，透明度的价值是不可否认的。当然，透明度不能与投资意图完全画上等号，④透明度水平低不能代表基金投资动机不纯粹，但足以引起利益相关者对投资动机的怀疑。中投公司自2009年以来每年都会发布年度报告，在报告中披露上一年度的投资经营信息，但较低的透明度指数代表统计机构认为年度报告及其他官方途径中披露的关键信息仍不充分。因此，我国主权财富基金可依据自身经营状况适当披露更多有关投资战略和决策经营的信息，降低他国对投资动机背后政治意图的怀疑。

中国主权财富基金"去政治化"的障碍还在于管理人员任命及选拔的政

---

① 中国投资有限责任公司："中国投资有限责任公司员工行为规范"，http：//www.china-inv.cn/china_inv/c101820/2018 - 05/09/1000201/files/aadc55f286fe4d92aacfcbac3f551b21.pdf，最后访问日期：2018年1月10日。

② 中国投资有限责任公司："风险管理"，http：//www.china-inv.cn/china_inv/Investments/Risk_Management.shtml，最后访问日期：2018年1月12日。

③ 该统计数据根据1st Quarter 2018 LMTI ratings得出，分数越高代表主权财富基金越透明，详见https：//www.swfinstitute.org/statistics-research/linaburg-maduell-transparency-index/，最后访问日期：2018年6月1日。

④ 周晓虹："关于主权财富基金治理的三重追问"，载《当代法学》2012年第6期，第127—135页。

治关联性，中投公司在公司章程中规定公司董事任免须经国务院批准，董事长、副董事长及监事长须由国务院指定，[①] 独立董事及非执行董事则多数由曾有在政府任职的人员担任。[②] 中投公司的管理人员构成很容易让外界联想在投资决策的作出过程中掺杂政治因素或其他战略因素考量，这是我国主权财富基金在人力资本和"去政治化"方面还有待改进的地方。

（三）监管

早期对主权财富基金进行监管的尝试主要有四种形式：第一种形式是东道国通过国内立法将限制主权财富基金的进入与确保其遵守适用于国内市场参与者的东道国法律结合起来，[③] 以此作为经修订的开放式投资折中方案的产物，这些国内法措施对主权财富基金投资的范围和程度进行有意的限制。东道国采取限制性措施的首要任务是保护本国安全及市场稳定，而不是赶走本国急需的外国投资，并未导致投资保护主义反应；第二种形式为东道国官员发布的非正式的声明，或者是与主权财富基金资金支持方发布的联合声明，此类声明通常表现为广泛的指导原则形式，目的是指导主权财富基金从事非政治、专业且守法的投资行为；第三种形式为正式的国际机构文书（以 OECD 出台的一系列指导规则为主），但这些文书并未对主权财富基金监管机制的完善起到明显效果，原因可能出于 OECD 在《多边投资协定》之后出现的合法性危机，[④] 以及其成员仅限于主要主权财富基金及其母国；第四种形式为非政府组织为界定主权财富基金而开展的带有嵌入式治理议程的工作。他们的工作成果包括对主权财富基金进行分类、弥补信息披露不足的研究报告[⑤]以及对政府透明度及商业环境的私人评级等[⑥]。非政府组织的成果既影响了新兴主权财富基金"软硬"混合国际管理制度的实质内容，也为主权财富基金的自我治理提供了指引。

---

① 中国投资有限责任公司："公司章程（摘要）"，http：//www. china-inv. cn/china _ inv/Governance/Articles_of_Association. shtml，最后访问日期：2018 年 1 月 10 日。

② 安仲伟：《中国主权财富基金（CIC）"去主权化治理"路径探究》，北京化工大学 2014 年硕士学位论文。

③ Gelpern A，Sovereignty，accountability，and the wealth fund governance conundrum，Asian Journal of International Law，2011，Vol. 1，pp. 289 – 320.

④ 刘笋："从 MAI 看综合性国际投资多边立法的困境和出路"，载《中国法学》2001 年第 5 期，第 137—144 页。

⑤ Farrell D，Lund S，Gerlemann E，et al，The New Power Brokers：How Oil，Asia，Hedge Funds，and Private Equity Are Shaping Global Capital Markets，San Francisco：McKinsey Global Institute，2007.

⑥ 参见透明国际（Transparency International）对国际腐败问题发布的研究结果及腐败指数排行榜等，http：//www. transparency. org/policy_research/surveys_indices/about，最后访问日期：2018 年 2 月 3 日。

中国主权财富基金为应对公共、私人、内部、外部的监管机制，一直在规范自己的投资行为，并不断"提升自身作为负责任的全球机构投资者的国际形象"。[①] 中投公司作为主权财富基金国际论坛的创始成员，自愿、自觉遵守并执行圣地亚哥原则，积极参加论坛活动，遵守东道国的法律。在提升透明度方面，利用多种平台和渠道（包括官方网站、新闻报道、年度报告等）主动披露经营管理信息。此外，还致力于通过积极、有效的国际对话，积极参与政府、企业沟通，为营造公开、公平、非歧视的投资环境努力。主权财富基金的监管是一个动态的进程，只有不断优化、更新自身的治理水平，我国主权财富基金才能在各国迥异的政治、经济和文化背景下赢得合理待遇。

第三节　中国主权财富基金的发展路径分析

主权财富基金无法被归类为纯粹的公共投资者或私人投资者，从公—私分化角度来看，它是一个矛盾综合体，以公有主体的身份参与私营市场活动，但这并不应成为东道国对其投资进行更高规格投资审查的理由。东道国应当正视主权财富基金的特性，消除政治偏见并给予其公正的待遇。国有企业在寻求公正的投资待遇方面也遇到与主权财富基金相似的困境，我国的国有企业在"走出去"的过程中常遇到东道国以"外国政府控制的交易"为由的安全审查。"外国政府所有或控制"成为主权财富基金及国有企业的"原罪"，东道国可以"国家安全"为由拒绝外国政府所有或控制的实体进行的投资交易，即"国家安全"与"外国政府控制的交易"被套上因果关系。在投资准入阶段此种因果关系多出于预测，[②] 但"国家安全"的概念和范畴是东道国自行裁量的，因此我国主权财富基金想要冲出他国的投资审查封锁更是难上加难。东道国对中国主权财富基金的政治偏见短期内难以消除，在此背景下政府更应该成为本国海外投资者的坚强后盾，与主权财富基金共同寻找冲出投资审查封锁、提高投资待遇的突破口。下文将从主权财富基金和我国政府两个层面详述规避东道国政治风险、提升投资待遇的对策。

---

① 中国投资有限责任公司："对外交往"，http：//www.china-inv.cn/china_inv/About_CIC/Global_Outreach.shtml，最后访问日期：2018 年 1 月 12 日。

② 王淑敏："国际投资中'外国政府控制的交易'之法律问题研究——由'三一集团诉奥巴马案'引发的思考"，载《法商研究》2013 年第 5 期，第 102—111 页。

一、主权财富基金层面

(一) 进一步完善自身的治理机制，向国际上治理良好的基金看齐

很多东道国在批评主权财富基金时会提到"为什么所有主权财富基金都不能像挪威的那样"，① 这表明东道国对挪威主权财富基金［主要指挪威政府（全球）养老基金］经营管理的认可，也从侧面印证了该基金是公认的治理良好的典范之一。挪威主权财富基金值得我们借鉴的治理经验主要为以下方面：（1）挪威主权财富基金在提升透明度上的做法，包括以英文全面披露经营信息，披露内容范围广，甚至包括杠杆及衍生工具的使用等，② 反映出基金一直强调的致力于全球金融稳定、公共利益及对公共监督的开放态度；（2）设立了一个为促进基金遵循国际法和国际公认道德义务的独立咨询机构，该机构最初为基金国际法咨询委员会，后来由道德委员会③取代，在作出投资决策时基金须听取道德委员会的建议，④ 为子孙后代争取最大限度的可持续回报，这一机构的设立展示了基金以良好全球公民身份参与投资活动的决心；⑤（3）基金的行为准则除了遵守挪威政府的正式条约承诺外，还包括一套融合了联合国等国际组织用于推动私营跨国企业的公共问责机制的软法规范、国际法中的劳工和环境标准以及反腐败规范等更为广泛和复杂的道德制度，⑥ 并致力于与其他主

---

① Gelpern A, Sovereignty, accountability, and the wealth fund governance conundrum, Asian Journal of International Law, 2011, Vol. 1, pp. 289 – 320.

② Norges Bank Investment Management, "Performance results 2016 – GIPS", 28 February 2017, https：//www. nbim. no/en/publications/reports/2016/performance-results – 2016—gips/, accessed 10 February 2019.

③ 以确定目标公司是否存在人权不轨行为为例，道德委员会设有专门的操作流程。挪威道德委员会对可能涉及侵犯人权行为的公司通常会制订长期计划进行审查，但个案也会通过收集的新闻报道进行调查。道德委员会与外部的咨询公司合作，由咨询公司每天收集有关投资组合公司的多种语言的新闻报道，并将其汇总成季度报告提交给道德委员会。道德委员会根据季度报告将未来存在重大隐患的公司列为调查对象。道德委员会还会接受并评估来自个人或非政府机构对于特定公司及问题的质询。道德委员会通过以上渠道获得的证据综合判断被调查公司是否存在违反《指导规则》的行为。See The Management of the Government Pension Fund in 2015, https：//www. regjeringen. no/dokumenter/meld. – st. – 23 – 20152016/id2481800/? q = Companies, accessed 25 December 2018.

④ Norway Ministry of Finance, Council on Ethics Webpage, Council's Activities, https：//etikkradet. no/councils-activities/, accessed 15 February 2019.

⑤ Clark G L, Monk A H B, The legitimacy and governance of Norway's sovereign wealth fund：the ethics of global investment, Environment and Planning A, 2010, Vol. 42, pp. 1723 – 1738.

⑥ Chesterman S, The turn to ethics：Disinvestment from multinational corporations for human rights violations-the case of Norway's sovereign wealth fund, American University International Law Review, 2007, Vol. 23, pp. 578 – 615.

权财富基金、私人投资者以及利益攸关国政府共同推动建立适用于主权财富基金及负责任投资的资本自由流动框架。

挪威主权财富基金的治理经验表明治理规则不是国内法、国际条约和基金内部规则的机械产出，相反，它应是国内法、国际法和国际政治以及全球市场社会化的复杂产物。每个主权财富基金都是特有的，都需要在设立国的国情背景下进行经营管理，因此完全照搬挪威模式是不切实际的。但我国主权财富基金在完善治理机制时可以借鉴这些治理良好的基金经验，以中投公司为例，目前还有以下方面有待改进：首先，应对基金的所有者、经营机构、监督机构之间的权责进行明晰的划分，中投公司的股东权利由国务院代表国家行使，对于国务院最终行使出资职责是侧重商业收益还是国家战略目标的实现一直为东道国所怀疑。除此之外，在中投公司的经营监督机构（董事会、监事会）中又掺杂了在政府工作过的人员，公司中重要职务的任免均由国务院指定或须经国务院批准，此种权责划分现状容易让外界怀疑中投公司投资战略的独立性。其次，基金的监督机制不够健全，中投公司监事会下设监督委员会和审计委员会，对公司高级管理人员和财务活动进行监督，但监事会中多为在政府工作过的人员，[①] 外界易对其监督效果产生怀疑。另外，缺乏外部强有力的监督机构对基金的腐败或其他违法违规行为进行监督。最后，中投公司设立国际咨询委员会为基金提供市场信息及决策建议，[②] 并由决策委员会最终作出投资决策，[③] 但并未就决策过程中作为参考的国内、国际法及道德标准进行限定，也未就道德投资的审查程序进行规定。中投公司可依据自身实情并结合挪威主权财富基金的良好治理经验，对上述治理缺陷进行弥补，重点在于加强投资决策的独立性以及社会责任性。

（二）投资前调查东道国投资准入政策、法规，降低投资前风险

东道国对主权财富基金投资准入的管制规则是投资前风险的主要来源，此类规则直接决定了基金投资是否有权进入东道国管辖领域[④]以及何种程度的进

---

①　中投公司监事会职责及组成，参见中投官网 http：//www. china-inv. cn/china_inv/Governance/Board_of_Supervisors. shtml，最后访问日期：2018 年 1 月 12 日。

②　中国投资有限责任公司："中国投资有限责任公司国际咨询委员会章程"，http：//www. china-inv. cn/china_inv/c101849/2018 - 05/09/1000246/files/c2091594567f4b4694dbb76f6b329903. pdf，最后访问日期：2018 年 1 月 10 日。

③　中国投资有限责任公司："投资决策"，http：//www. china-inv. cn/china _ inv/Investments/Decision_Making. shtml，最后访问日期：2018 年 1 月 10 日。

④　张庆麟、练爽："主权财富基金投资准入法律规范研究"，载《时代法学》2012 年第 2 期，第 91—100 页。

入。东道国限制主权财富基金投资的广泛审查和筛选程序因国别有所差异，加以归纳总结后主要体现在以下方面：其一，以国家安全及其他公共利益为由的投资审批制度，这一制度是投资准入前东道国为主权财富基金设置障碍的重心，通过授予特定政府部门评估、通过、禁止外来投资的权力，对外来投资加以审查；其二，以"国家重要利益"①为由限制主权财富基金的投资领域，为防止主权财富基金投资深入本国国防工业或其他敏感的国家经济部门，一些国家通过国内法规定涉及"国家重要利益"的部门或关键领域，限制主权财富基金投资在本国境内的自由流动；其三，限制主权财富基金投资份额上限或投票权的行使，为防止非纯粹金融性投资进入本国加以保护的行业（特别是本国国有企业），东道国会对主权财富基金的投资比例提出要求或迫使投资者承诺放弃投票权的行使；其四，对主权财富基金经营行为的审查，包括透明度、独立性、投资动机的商业性、投资政策等。

东道国的投资准入审查制度已使由我国主权财富基金发起的多起拟投资项目"流产"。②为了降低投资前风险，我国主权财富基金还须了解、运用投资目的地国的投资审查程序，通过风险防控避免不必要的损失。目前大多数主权财富基金都设有独立的风险管理机构，对投资前、投资中、投资后各阶段的风险进行评估和监控。中投公司对投资活动中各类风险的管理涉及市场风险、信用风险、内控与操作风险以及投资对象的声誉风险，并由执行委员会、风险委员会组成风险管理体系对风险进行分类及决策③。但中投公司的风险管理体系主要集中在商业风险的管控，对于东道国投资审查导致的政策风险还需进一步精细化了解、运用。目前东道国对外资准入的安全审查主要有主动申报审查和强制申报审查两种方式，虽然国家安全审查并非外资准入阶段的必经程序，④但对于国外政府及其控制实体的投资而言，遭遇安全审查的概率明显是要高于一般私人投资者的。以近年来引人关注的三一重工股份有限公司（以下简称三一重工）案为例，三一重工旗下的罗尔斯公司在收购靠近美国军事基地的四个风力发电厂后，未就该项交易主动向美国外国投资委员会申报审查，后

---

① Bassan F, The law of sovereign wealth funds, Edward Elgar Publishing, 2011, p. 69.

② 安仲伟：《中国主权财富基金（CIC）"去主权化治理"路径探究》，北京化工大学 2014 年硕士学位论文。

③ 中国投资有限责任公司："风险管理"，http：//www.china-inv.cn/china_inv/Investments/Risk_Management.shtml，最后访问日期：2018 年 1 月 10 日。

④ 陈辉萍："中美双边投资条约谈判中的国家安全审查问题"，载《国际经济法学刊》2015 年第 1 期，第 103—122 页。

被强制审查并最终以时任美国总统奥巴马签发行政令的方式予以否决。① 随后罗尔斯公司对奥巴马和美国外国投资委员会提起诉讼，最终罗尔斯公司撤诉并与美国政府达成和解，但根据和解协议条款罗尔斯公司须将风电项目转让给第三方买家。②

三一重工收购案为中国主权财富基金海外投资敲响了警钟，在就交易是否将威胁到东道国国家安全没有把握时，不能报以侥幸心理，要对以往相似投资案例及东道国投资准入审查法规进行深入解读并进行风险预测，评估是否进行主动申报审查以及遭遇强制审查的概率。除了慎重决定是否主动申报外，他国的国家安全审查制度中还会设立特别制度，如美国、加拿大都在审查中设立了申报前的磋商程序，③ 主权财富基金可以利用该程序在申报前向审查机关递交交易信息，以帮助审查机关了解交易内容并进行沟通，有利于主权财富基金对安全审查结果进行预判。另外，一些国家（如美国）在审查程序中还允许在审查决定作出之前投资者以签订减缓协议的方式，即投资者承诺同意协议中用于缓解或消除交易对国家安全产生或可能产生影响的附加限制性条件，换取审查机关通过交易的决定，④ 我国主权财富基金在对外投资时应利用好这一程序，在投资交易面临审查被拒的风险时，将该程序作为折中之策，主动与审查机关签订减缓协议，⑤ 最终有条件地通过东道国的安全审查。

（三）投资准入后，遵守东道国法规，展示负责任的投资者形象

主权财富基金投资进入东道国后，除严格遵守当地的相关法律、法规外，还应承担相应的社会责任。主权财富基金进行社会责任投资存在一系列体制、背景及自身发展的原因，但主权财富基金的投资决策具有高度的酌处性和技术性，因此无论在国内法还是国际法框架下，基金投资决策中对社会责任因素的判断都很难受到法律问责，很大程度上依赖主权财富基金的自觉行动。社会责任投资者往往积极参与到目标公司的管理中，此种策略有利于投资者了解目标

---

① 新民晚报："三一重工起诉奥巴马政府的意义"，http://www.xinhuanet.com/world/2012-10/26/c_123876196.htm，最后访问日期：2018年1月10日。

② 三一重工："'三一集团诉奥巴马案'达成全面和解"，http://www.sanygroup.com/xwzx/2116.html，最后访问日期：2018年1月12日。

③ 孟国碧："论身份混同背景下我国外资并购中国家安全审查程序的完善"，载《时代法学》2014年第3期，第88—95页。

④ 田辉：《我国外资监管国家安全审查法律问题研究》，郑州大学2018年硕士学位论文，第21页。

⑤ 韩龙、沈革新："美国外资并购国家安全审查制度的新发展"，载《时代法学》2010年第5期，第93—103页。

公司的经营状况，并密切关注公司行为是否符合非财务标准。与私营投资者奉行的"股东积极主义"相比，主权财富基金倾向于成为"消极投资者"，不主张对投资的目标公司的经营行为进行过多干预，① 以此来降低东道国的担忧。但也有主权财富基金奉行社会责任投资并参与目标公司的经营，一旦发现目标公司存在不道德的行为，则通过行使股东权利等方式杜绝成为目标公司的"共谋"。即使作为"消极投资者"的主权财富基金，也可通过投资前对目标公司行为的审查或者事前设置投资"黑名单"，降低成为"共谋"的可能性。目前主权财富基金实施社会责任投资的主要方式包括：负面筛选，即对存在人权、环境等不良记录的企业拒绝投资或退出投资；最优筛选，即在目标企业中选择最负责任的企业；股东倡导和非正式参与，通过股东权利的行使和对话促进企业内部变革。② 后两种方式已成为包括主权财富基金在内的投资者进行社会责任投资运动的首选。

我国主权财富基金要成为社会责任投资倡议的拥护者，不仅要避免投资到损害环境或侵犯人权的公司，还应积极促进全球经济的可持续发展。目前，主权财富基金进行社会责任投资实践中对于目标公司进行筛选或实施其他制裁的门槛很高，例如只有达到"严重侵犯人权或严重环境损害"的标准才能启动该制裁程序，③ 但许多社会不公正或生态损害的行为往往源于孤立地看上去微不足道的作为或不作为，因此需要采取更加全面、综合、长期的行动，将社会责任纳入主权财富基金的投资决策中。主权财富基金的可持续性承诺不仅要保证将自己从人权、环境表现不佳的企业中剥离出来，还应当积极投资于环境友好型企业并在缓解气候变化和生物多样性保护等关键可持续性问题上采取一揽子政策，以促进更好的可持续性监督。

我国主权财富基金的投资目标应设定为在风险适中的情况下实现尽可能高的回报，但同时基金也强调自己是承担社会责任的投资者。对于大型的、多元的长期投资者来说，强劲的财务收益取决于运转良好的市场以及可持续发展。个别投资者可能在忽略对他人的严重损害（负面外部效应）情形下而获利，但

---

① Rose P, Sovereign Investing and Corporate Governance: Evidence and Policy, Fordham Journal of Corporate and Financial Law, 2013, Vol. 18, pp. 914 – 962.

② Richardson B J, Lee A, Social investing without legal imprimatur: The latent possibilities for SWFs [J]. Chapters, Chapters, in Research Handbook on Sovereign Wealth Funds and International Investment Law, chapter 14, Edward Elgar Publishing, 2015, pp. 389 – 414.

③ Backer L C, The Human Rights Obligations of State-Owned Enterprises: Emerging Conceptual Structures and Principles in National and International Law and Policy, Vanderbilt Journal of Transnational Law, 2017, Vol. 50, pp. 827 – 888.

这种收益很可能会被投资组合其他部分的低回报率或未来的回报所抵消。因此，进行社会责任投资应被设为主权财富基金运作的核心，并且辅之以制度安排来实现这一目标。中投公司表达了成为负责任投资者的愿景，也在"积极履行企业社会责任"，[①] 但缺乏像其他负责任主权财富基金专门设立的一套规则程序，用于筛选目标公司及对基金履行社会责任进行监督。因此我国主权财富基金可以在负责任投资领域尝试以下方向的改进：首先，可以加强基金的"社会责任"治理，通过委任环保、人权组织或其他机构的行政人员加入基金的管理机构或为投资决策提供建议，以提高基金内部的"社会责任"意识；其次，在基金中设立专门机构对目标公司进行道德评估，并将评估结果作为投资决策的重要参考依据；最后，对目标公司进行道德评估的标准应当以我国国内法以及国际法中的人权、环境标准作为框架，确保评估结果的公平透明。

（四）投资利益受损后，选择适当方式解决投资争端

为了降低东道国对主权财富基金投资的担忧，许多主权财富基金会向东道国传达自己是一个消极财务投资者的形象。例如，对投资的公司持有少数股权，或是不向被投资企业的董事会委派代表等。中投公司也通常会将投资股权的比重控制在 10% 以下。[②] 此种做法虽然降低了"安全审查"的风险，但也会附带增加其他风险。如果刻意控制股权或者不委派本方代表，那么主权财富基金就无法参与投资公司的管理，作为小股东的表决权也是有限的，这都将影响投资回报。另外一旦东道国采取的措施是针对公司资产，那么小股东就难以自己的名义提交投资争端仲裁。

中国主权财富基金对外投资时采取的上述习惯做法会使我国主权财富基金在产生投资争端时处于劣势。因此，我国主权财富基金首先应转变刻意营造的消极投资者形象，化被动为主动，在投资准入前及准入后遭遇歧视待遇并损害投资利益时，根据争端双方情况及争端性质，对各种争端解决途径进行综合考量，选取最为有利的一种。目前国际投资争端大部分提交至 ICSID 仲裁解决，ICSID 解决主权财富基金投资争端的优势首先体现在能满足当事人的保密性要求，由于主权财富基金缺乏透明度，尤其是当投资争端涉及敏感的金融信息时，无论是主权财富基金还是东道国，都希望在仲裁保密的情形下解决争端。但是，ICSID 仲裁解决也存在一定的缺陷。首先，ICSID 对于主权财富基金提交的投资

---

① 中国投资有限责任公司："投资原则"，http：//www.china-inv.cn/china_inv/Investments/Investment_Philosophies. shtml，最后访问日期：2018 年 1 月 10 日。

② 潘圆圆、张明："中国主权财富基金投资策略的转变及其原因"，载《上海金融》2014 年第 9 期，第 28—35 页。

争端存在管辖权确定的问题。其次，ICSID 仲裁往往耗时较长，仲裁的费用及风险也相对较高，更为重要的是即使仲裁庭作出有效裁决，此裁决也可能最终无法得到执行。因此，在 ICSID 仲裁无法有效解决投资争端的情况下，主权财富基金可以尝试引入其他可替代的争端解决机制。

在国际投资领域，除 ICSID 外大部分投资条约也规定了其他解决争端的仲裁机构，如巴黎国际商事仲裁院、斯德哥尔摩商事仲裁院等。如果在特定情况下，主权财富基金意图绕开仲裁或诉讼解决投资争端，则可引入其他可替代的争端解决机制。由于争端双方都涉及政府利益，可以由双方政府出面进行协商，或者由双方选择可信任的第三方进行调解，同时也有利于节省时间及成本。对主权财富基金投资权利的救济还可以通过改良现有国际政策的途径实现。主权财富基金母国及东道国可在有想象力的国际组织中提出指导原则或者推进正式条约的签署，保证主权财富基金免于遭受歧视待遇，从而避免只通过投资条约进行保护的单一途径。

二、国家层面

（一）完善主权财富基金的治理规则框架

欧洲国际经济法学者彼德斯曼指出，国际主义或自由主义必须从国内开始。[①] 一国试图构建国际投资规则的理想路径，除了在国际层面进行自由化的努力外，更应该同时在本国进行相应的改革。[②] 这一理论也适用于主权财富基金对外投资的自由化。在国家层面，我国政府不仅应在与主权财富基金相关的国际投资法律体系变革中扮演积极角色，更应以他国受到国际认可的主权财富基金为参照对我国的主权财富基金进行改革。首先，提高主权财富基金的"透明度"。透明度一直是笼罩在我国主权财富基金上的一层阴影，不披露主权财富基金的信息可能会阻碍宏观经济监督，并可能扰乱市场；全面披露可能会使主权财富基金相对于更不透明的其他基金和完全由私人所有的竞争对手处于不利地位。因此，我国政府应当根据国情制定一定的标准，督促主权财富基金及时充分地披露投资的数据及相关信息，并避免主权财富基金进行战略性投资的情况。其次，我国政府还应降低对主权财富基金的政策影响，以使其遵守市场规则，并削弱给予主权财富基金的优惠条件。最后，我国政府应确定主权财富

---

① ［德］E－U. 彼德斯曼：《国际经济法的宪法功能与宪法问题》，何志鹏等译，高等教育出版社 2004 年版，第 4 页。

② 石静霞："国际贸易投资规则的再构建及中国的因应"，载《中国社会科学》2015 年第 9 期，第 128—145 页

基金的独立法律地位。

（二）推动设立主权财富基金投资权利保障及申诉机制

在国际法层面能够为主权财富基金投资权利提供权利保障及申诉机制的主要为双边投资条约及 WTO 规则，因此我国政府可以从今后的投资条约谈判及 WTO 规则运用入手，提升我国主权财富基金的投资权利保护水平。首先，我国政府可在双边投资条约范本中尝试加入明确主权财富基金投资权利的内容，因为投资条约范本反映了一国的政策立场和最高期望。[①] 我国商务部 2010 年 4 月曾草拟了一份《中国投资保护协定范本》，该范本第 1 条对"投资者"一词"条约用语"的解释包括"政府所有或控制"的"经营实体"，[②] 该范本中对"投资者"的界定足以包括国有企业，但是对于主权财富基金是否也在该范畴内则需要联系范本的上下文及宗旨进一步解释，因为中国的主权财富基金有的是以独立法人进行运作的商业实体，但有的被视为中国政府机构。我国投资协定范本及已经签订的双边投资条约之所以未将主权财富基金明确纳入"投资者"范畴，可能存在相关的利益考量以及出于投资条约谈判的可行性，因此"投资者"的传统定义方法得以继续保留，但值得我国政府注意的是，应当谨防今后的投资条约中明显或潜在的可能将主权财富基金与政府机构或行使政府权力的机构相提并论，该类条款的加入将使主权财富基金的投资被定性为"公共国际投资"，增加主权财富基金获得双边投资条约保护的阻力，并导致主权财富基金丧失提交争端至国际投资仲裁机构的主体资格。

WTO 规则对主权财富基金投资权利的保障及权利救济也值得我国政府的注意。东道国在国际贸易领域给予主权财富基金的歧视待遇或构成贸易壁垒，若经查证属实，政府应当协助主权财富基金对抗东道国。我国出台的《对外贸易壁垒调查规则》赋予了"国内企业或产业"提请商务部进行贸易壁垒调查的程序性权利，一旦商务部认定存在贸易壁垒，则将依据个例情况采取"双边磋商、启动多边贸易争端解决机制或其他适当措施"。[③] 中国主权财富基金可利用该程序提请贸易壁垒调查，并在必要时由我国政府代基金启动 WTO 争端解决程序。但我国的贸易壁垒调查程序还不够完善，在申请人的资格审查上缺乏严格限定的标准，

---

① 曾华群："论双边投资条约范本的演进与中国的对策"，载《国际法研究》2016 年第 4 期，第 60—79 页。

② 温先涛："《中国投资保护协定范本（草案）》论稿（一）"，载《国际经济法学刊》2011 年第 4 期，第 169—204 页。

③ 《对外贸易壁垒调查规则》第 5 条、第 29 条，http：//www.gov.cn/gongbao/content/2005/content_80631.htm，最后访问日期：2018 年 2 月 3 日。

商务部对于调查程序的启动有较大的自由裁量权，在"认为有必要"时才开展调查，① 另外程序监督机制的缺失降低了调查程序的公开透明性，对于申请人对调查结果不服的也未设置相应的事后救济机制。② 上述不足之处都需要我国有关部门逐步完善该规则，确保申请人程序权利的有效行使及救济。

（三）政府可引导主权财富基金通过事前合同安排达成争端解决协议

由于大多数投资条约未明确规定主权财富基金是否为受其保护的投资者，而目前也没有案例证明 ICSID 对主权财富基金争端具有管辖权，因此通过投资者与东道国事前签订的具有约束力的合同来解决争端也是双方可以选择的途径。东道国可以在主权财富基金投资准入前与投资者签订合同，合同的内容应当涉及东道国对投资者的要求、投资者的投资权利义务、投资争端解决条款。其中东道国对投资者的要求包括对主权财富基金的监管，而投资者的权利义务包括享有私人投资者的投资待遇、承诺放弃主权豁免并遵守圣地亚哥原则中的透明度要求及东道国要求其遵守的其他义务。为了使合同中规定的权利义务具有约束力及执行力，合同中还应当包括争端解决条款，该条款中应明示双方当事人一致同意将根据合同产生的争端提交 ICSID 或其他仲裁庭解决。该条款中还应包括双方承诺放弃主权豁免。东道国与主权财富基金达成对双方权力（利）进行保护和限制的协议可以将双边投资条约中无法落实的内容，通过与特定投资者的谈判达成非广泛性适用的承诺。由于主权财富基金在与东道国进行谈判时的议价能力明显低于母国政府，若我国政府能够代表主权财富基金参与谈判并承诺给予对方主权财富基金相同或类似待遇，参与方就协议内容更易达成共识。

此种通过事前签订合同的方式解决主权财富基金与东道国之间投资争端的途径，可以有效避免投资条约中对"投资"定义解释的不确定性，更有利于 ICSID 仲裁庭明确其管辖权。而且通过在合同中规定双方的权利义务，双方不必担忧对方主张主权豁免，同时也使作为"软法"的国际组织的指导原则、政策具有强制性。但此种争端解决方式也存在一定缺陷，对于东道国来说，其需要与单个主权财富基金或其母国进行谈判，从而签订合同，对于吸纳主权财富基金投资较多的国家来说，这无疑将增加其相关的运作成本。而对于投资者来说，在合同谈判期间可能就会被东道国拒绝，因此投资机会可能会随之减少。

（四）推动主权财富基金社会责任的履行

对主权财富基金所从事的经济活动的监管占据了公共责任和私人义务重合

---

① 《对外贸易壁垒调查规则》第 4 条。

② 蔡从燕："我国对外贸易壁垒调查制度：成就、不足及完善"，载《法律科学（西北政法学院学报）》2004 年第 2 期，第 110—117 页。

的空间，是国家的法律责任与私营组织的治理责任相交错的地带。在社会责任领域，国家作为主权财富基金的所有者承担的监管义务以及主权财富基金自身承担的义务在国家和国际两个层面仍然严重不足。相较于主权财富基金，针对跨国公司社会责任的国际规范框架建设方面一直有相关国际组织的努力及新的进展，而在这一国际规范框架下跨国公司（尤其是国有企业）及其所属国承担的社会责任也值得主权财富基金及其母国借鉴。跨国公司的社会责任制度是围绕着一系列具有"软法"性质的国际文件构建的，其中最主要的两个文件为经济合作与发展组织（OECD）发布的《跨国公司企业准则》及《联合国指导原则》。以社会责任中的人权保护责任为例，《联合国指导原则》提出的企业与国家在人权方面的全球准则建立在三大支柱基础之上：支柱一为国家有义务保护人权；支柱二为公司有责任尊重人权；支柱三为履行国家义务和公司责任而必须建立补救机制。在《联合国指导原则》建立的跨国公司人权责任框架下，主权财富基金在一定情形下具有双重身份，若主权财富基金以国家机关或作为政府控制的工具行事，则应受国家保护人权义务的约束，同时，主权财富基金作为商业运作企业，也受公司尊重人权责任的约束。另外，国家作为主权财富基金的所有者，在行使其所有权时也应履行人权保护义务，并"采取额外步骤保护人权不受国家拥有或控制的工商企业，或接受国际机构实质性支持和服务的企业侵犯"。[1]

2011年《联合国指导原则》通过后，联合国人权理事会设立了人权与跨国公司和其他工商业企业问题工作组（以下称联合国工作组），致力于推动《联合国指导原则》的实施以及工商业与人权相关问题的合作与对话。近期，联合国工作组与经合组织也在尝试将多边软法框架适用于混合所有制工商实体，即国有企业和主权财富基金，目的在于扩大《联合国指导原则》及《跨国公司企业准则》的适用范围，同时也使上述文件的适用更加协调一致。此外，联合国理事会还创建了每年一度的工商业和人权论坛。2016年举办的第五届论坛的重要成果之一就是《人权与跨国公司和其他工商企业问题工作组的报告》（以下简称2016年工作组报告），这一报告侧重于将《联合国指导原则》设立的人权责任框架适用于国有企业及其所属国。[2] 随后，联合国在2016年工作组报告发

---

① UN Human Rights Council: Guiding Principles on Business and Human Rights: Implementing the United Nations "Protect, Respect and Remedy" Framework [R]. A/HRC/17/31, 21 March 2011, New York. http://www.ohchr.org/Documents/Publications/GuidingPrinciplesBusinessHR_CH.pdf, accessed 13 December 2018.

② U. N. Secretariat, Report of the Working Group on the Issue of Human Rights and Transnational Corporations and Other Business Enterprises, U. N. Doc. A/HRC/32/45, May 4, 2016.

布的新闻稿中强调了"国有企业在工商业和人权问题上应当以身作则",并以"国家政府也是经济行为体"作为重要的前提来展开问题,同时敦促各国政府也要以身作则,从关注与其关系最为密切的国有企业开始。随着经济全球化的推进及国际人权规范的更新,国家政府对经济活动的管理也应发生变化。国有企业在将尊重人权的责任纳入其日常管理方面似乎落后于私人企业,此时更需要国家展现出具体的领导力,要求政府拥有或控制的企业成为尊重人权方面的榜样,这也是各国国际法律义务的一部分。① 除了《联合国指导原则》的实体性规范,OECD 的《跨国公司企业准则》也致力于将国家控制或所有的企业与私营企业的治理规范相统一,并建议国家政府将自身定位为知情且积极的所有者,并且其所有权的行使应当符合公众的利益。②

虽然联合国工作组和 OECD 都在致力于制定对混合所有制经济实体(主权财富基金和国有企业)适用的多边软法框架,却面临重重挑战。首先,越来越多的政府要求私营企业尊重人权,并在法律和政策上表达出此种期望,但却怠于利用相应的措施来确保自己所有或控制的企业尊重人权,③ 因此建立公平的竞争环境成为需要解决的问题之一;另外,混合所有制企业受到公共权力的投射,极易滋生传统和系统性腐败问题,从而影响多边软法框架适用的效率及效果。虽然人权内容已经被纳入多边软法框架内,由于其不具有强制约束力,因此是否进行社会责任投资仍然是企业的自主行为。对于主权财富基金而言,母国充当的是所有者及监管机构的角色,母国与主权财富基金之间的所有关系使得母国的监管义务更为复杂。相较于对私人企业的监管,国家政府在对国家所有或控制的企业监管方面应当"做得更多",这一"做得更多"标准在 2016 年工作组报告中被提及,并强调该标准是鼓励政府采取更多手段避免人权被侵犯,最终目标是实现不同所有制的企业都能够充分尊重人权。国家对主权财富基金的所有权意味着其可以施加更大的影响力来监督人权问题,因此国家政府更应该利用与主权财富基金之间的关系,依靠国家政策使基金成为承担社会责任和人权责任的先锋,并且已有国家将此种责任转化为具体的人权保护监督机制用以指导本国主权财富基金对外投资中涉及的人权问题。

---

① State-owned Enterprises Must Lead by Example on Business and Human Rights-New UN Report, OHCHR, June 17, 2016.

② OECD Guidelines on Corporate Governance of State-Owned Enterprises, 2015 Edition, https://www.oecd-ilibrary. org/governance/oecd-guidelines-on-corporate-governance-of-state-owned-enterprises - 2015_9789264244160 - en, accessed 5 January 2019.

③ State-owned Enterprises Must Lead by Example on Business and Human Rights-New UN Report, OHCHR, June 17, 2016.

　　挪威政府在推动主权财富基金社会责任履行的做法值得我国借鉴，它在将国际法适用于主权财富基金时作出了一定的调整和创新：首先，挪威是在主权财富基金作出的投资决定中引入国际法规则，而不论投资决定所涉东道国是否加入相关国际条约；其次，挪威政府要求投资的目标公司遵守国际软法，从而赋予了国际软法以约束力，而国际软法对国家是没有约束力的。挪威政府的意图不在于设定一系列义务直接约束公司，更应被视为一种新颖而多中心的对国际法的显著延伸。[1] 在具体操作层面，道德委员会起着至关重要的作用。挪威政府主要通过《指导规则》行使对主权财富基金进行社会责任投资的监管职能，道德委员会负责将抽象的规则转化为可预测的行为标准，再根据个案情况应用于主权财富基金的投资领域。在评价投资目标公司的行为过程中，道德委员会并没有直接适用国际法，而是以《指导规则》为媒介对国际法进行特定解释，从而总结出一套以国际法规范为基础的行为标准。换句话说，道德委员会是以本国法律为媒介引入国际法，从而形成一个完整的评估企业遵守法律的框架标准。正如道德委员会所指出的那样，"国际标准和规范不能作为公司违反国际法承担法律责任的依据，但是可以用来判断公司的作为或不作为能否被视为不可接受的"。[2] 当然这一观点的提出也受到了质疑，美国驻挪威大使 Benson K. Whitney 指出挪威政府采取的筛选程序是草率的，使美国公司遭受了不公平待遇。他认为，"对违反伦理道德行为的判定并不是抽象的，美国的某些公司被指控有严重的不当行为，这本质上是挪威政府对这些公司的道德水准作出的国家判断"。[3]

　　主权财富基金进行海外投资的直接目的是实现盈利及财务可持续，但若只强调短期的财务回报最大化可能会引发侵犯东道国人权、腐败或破坏环境等问题，这些问题不仅对东道国的经济和社会体系产生负面影响，同时也会对投资者的形象造成损害。因此越来越多的国家、企业及社会团体呼吁投资者从"利益相关者"的角度出发，承担社会责任，履行社会责任，通过进行社会责任投资实现经济和社会的可持续发展。

---

　　① Benson B L, Polycentric Law Versus Monopolized Law: Implications from International Trade for the Potential Success of Emerging Markets, Journal of Private Enterprise, 1999, Vol. 15, pp. 33 – 66.

　　② Recommendation of November 15, 2005, https://www.regjeringen.no/en/dokumenter/Recommendation-of – 15 – November – 2005/id450120/? q = Recommendation% 20of% 20November% 2015, accessed 23 December 2018.

　　③ Landler M, Norway Backs Its Ethics with Cash, N. Y. Times (May 4, 2007), http://query.nytimes.com/gst/fullpage.html? res = 9E01E1DB113EF937A35756C0A9619C8B63&sec = &spon, accessed 27 December 2018.

结　语

　　经过数十年的发展改良，主权财富基金已成为国际货币及金融体系中的"新巨人"。尽管 2008 年的国际金融危机对主权财富基金造成了一定的负面影响，[①] 但在未来其仍然是国际金融领域不可忽视的力量。无论是通过出售自然资源所得积累外汇储备或者通过主要商品出口收入作为资产来源，[②] 越来越多的国家通过设立主权财富基金将积累的财富投资于海外，主权财富基金成为各国用于实现财富最大化的工具，在某些国家甚至成为协助母国施加海外政治影响的工具。主权财富基金通过收购由私营部门的外国公司发行的股票或债券等证券进行跨境投资，从而使得主权国家在海外间接拥有外国私营公司。以主权财富基金作为代表国家行事的中介结构，一国实际上可从事的经济活动与私人机构投资者（如养恤基金、共同基金等）完全相同，关键的差异仅限于投资者的性质。主权国家这种在海外间接拥有外国私营公司股权份额的情形被总结为"跨境国有化"或"国际所有化"。[③] 在这一背景下，主权财富基金在改变全球财富分配的同时逐渐暴露出一系列法律问题，包括投资监管与保护、投资争端的解决以及社会责任的承担等。

　　主权财富基金一直在奋力争取普适的定义和投资的一般待遇标准，正如一位学者所言，主权财富基金正在与东道国"寻求一种直接的关系"[④]。与其他一般投资者相比，主权财富基金是否应当被区别对待，如果是的话，缘由为何，又当如何区别对待？反对区别对待的一方认为主权财富基金不应作为区别于其他外国投资者的一个独特类别，这主要出于担心主权财富基金投资受到相对的歧视性待遇。[⑤] 例如，就条约救济而言，主权财富基金可能希望得到与其他外

---

　　① 巴曙松、李科、沈兰成："主权财富基金：金融危机后的国际监管与协作新框架"，载《世界经济与政治》2010 年第 7 期，第 130—145 页。

　　② 胡晓红、张建军，李煜：《主权财富基金双边规制研究》，北京大学出版社 2017 版，第 21—23 页。

　　③ Sovereign-Wealth Funds: The World's Most Expensive Club, The Economist (26 May 2007).

　　④ Bassan F, The law of sovereign wealth funds, Edward Elgar Publishing, 2011, p. 55.

　　⑤ Murray D, SWFs: Myth and Realities, Keynote Address, London: Global Sovereign Funds Roundtable, 2011.

国投资者相同的待遇。在条约实践或过去的仲裁裁决中，国有企业可以合法地主张东道国违反双边投资条约，并寻求条约救济，主权财富基金也应如此，这两种国有实体之间存在的差异与条约救济并不相关。① 2008 年制定的圣地亚哥原则和之后的 OECD 出台的一系列文件中都涉及东道国对主权财富基金的歧视性待遇问题。

主权财富基金在东道国享有的投资待遇一直备受争议，这场争论很有可能在可预见的将来持续进行。由于针对主权财富基金的多边硬法框架不太可能在近期建立，双边条约，如自由贸易协定、双边投资协定，才是下一个可能解决此问题的途径。鉴于双边投资条约的高度标准化，② 主权财富基金应当推动母国在现有双边投资条约或条约再谈判中限制安全例外条款的适用，同时建立健全充分的争议解决机制（最理想的是在 ICSID 一级解决）。除此之外，对投资合法性的要求以及核查主权财富基金对这些要求的遵守情况的程序性差异，为主权财富基金在双边层面的保护和监管增加了难度，但如前文所述，如果间接引入主权财富基金与 IMF 共同制定的圣地亚哥原则作为参考依据，对投资合法性的审查就变得相对简单。

主权财富基金母国在今后参与条约谈判时，最为理想的是使主权财富基金及其投资获得与"类似或法律性质相似"的其他投资者（如中央银行或国有企业）相同的优惠待遇。虽然此种条约安排是可取的，但迄今为止，似乎还没有条约实践纳入此种规定。另外，在确定主权财富基金的投资待遇时，东道国和母国还可以视具体情况来决定给予何种待遇。例如，在对主权财富基金给予差别待遇之前，是否可以设置给予差别待遇的投资所占比例的最低门槛，低于这一门槛，则将主权财富基金视为一般投资者。母国也可请求其条约伙伴具体说明本国认为敏感或具有战略意义的部门或行业（如通过负面清单方法），并规定主权财富基金在清单列明的领域投资将引发差别待遇或特定限制程序。通过这些规定，投资于清单外的其他部门或行业的主权财富基金将受到与其他外国投资者相同的待遇。

在单边层面，东道国提供的监管应该是：（1）差别性适用，仅在主权财富基金不认可或不遵守圣地亚哥原则的情况下才对其适用限制性措施；（2）具有可预测性，主要指投资审查的时限和结果；（3）保证透明度，即对可采取限制

---

① Bassan F, The law of sovereign wealth funds, Edward Elgar Publishing, 2011, p. 143.

② Schill S W, The Multilateralization of International Investment Law-Emergence of a Multilateral System of Investment Protection on Bilateral Grounds, Trade, Law and Development, 2010, Vol. 2, pp. 59 – 86.

性措施的例外情形，如根本安全利益、关键部门等可能造成投资风险的因素应予具体说明；（4）具有保密性，对于主权财富基金不适宜对外披露的信息，应当协助其保密；（5）符合比例原则。

从目前的发展趋势来看，主权财富基金在国际投资领域的影响仍将继续扩大，尤其是主权财富基金转变投资策略，更加青睐投资到实体企业及基础设施建设项目。但主权财富基金迅速发展的背后仍存在隐忧。主权财富基金由资本金融市场转向公共事业与能源领域，意味着其与东道国正面产生投资争端的可能性大大增加。但目前国际投资法律体系对主权财富基金海外投资争端的规定尚不明确。首先是以保护投资及投资者为宗旨的投资条约，其对主权财富基金及其投资能否作为受保护的对象未界定，但从相关条款中抽象出合格"投资者"及"投资"的一般标准来看（在投资条约中明确纳入或排除主权财富基金的除外），主权财富基金及其投资应当作为投资条约所保护的对象。其次，主权财富基金投资争端若要提交 ICSID 仲裁还要符合 ICSID 公约对仲裁庭管辖权的规定。仲裁庭对主权财富基金争端的属人管辖权及属物管辖权，应从仲裁庭对国家控制实体的裁决及争端的具体情形来判断。为了使主权财富基金海外投资能够顺利进行，应当改变国际投资规则体系中涉及主权财富基金的此种不明确状态，从而为其提供充分的保障及争端解决机制。国际投资法律体系的演变方向对主权财富基金的未来至关重要。目前，呼吁将主权财富基金视为一般"投资者"并对其实行"非歧视"待遇的国际法具有明显的"软法"性质，对各国不具有约束力。我国政府可考虑在其签订的投资条约中将主权财富基金纳入保护范畴，并对主权财富基金的监督及管理作出相关规定。另外，中国政府在未来投资规则的谈判中应发出更大的声音，为保护中国主权财富基金利益作出努力。

主权财富基金作为国家所有和管理的投资工具，在进行对外投资时承担社会责任是公众的合理期望，也是工商业与人权问题国际软法框架下的基本要求。鉴于主权财富基金与所属国的相互关联和不可分割的关系，其承担社会责任的标准应高于一般的跨国公司。当然，由于主权财富基金不属于国际法上的传统主体，因此其承担的社会责任仅存在于道德层面，存在于主权财富基金自我治理的空间，但若根据传统国际法的归属原则可将主权财富基金的行为归属于本国政府，此种情形下则应由所属国代为承担责任。除了主权财富基金进行自我治理从而承担社会责任外，主权财富基金母国也应履行监督义务，即作为主权财富基金的所有者和经营者，应当采取额外步骤，确保本国主权财富基金在投资过程中促进东道国的人权、环境的可持续发展。挪威政府提出的以政策为导向的主权财富基金人权保护监督机制即是这一领域的良好实践，可为其他主权财富基金及其母国提供借鉴。挪威的实践经验表明只有从国家监管和基金自我治理两个层面协同作用并辅之以国际法为蓝本制定的行为标准指导投资决策，才能达到经济效益与社会价值的双重实现。

我国主权财富基金目前面临的主要问题是外界对国家与投资工具之间的身份认同上。若因为主权财富基金为我国政府所有，就直接给出基金行为等同于国家行为的结论显然是武断的。我国主权财富基金应当是流淌着"公私"两股血液的合体，"公"的一面表现为基金的资产为国家资产，本质上由全民所有，"私"的一面表现为基金以私主体身份在私领域从事经营活动。目前我国主权财富基金能达到该标准的只有中投公司，且中投公司也常因被视为渗透了中国政府意图的国际战略投资者而投资受阻，因此我国主权财富基金在身份认同上仍面临重重困难，须与我国政府携手进行内部改良，共同应对外部的挑战。

我国主权财富基金进行内部改良的重点在于"去政治化"以及确保基金的独立性，具体到制度层面包括投资目的、透明度、投资决策、人员任命、风险评估、监管等都应避免政治因素对基金的干扰，给予基金充分的自由和话语权。在应对外来投资风险方面，我国主权财富基金对外投资可能遇到的风险主要是投资准入前的安全审查及投资争端的解决。我国主权财富基金在投资前应当对安全审查规则进行深入解读，利用好申报前的磋商程序并慎重选择是否主动申报交易，如果遭遇强制审查，也可提请签订减缓协议，降低前期损失。在投资准入后若投资利益受损，有多种争端解决途径可供选择，包括国际投资仲裁、WTO 争端解决机制以及协商调解等。我国政府在今后的双边投资条约谈判中应积极推动主权财富基金投资权利的保护，尤其要谨防可能加入将我国主权财富基金与政府机关等同的条约内容，也应在国际经济规则的制定中发出中国声音，为主权财富基金争取更为自由公平的投资环境。

参考文献

一、中文参考文献

（一）中文著作

［德］E-U. 彼德斯曼. 国际经济法的宪法功能与宪法问题［M］. 何志鹏，等，译，北京：高等教育出版社，2004.

曾华群. 国际经济法导论［M］. 北京：法律出版社，2007.

陈安，曾华群. 国际投资法学［M］. 北京：北京大学出版社，1999.

陈安. 国际经济法学专论［M］. 北京：高等教育出版社，2002.

陈安. 国际经济法学专论［M］. 北京：高等教育出版社，2007.

丁伟. 国际投资的法律管制［M］. 上海：上海译文出版社，1996.

龚刃韧. 国家豁免问题的比较研究［M］. 北京：北京大学出版社，1994.

何志鹏. 全球化经济的法律调控［M］. 北京：清华大学出版社，2006.

胡晓红，张建军，李煜. 主权财富基金双边规制研究［M］. 北京：北京大学出版社，2017.

胡晓红. WTO 规则与国际经济法［M］. 北京：清华大学出版社，2004.

纪文华. WTO 争端解决规则与中国的实践［M］. 北京：北京大学出版社，2005.

联合国贸易和发展会议. 2017 年世界投资报告：投资与数字经济［M］. 联合国，2017.

刘笋. WTO 法律规则体系对国际投资法的影响［M］. 北京：中国法制出版社，2001.

刘笋. 国际投资保护的国际法制：若干重要法律问题研究［M］. 北京：法律出版社，2002.

余劲松. 国际经济法问题专论［M］. 武汉：武汉大学出版社，2003.

余劲松. 国际投资法［M］. 北京：法律出版社，2007.

中华人民共和国商务部. 国别贸易投资环境报告 2012［M］. 上海：上海人民出版社，2012.

（二）中文期刊论文

巴曙松，李科，沈兰成．主权财富基金：金融危机后的国际监管与协作新框架［J］．世界经济与政治，2010（7）．

蔡从燕．我国对外贸易壁垒调查制度：成就、不足及完善［J］．法律科学：西北政法学院学报，2004（2）．

蔡华．保险企业 SRI 问题探讨［J］．社会科学家，2012（4）．

曾宝华．金融监管公共利益理论及其质疑［J］．金融经济学研究，2006（6）．

曾华群．论双边投资条约范本的演进与中国的对策［J］．国际法研究，2016（4）．

陈辉萍．中美双边投资条约谈判中的国家安全审查问题［J］．国际经济法学刊，2015（1）．

陈正健．国际最低待遇标准的新发展：表现、效果及应对［J］．法学论坛，2015（6）．

第一财经日报．丝路基金起步运作 不是中国版马歇尔计划——专访中国人民银行行长周小川［J］．新商务周刊，2015（4）．

杜玉琼．论 WTO 争端解决机制的透明度——以"法庭之友"制度为视角［J］．社会科学研究，2013（2）．

顾华．竞争法的域外适用有悖国际法的基本原则［J］．法学，1999（11）．

韩德培．关贸总协定及其基本原则与规则［J］．法学评论，1993（3）．

韩龙，沈革新．美国外资并购国家安全审查制度的新发展［J］．时代法学，2010（5）．

韩龙．GATS 第一案——"美国赌博案"评析［J］．甘肃政法学院学报，2005（4）．

韩秀丽．环境保护：海外投资者面临的法律问题［J］．厦门大学学报：哲学社会科学版，2010（3）．

何艳．双边投资协定中的技术转让履行要求禁止规则研究——兼论我国在中美双边投资协定谈判中的立场［J］．当代法学，2014（4）．

黄世席．国际投资条约中投资的确定与东道国发展的考量［J］．现代法学，2014（9）．

季烨．国际投资条约中投资定义的扩张及其限度［J］．北大法律评论，2011（1）．

李俊江，范硕．论主权财富基金的兴起及其对国际金融体系的影响［J］．当代亚太，2008（4）．

李庆灵．国际投资仲裁中的缔约国解释：式微与回归［J］．华东政法大学学报，2016（5）．

李小霞．WTO 根本安全例外条款的理论与实践［J］．湖南社会科学，2010（5）．

李小霞．双边投资条约的发展新趋势及中国对策探析［J］．经济问题，2010（3）．

李勋．主权财富基金监管及其争端解决的国际法研究［J］．南方金融，2015（7）．

李勇．全国社会保障基金投资研究文献综述［J］．经济问题探索，2012（9）．

练爽．论主权财富基金的社会责任与治理——以 GPFG 的最新实践为例［J］．江汉论坛，2012（4）．

梁丹妮．国际投资协定一般例外条款研究——与 WTO 共同但有区别的司法经验［J］．法学评论，2014（1）．

梁开银．论 ICSID 与 WTO 争端解决机制的冲突及选择——以国家和私人投资争议解决为视角［J］．法学杂志，2009（8）．

梁一新．论国有企业主权豁免资格——以美国 FSIA、英国 SIA 和 UN 公约为视角［J］．比较法研究，2017（1）．

梁咏．我国海外投资之间接征收风险及对策——基于"平安公司 - 富通集团案"的解读［J］．法商研究，2010（1）．

刘恩专，刘立军．投资保护主义与中国对美国直接投资策略的适应性调整［J］．河北学刊，2013（3）．

刘丽丽．世界贸易组织对国际投资法的影响——从《与贸易有关的投资措施协议》来看［J］．法制与社会，2008（2）．

刘满达．跨国公司的人权责任［J］．法学，2003（9）．

刘笋．从 MAI 看综合性国际投资多边立法的困境和出路［J］．中国法学，2001（5）．

刘笋．论 WTO 协定对国际投资法的影响［J］．法商研究，2000（1）．

刘笋．浅析 WTO 争端解决机的司法性质及其对国际投资争议解决法的影响［J］．广西师范大学学报：哲学社会科学版，2002（1）．

刘笋．投资自由化规则在晚近投资条约中的反映及其地位评析［J］．华东政法学院学报，2002（1）．

刘岳川，胡伟．中国企业面临的海外反腐败执法风险及其应对——以美国《反海外腐败法》为例［J］．探索与争鸣，2017（8）．

刘正峰．信托制度基础之比较与受托人义务立法［J］．比较法研究，2004（3）．

吕江．《巴黎协定》：新的制度安排、不确定性及中国选择［J］．国际观察，2016（3）．

马强．美国 BIT 中不符措施条款的实践经验与借鉴［J］．中国经贸导刊，2014（1）．

孟国碧．论身份混同背景下我国外资并购中国家安全审查程序的完善［J］．时代法学，2014（3）．

苗迎春．论主权财富基金透明度问题［J］．国际问题研究，2010（4）．

潘圆圆，张明．中国主权财富基金投资策略的转变及其原因［J］．上海金融，2014（9）．

齐飞．WTO 争端解决机构的造法［J］．中国社会科学，2012（2）．

石静霞，胡荣国．试从 GATS 第 6 条与第 16 条的关系角度评"美国博彩案"［J］．法学，2005（8）．

石静霞．国际贸易投资规则的再构建及中国的因应［J］．中国社会科学，2015（9）．

宋玉华，李锋　主权财富基金的新型"国家资本主义"性质探析［J］．世界经济研究，2009（4）．

苏民．中国主权信用评级被低估了吗?：基于面板线性与有序概率回归方法［J］．世界经济研究，2017（11）．

苏晓华．企业治理观的变迁及其原因——基于人力资本特异性的分析［J］．经济问题探索，2006（1）．

孙强．英日外资并购安全审查制度及其对中方的启示［J］．中国商界，2010（4）．

陶立峰．外国投资国家安全审查的可问责性分析［J］．法学，2016（1）．

田晓萍．投资条约对国家公共政策空间的侵蚀及其变革——兼论我国缔约时的相关考量［J］．暨南学报：哲学社会科学版，2015（11）．

童德华，贺晓红．美国《反海外腐败法》执法对中国治理海外商业贿赂的借鉴［J］．学习与实践，2014（4）．

王化成，陈晋平．上市公司收购的信息披露——披露哲学、监管思路和制度缺陷［J］．管理世界，2002（11）．

王立东．完善我国外资国民待遇的法律问题［J］．当代法学，2002（11）．

王淑敏．国际投资中"外国政府控制的交易"之法律问题研究——由"三一集团诉奥巴马案"引发的思考［J］．法商研究，2013（5）．

王霞，王曙光．谈主权财富基金与西方投资保护措施［J］．经济问题，2008（6）．

王小琼．德国外资并购安全审查新立法述评及其启示［J］．国外社会科学，2011（6）．

王增文．经济新常态下中国社会保障基金均衡投资组合策略及决定因素分析——基于沪、深两市数据的比较［J］．中国管理科学，2017（8）．

王政扬．浅析中央企业多元化投资战略［J］．社会科学战线，2015（3）．

温树英．WTO 法律救济的现状与改革［J］．法学评论，2008（6）．

温先涛．《中国投资保护协定范本（草案）》论稿（一）［J］．国际经济法学刊，2011（4）．

吴成贤．GATS 对承诺方式的选，择及其分析——兼谈对服务贸易自由化的影响［J］．国际经贸探索，2001（4）．

吴建功．TPRM 关于争端预防的制度安排及其机理［J］．法学杂志，2011（6）．

肖芳．国际投资仲裁裁决在中国的承认与执行［J］．法学家，2011（6）．

谢平，陈超，柳子君．主权财富基金、宏观经济政策协调与金融稳定［J］．金融研究，2009（2）．

谢平，陈超．论主权财富基金的理论逻辑［J］．经济研究，2009（2）．

巴曙松，李科，沈兰成．主权财富基金：金融危机后的国际监管与协作新框架［J］．世界经济与政治，2010（7）．

徐崇利．利益平衡与对外资间接征收的认定及补偿［J］．环球法律评论，2008（6）．

杨永红．欧洲资本自由流动的黄金时代之开端——评欧洲法院有关黄金股机制案例法对资本市场的影响［J］．特区经济，2007（5）．

叶斌．欧盟 TTIP 投资争端解决机制草案：挑战与前景［J］．国际法研究，2016（6）．

叶斌．欧盟外资安全审查立法草案及其法律基础的适当性［J］．欧洲研究，2018（5）．

叶兴平．WTO 体系内制定投资规则的努力——历史、现状与展望［J］．现代法学，2004（1）．

易在成．主权财富基金：界定、争议及对策探讨［J］．比较法研究，2012（1）．

余劲松．国际投资条约仲裁中投资者与东道国权益保护平衡问题研究［J］．中国法学，2011（2）．

喻海燕，田英．中国主权财富基金投资——基于全球资产配置视角［J］．国际金融研究，2012（11）．

詹晓宁，葛顺奇．最大化扩大透明度范围——WTO"多边投资框架"中的透明度规则［J］．国际贸易，2003（8）．

张光．论东道国的环境措施与间接征收——基于若干国际投资仲裁案例的研究［J］．法学论坛，2016（4）．

张光．论国际投资仲裁中投资者利益与公共利益的平衡［J］．法律科学：西北政法大学学报，2011（1）．

张瑾．构建中的主权财富基金国际规则［J］．经济管理，2010（3）．

张瑾．中东地区主权财富基金的透明度［J］．阿拉伯世界研究，2015（1）．

张庆麟，练爽．主权财富基金投资准入法律规范研究［J］．时代法学，2012（2）．

张瑞婷．论 ICSID 解决 SWFs 投资争端的管辖可行性［J］．兰州学刊，2012（11）．

张晓君，温融．多边贸易谈判新议题的产生背景、发展及其启示——以"新加坡议题"为例［J］．重庆师范大学学报：哲学社会科学版，2005（3）．

张养志，郑国富．外国直接投资与哈萨克斯坦经济增长的实证分析［J］．俄罗斯东欧中亚研究，2009（2）．

章毅．法律调整视野下的中国主权财富基金［J］．学术界，2008（6）．

赵海乐．论国际投资协定再谈判的"政策空间"之争［J］．国际经贸探索，2016（7）．

赵旭东．美国的国有企业——联邦公司［J］．中外法学，1996（2）．

中华人民共和国商务部．德国加大对非欧盟投资限制［J］．国别贸易投资环境信息，2019（2）．

周晓虹．关于主权财富基金治理的三重追问［J］．当代法学，2012（6）．

周晓虹．是否存在一个公平的竞技场？［J］．当代法学，2011（6）．

朱明新．国际投资仲裁平行程序的根源、风险以及预防——以国际投资协定相关条款为中心［J］．当代法学，2012（2）．

朱雅妮．国际投资损害赔偿标准与仲裁实践［J］．湖南师范大学社会科学学报，2017（2）．

（三）学位论文

安仲伟．中国主权财富基金（CIC）"去主权化治理"路径探究［D］．北京化工大学，2014.

曾野．《服务贸易总协定》（GATS）下的市场准入与国民待遇义务的关系研究——以"中国电子支付服务案"为例［D］．对外经济贸易大学，2015.

陈克宁．主权财富基金监管法律问题研究［D］．武汉大学，2010.

姜樵．BIT 中根本安全利益例外条款的解释与适用问题研究［D］．清华大学，2015.

练爽．主权财富基金若干法律问题研究［D］．武汉大学，2012.

苏丽．可持续发展视阈下的代际公平问题研究［D］．江西师范大学，2009.

苏小勇．主权财富基金的法律规制研究［D］．中国政法大学，2009.

唐骏．国有企业混合所有制改革中的黄金股制度研究［D］．华东政法大学，2016.

田辉．我国外资监管国家安全审查法律问题研究［D］．郑州大学，2018.

张子妹．论国家管辖豁免中"商业交易"行为的认定［D］．首都经济贸易大学，2014.

（四）新闻报道

路透中文网．法国兴业银行将以 13 亿美元和解利比亚行贿案和 Libor 操纵案［N/OL］．2018 - 06 - 05［2018 - 11 - 05］．http：//finance. sina. com. cn/7x24/2018 - 06 - 05/doc-ihcmurvi1695652. shtml.

凤凰网．中投高管确认投资东京电力，投资额远小于之前报道［N/OL］．2011 - 03 - 23［2018 - 04 - 25］．http：//news. ifeng. com/c/7fZTsOWjl5d.

金融界基金：南方基金成为联合国责任投资原则组织（UNPRI）签署成员［N/OL］．2018 - 06 - 26［2018 - 12 - 10］．http：//fund. jrj. com. cn/2018/06/26162824729733. shtml.

经济观察报．工商银行、建设银行：美联储放行在美设分行［N/OL］．2008 - 06 - 23［2018 - 02 - 03］．http：//finance. sina. com. cn/j/20080623/13045012387. shtml.

叶海蓉．淡马锡被诉霸占七成半市场垄断印尼电信［N/OL］．21 世纪经济报道，2008 - 05 - 27［2017 - 12 - 03］．http：//www. idcquan. com/gjzx/724381. html.

三一重工．"三一集团诉奥巴马案"达成全面和解［N/OL］．2015 - 11 -

05［2018 - 01 - 12］. http：//www. sanygroup. com/xwzx/2116. html.

王慧卿. 对于外国主权投资基金默克尔趋向保守［N/OL］. 第一财经日报，2007 - 07 - 20［2018 - 12 - 03］. http：//finance. sina. com. cn/review/20070720/02293802872. shtml.

新民晚报. 三一重工起诉奥巴马政府的意义［N/OL］.［2018 - 01 - 10］. http：//www. xinhuanet. com//world/2012 - 10/26/c_123876196. html.

中国投资有限责任公司. 中投公司与高盛集团联合举办中美产业合作峰会［N/OL］. 2018 - 04 - 19［2018 - 12 - 01］. http：//www. china-inv. cn/china_inv/Media/2018 - 10/1001493. shtml.

中国投资有限责任公司. 中投公司与五家日本金融机构联合成立中日产业合作基［N/OL］. 2018 - 10 - 26［2018 - 12 - 01］. http：//www. china-inv. cn/china_inv/Media/2018 - 10/1001493. shtml.

21 世纪经济报道. 中投计划成立中意产业合作基金 已与意方达成共识［N/OL］. 2018 - 11 - 06［2018 - 12 - 25］. http：//field. 10jqka. com. cn/20181106/c607984279. shtml.

中国投资有限责任公司. 中投论坛 2018——国际产业合作及双向投资 CEO峰会［N/OL］. 2018 - 11 - 08［2018 - 12 - 19］. http：//www. china-inv. cn/china_inv/Media/2018 - 11/1001499. shtml.

中国网 "一带一路"投资在东南亚五成以上亏损？国资委回应［N/OL］. 2017 - 05 - 08［2019 - 01 - 17］. http：//finance. ifeng. com/a/20170508/15360726_0. shtml.

（五）法律法规

《对外贸易壁垒调查规则》［S］. 2005 - 01 - 01［2018 - 02 - 03］. http：//www. gov. cn/gongbao/content/2005/content_80631. htm.

《中华人民共和国政府和卡塔尔国政府关于鼓励和相互保护投资协定》［S］. 1999 - 04 - 01［2018 - 11 - 18］. http：//tfs. mofcom. gov. cn/aarticle/hat/201002/20100206778926. html.

《全国社会保障基金理事会职能配置、内设机构和人员编制规定》［S］. 2018 - 7 - 30.

《工商业与人权：实施联合国"保护、尊重和补救框架指导原则》［S］. HR/PUB/11/4，2011［2018 - 01 - 20］. http：//www. ohchr. org/Documents/Publications/GuidingPrinciplesBusinessHR_CH. pdf.

二、外文参考文献

（一）外文著作

Bassan F. The law of sovereign wealth funds ［M］. Edward Elgar Publishing, 2011.

Behrendt S. Sovereign Wealth Funds and the Santiago Principles: Where Do They Stand? ［M］. Carnegie Endowment for International Peace, 2010.

Bortolotti, Bernardo, Veljko Fotakand William L. Bill Megginson. The rise of sovereign wealth funds: definition, organization, and governance, in Public Private Partnerships for Infrastructure and Business Development ［M］. Palgrave Macmillan, 2015.

Brunnermeier M, Crockett A, Goodhart C A E, et al. The fundamental principles of financial regulation ［M］. ICMB, Internat. Center for Monetary and Banking Studies, 2009.

Demeyere, Bruno. Sovereign-Wealth Funds and（Un）Ethical Investment: Using "Due Diligence" As a Yardstick To Avoid Contributing to Human Rights Violations Committed by Companies in the Investment Portfolio, in Human rights, corporate complicity and disinvestment ［M］. Cambridge University Press, 2011.

Bassan F（ed.）. Research Handbook on Sovereign Wealth Funds and International Investment Law ［M］. Edward Elgar Publishing, 2015.

Gelb, Alan, et al. Sovereign wealth funds and long-term development finance: risks and opportunities ［M］. Policy Research Working Paper 6776, The World Bank, 2014.

Gilson R J, Milhaupt C J. Sovereign wealth funds and corporate governance: A minimalist response to the new mercantilism, in Corporate Governance ［M］. ROUTLEDGE in association with GSE Research, 2009.

Hawley, James P., and Andrew T. Williams. The rise of fiduciary capitalism: How institutional investors can make corporate America more democratic, University of Pennsylvania Press, 2000.

Hildebrand, Philipp M., and BANKING STUDIES. The challenge of sovereign wealth funds ［M］. SNB, 2007.

International Monetary Fun, Monetary, Capital Markets Department. Global Financial Stability Report, April 2012: The Quest for Lasting Stability ［M］.

International Monetary Fund, 2012.

International Monetary Fund, Monetary, Capital Markets Department. Global Financial Stability Report: Financial Market Turbulence Causes, Consequences, and Policies [M]. International Monetary Fund, 2007.

Laird, Sam, and Raymundo Valdés. The trade policy review mechanism, in The Oxford Handbook on The World Trade Organization [M]. Oxford University Press, 2012.

Llewellyn D T. The economic rationale for financial regulation [M]. London: Financial Services Authority, 1999.

Lyons G. State capitalism: The rise of sovereign wealth funds [M]. London: Standard Chartered, 2007.

Messerlin P A. Measuring the costs of protection in Europe: European commercial policy in the 2000s [M]. Peterson Institute, 2001.

Musacchio A, Lazzarini S G. Reinventing state capitalism: Leviathan in business, Brazil and beyond [M]. Harvard University Press, 2014.

Nystuen, Gro, Andreas Follesdal, and Ola Mestad, eds. Human rights, corporate complicity and disinvestment [M]. Cambridge University Press, 2011.

Petrova I, Pihlman J, Kunzel M P, et al. Investment objectives of sovereign wealth funds: a shifting paradigm [M]. International Monetary Fund, 2011.

Richardson B J. Fiduciary law and responsible investing: In nature's trust [M]. Routledge, 2013.

Shemirani M. Sovereign wealth funds and international political economy [M]. Routledge, 2016.

Sornarajah, Muthucumaraswamy. The international law on foreign investment [M]. Cambridge University Press, 2017.

Zhang W., Alon I., Lattemann C. (eds.). China's Belt and Road Initiative, Palgrave Studies of Internationalization in Emerging Markets [M]. Palgrave Macmillan, Cham, 2018.

UNCTAD, UN. World investment report 2015: Reforming international investment governance [M]. United Nations Publications Customer Service, 2015.

Stephan W Schill. International investment law and comparative public law [M]. Oxford University Press, 2010,

Sauvant K P, Sachs L E, Jongbloed W P F S, Sovereign investment: Concerns and policy reactions, Oxford University Press, 2012.

（二）外文期刊论文

Aaron A. Dhir. Realigning the Corporate Building Blocks: Shareholder Proposals as a Vehicle for Achieving Corporate Social and Human Rights Accountability [J]. American Business Law Journal, 2006, 43.

Abdullah Al-Hassan & Michael G. Papaioannou & Martin Skancke & Cheng Chih Sung. Sovereign Wealth Funds: Aspects of Governance Structures and Investment Management [J]. IMF Working Papers 13/231, International Monetary Fund, 2013.

Aguilera R V, Capapé J, Santiso J. Sovereign wealth funds: A strategic governance view [J]. Academy of Management Perspectives, 2016, 30.

Aizenman J, Glick R. Sovereign wealth funds: Stylized facts about their determinants and governance [J]. International Finance, 2009, 12.

Allee T, Peinhardt C. Delegating differences: Bilateral investment treaties and bargaining over dispute resolution provisions [J]. International Studies Quarterly, 2010, 54.

Anabtawi I, Stout L. Fiduciary duties for activist shareholders [J]. Stanford Law Review, 2007, 60.

Andrew Rozanov. Who Holds the Wealth of Nations [J]. Central Banking Journal, 2005, 15.

Annacker C. Protection of Sovereign Wealth: Book Review of Sovereign Investment: Concerns and Policy Reactions/edited by Karl P Sauvant, Lisa E Sachs and Wouter PF Schmit Jongbloed [J]. ICSID Review, 2013, 29.

Annacker, Claudia. Protection and admission of sovereign investment under investment treaties [J]. Chinese Journal of International Law, 2011, 10.

Anne, van Aaken. Fragmentation of International Law: The Case of International Investment Protection [J]. Published in: Finnish Yearbook of International Law", U. of St. Gallen Law & Economics Working Paper No. 2008 - 01, 2008, 17.

B. J. McCabe. Are Corporations Socially Responsible? Is Corporate Social Responsibility Desirable? [J]. Bond Law Review, 1992, 1.

Backer L C. The Human Rights Obligations of State-Owned Enterprises: Emerging Conceptual Structures and Principles in National and International Law and Policy [J]. Vanderbilt Journal of Transnational Law, 2017, 50.

Backer L C. Sovereign investing in times of crisis: global regulation of sovereign wealth funds, state-owned enterprises, and the Chinese experience [J]. Transnational Law & Contemporary Problems, 2010, 19.

Backer L C. The Private Law of Public Law: Public Authorities as Shareholders, Golden Shares, Sovereign Wealth Funds, and the Public Law Element in Private Choice of Law [J]. Tulane Law Review, 2007, 82.

Baev A A. Is There a Niche for the State in Corporate Governance— Securitization of State-Owned Enterprises and New Forms of State Ownership [J]. Houston Journal of International Law, 1995, 18.

Barbara O'Neill. Edwin M. Truman. Sovereign Wealth Funds: Threat or Salvation? [J]. Peterson Institute for International Economics, Washington, 2010.

Basu, Arnab, and Shouvik Kumar Guha. The Role of Sovereign Wealth Fund in International Investment Law [J]. Nirma University Law Journal, 2012, 1.

Beck, Roland, and Michael Fidora. The impact of sovereign wealth funds on global financial markets [J]. Intereconomics, 2008, 43.

Bernstein S, Lerner J, Schoar A. The investment strategies of sovereign wealth funds [J]. Journal of Economic Perspectives, 2013, 27.

Blyschak P. State-owned enterprises and international investment treaties: When are state-owned entities and their investments protection [J]. Journal of International Law & International Relations, 2011, 6.

Briefs U I. Global FDI in Decline Due to the Financial Crisis, and a Further Drop Expected [J]. Investment Issues Analysis Branch of UNCTAD, 2009.

Broches, Aron. Selected Essays: World Bank, ICSID, and other subjects of public and private international law [J]. Martinus Nijhoff Publishers, 1995.

Bruce L. Benson. Polycentric Law Versus Monopolized Law: Implications from International Trade for the Potential Success of Emerging Markets [J]. Journal of Private Enterprise, 1999, 15.

Bruton G D, Peng M W, Ahlstrom D, et al. State-Owned enterprises around the world as hybrid organizations [J]. Academy of Management Perspectives, 2015, 29.

C. Chao. The Rise of Global Sovereign Wealth Fund [J]. Modern Bankers, 2006.

Cameron J, Gray K R. Principles of International Law in The WTO Dispute Settlement Body [J]. International & Comparative Law Quarterly, 2008, 50.

Carolyn Ervin, Director, OECD Directorate for Financial and Enterprise Affairs. Should sovereign wealth funds be treated differently than other investors? [J]. OECD OBSERVER, http: //www. oecdobserver. org/news/archivestory. php/aid/2610/Sovereign_wealth_funds. html.

Chaisse J, Matsushita M. Maintaining the WTO's Supremacy in the International Trade Order: A Proposal to Refine and Revise the Role of the Trade Policy Review Mechanism [J]. Journal of International Economic Law, 2013, 16.

Chaisse, Julien. Assessing the relevance of multilateral trade law to sovereign investments: Sovereign Wealth Funds as "investors" under the general agreement on trade in services [J]. International Review of Law, 2015, http: //dx. doi. org/ 10. 5339/irl. 2015. swf. 9.

Chalamish, Efraim. Protectionism and Sovereign Investment Post Global Recession [J]. Ssrn Electronic Journal, 2010, Available at SSRN: https: // ssrn. com/abstract = 1554618.

Chalmers D, Davies G, Monti G. European Union law: cases and materials [J]. Pension Reform Project Preparation Mission, 2010, 5.

Chesterman S. The turn to ethics: Disinvestment from multinational corporations for human rights violations—the case of Norway's sovereign wealth fund [J]. American University International Law Review, 2007, 23.

Christie G C. What Constitutes a Taking of Property Under International Law? [J]. British Year Book of International Law, 1962.

Chung H, Talaulicar T. Forms and effects of shareholder activism [J]. Corporate Governance: An International Review, 2010, 18.

Ciarlone A, Miceli V. Escaping financial crises? Macro evidence from sovereign wealth funds' investment behaviour [J]. Emerging Markets Review, 2016, 27.

Clark G L, Knight E R W. Temptation and the virtues of long-term commitment: the governance of sovereign wealth fund investment [J]. Asian Journal of International Law, 2011, 1.

Clark, Gordon L. , and Ashby HB Monk. The legitimacy and governance of Norway's sovereign wealth fund: the ethics of global investment [J]. Environment and Planning A, 2010, 42.

Claudia Annacker. Protection of Sovereign Wealth Book Review of Sovereign

Investment: Concerns and Policy Reactions [J]. ICSID Review, 2014, 29.

Collier J. Sovereign wealth funds—a significant and growing global force [J]. Business ethics and sustainability. Edward Elgar, Northampton, 2011.

Cox C. The rise of sovereign business [J]. Securities Industry News, 2007, 19.

Crocheting C. Socially Responsible Investing [J]. Encyclopedia of Business & Society, 2007.

Daniel Kliman and Abigail Grace. Power Play Addressing China's Belt and Road Strategy [J]. Center for a New American Security, September 20, 2018, https: //www. cnas. org/publications/reports/power-play.

Davis H. Financial Regulation: Why Bother? Society of Business Economists Lecture [J]. Financial Services Authority, mimeo, 1999.

Stigler, George J. The theory of economic regulation [J]. The Bell journal of economics and management science, 1971.

Dixon A D, Monk A H B. The Design and Governance of Sovereign Wealth Funds: Principles & Practices for Resource Revenue Management [J]. Available at SSRN 1951573, 2011.

Clark, Gordon L., and EricRW Knight. Temptation and the virtues of long-term commitment: the governance of sovereign wealth fund investment [J]. Asian Journal of International Law, 2011, 1.

Dixon, Adam D. Enhancing the Transparency Dialogue in the Santiago Principles for Sovereign Wealth Funds [J]. Seattle University law review, 2013, 37.

Dobbs, Richard, et al. Infrastructure productivity: how to save $ 1 trillion a year [J]. McKinsey Global Institute, 2013, 88.

Dodge, William S. Investor-state dispute settlement between developed countries: reflections on the Au-stralia-United States Free Trade Agreement [J]. Vanderbilt Journal of Transnational Law, 2006, 39.

Dolzer R. Fair and equitable treatment: a key standard in investment treaties [J]. The International Lawyer, 2005, 39.

Edwin Truman. Sovereign wealth funds: the Need for Greater Transparency and Accountability [J]. Peterson Institute for International Economics Working Paper No. PB −6, 2007.

Jeswald Salacuse. The Emerging Global Regime for Investment [J]. Harvard

International Law Journal, 2010, 51.

Eurosif. European SRI study 2010 [J]. European Sustainable Investment Forum, 2010, http: //www. eurosif. org/wp-content/uploads/2014/04/Eurosif _ 2010_SRI_Study. pdf.

Farrell D, Lund S, Gerlemann E, et al. The New Power Brokers: How Oil, Asia, Hedge Funds, and Private Equity Are Shaping Global Capital Markets [J]. San Francisco: McKinsey Global Institute, 2007.

Federico Lavopa. Crisis, Emergency Measures and Failure of the Investor-State Dispute Settlement System: The Case of Argentina [J]. IPS-TRANSCEND Media Service, 2015.

Fernandes N, Bris A. New life for sovereign wealth funds. Valuable contributors to long term shareholder value [J]. International Institute for Management Development, 2009.

Franck S D. Foreign direct investment, investment treaty arbitration, and the rule of law [J]. Global Business & Development Law Journal, 2006, 19.

Gao H S. Public-Private Partnership: The Chinese Dilemma [J]. Social Science Electronic Publishing, 2014, 48.

Chaisse J. The Regulation of Sovereign Wealth Funds in the European Union: Can the Supranational Level Limit the Rise of National Protectionism? [J]. Sovereign Investment. Concerns and Policy Reactions, Oxford, 2012.

Gelpern A. Sovereignty, accountability, and the wealth fund governance conundrum [J]. Asian Journal of International Law, 2011, 1.

Ghahramani, Salar. Sovereign wealth funds and shareholder activism: applying the Ryan-Schneider antecedents to determine policy implications [J]. Corporate Governance: The international journal of business in society, 2013, 13.

Greene E F, Yeager B A. Sovereign wealth funds—a measured assessment [J]. Capital Markets Law Journal, 2008, 3.

Guay T, Doh J P, Sinclair G. Non-governmental organizations, shareholder activism, and socially responsible investments: Ethical, strategic, and governance implications [J]. Journal of business ethics, 2004, 52.

Haberly D. Strategic sovereign wealth fund investment and the new alliance capitalism: A network mapping investigation [J]. Environment and Planning A, 2011, 43.

Hall, David A. The False Panacea of International Agreements for US

Regulation of Sovereign Wealth Funds [J]. International Law and Management Review, 2008, 5.

Halvorssen, Anita Margrethe. Addressing Climate Change Through the Norwegian Sovereign Wealth F-und (SWF) – Using Responsible Investments to Encourage Corporations to take ESG Issues into Account intheir Decision-Making [J]. International and Comparative Corporate Law Journal, 2010, University of Oslo Faculty of Law Research Paper No. 2010 – 06, available at SSRN: https: // ssrn. com/abstract = 1712799.

Hamilton S, Jo H, Statman M. Doing well while doing good? The investment performance of socially responsible mutual funds [J]. Financial Analysts Journal, 1993, 49.

Hawley J, Williams A. Universal owners: Challenges and opportunities [J]. Corporate Governance: An International Review, 2007, 15.

Hill R P, Ainscough T, Shank T, et al. Corporate social responsibility and socially responsible investing: A global perspective [J]. Journal of Business Ethics, 2007, 70.

Hong L I. Depoliticization and regulation of sovereign wealth funds: A Chinese perspective [J]. Asian Journal of International Law, 2011, 1.

Hsu I. Sovereign Wealth Funds: Investors in search of an identity in the twenty-first century [J]. International Review of Law, 2015.

Jason Dean. China Wealth Fund to Boost Investments [J]. The Wall Street Journal, New York, 2012.

Johan, Sofia A. , April Knill, and Nathan Mauck. Determinants of sovereign wealth fund investment in private equity vs public equity [J]. Journal of International Business Studies, 2013, 44.

Jones K. Patterns of Investor-State Dispute Settlement Decisions [J]. International Advances in Economic Research, 2018, 24.

JONGBLOED W P F S, Sachs L E, Sauvant K P. Sovereign Investment: An Introduction [J]. Sovereign Investment. Concerns and Policy Reactions, Oxford, 2012.

Joseph E. Gagnon. Do Governments Drive Global Trade Imbalances? [J]. Working Paper Series WP17 – 15, Peterson Institute for International Economics, 2016.

Joseph J. Norton. The "Santiago Principles" for Sovereign Wealth Funds: A

Case Study on International Financial Standard-Setting Processes [J]. Journal of International Economic Law, 2010, 13.

Kamiński T. Sovereign Wealth Fund investments in Europe as an instrument of Chinese energy policy [J]. Energy Policy, 2017, 101.

Keller A. Sovereign Wealth Funds: Trustworthy Investors or Vehicles of Strategic Ambition—an Assessment of the Benefits, Risks and Possible Regulation of Sovereign Wealth Funds [J]. Georgetown Public Policy Review, 2009, 7.

Kern S. Sovereign wealth funds-state investments on the rise [J]. Deutsche Bank Research, 2007, 10.

Kimmitt R M. Public footprints in private markets: Sovereign wealth funds and the world economy [J]. Foreign Affairs, 2008, 87.

Larry Catá Backer. Sovereign Investing and Markets-Based Transnational Rule of Law Building: The Norwegian Sovereign Wealth Fund in Global Markets [J]. American University International Law Review, 2013, 29.

Lhaopadchan S. The politics of sovereign wealth fund investment: the case of Temasek and Shin Corp [J]. Journal of Financial Regulation and Compliance, 2010, 18.

Lippincott, Meg. Depoliticizing sovereign wealth funds through international arbitration [J]. Chicago Journal of International Law, 2012, 13.

Lipson D J. GATS and Trade in Health Insurance Services: Background Note for WHO Commission on Macroeconomics and Health [J]. Commission on Macroeconomics & Health Who, 2001.

Louche C, Lydenberg S, Socially responsible investment: Differences between Europe and the United States, in Proceedings of the International Association for Business and Society, Proceedings of the Seventeenth Annual Meeting, 2006, 17.

Mark Freeman. Doing well by doing good: linking human rights with corporate self-interest [J]. International Business Law Journal, 2006.

McNelis N, Bronckers M. Fact and Law in Pleadings before the WTO Appellate Body [J]. International Trade Law & Regulation, 2000.

Mikko Rajavuori. Governing the Good State Shareholder: The Case of the OECD Guidelines on Corporate Governance of State-Owned Enterprises [J]. European Business Law Review, 2018, 29.

Milton Friedman. The Social Responsibility of Business is to Increase its Profits

[J]. The New York Times Magazine, 1970.

Miracky W, Dyer D, Fisher D, et al. Assessing the Risks: The Behaviours of Sovereign Wealth Funds in the Global Economy [J]. Monitor Group, 2008.

Monk A. Recasting the sovereign wealth fund debate: trust, legitimacy, and governance [J]. New Political Economy, 2009, 14.

Mosoti V. Bilateral investment treaties and the possibility of a multilateral framework on investment at the WTO: Are poor economies caught in between [J]. Northwestern Journal of International Law & Business, 2005, 26.

Murray D. SWFs: Myth and Realities [J]. Keynote Address, London: Global Sovereign Funds Roundtable, 2011.

OECD. National Security and "Strategic" Industries: An Interim Report, in International Investment Perspectives 2007: Freedom of Investment in a Changing World Freedom of Investment [J]. OECD-Organization for Economic Cooperation and Development, 2007.

P. Rose. Sovereign Investing and Corporate Governance: Evidence and Policy [J]. Fordham Journal of Corporate and Financial Law, 2013, 18.

PARK, D. , & ESTRADA, G. Developing Asi's Sovereign Wealth Funds: The Santiago Principles and the Case for Self Regulation [J]. Asian Journal of International Law, 2011, 1.

Petersen H L, Vredenburg H. Morals or economics? Institutional investor preferences for corporate social responsibility [J]. Journal of Business Ethics, 2009, 90.

Petersmann E U, Petersmann E. The dispute settlement system of the World Trade Organization and the evolution of the GATT dispute settlement system since 1948 [J]. Common Market Law Review, 1994, 31.

Piotr Wiśniewski. The Recent Investment Activity of Global Sovereign Wealth Funds [J]. Social Science Electronic Publishing, 2017, Available at SSRN: https://ssrn.com/abstract=2920876.

Raymond H. The effect of Sovereign Wealth Funds' investments on stock markets [J]. Banque de France Occasional Paper, 2008, 7.

Selfin Y, Snook R, Gupta H. The impact of Sovereign Wealth Funds on economic success [J]. Price waterhouse Coopers (PwC), 2011.

Renneboog L, Ter Horst J, Zhang C. Socially responsible investments: Institutional aspects, performance, and investor behavior [J]. Journal of Banking

& Finance, 2008, 32.

Richardson B J. Sovereign wealth funds and socially responsible investing: An emerging public fiduciary [J]. Global Journal of Comparative Law, 2012, 1.

Richardson B J. Sovereign Wealth Funds and the Quest for Sustainability: Insights from Norway and New Zealand [J]. Social Science Electronic Publishing, 2011, 2.

Rose, Paul. Sovereign Wealth Funds: Active or Passive Investors? [J]. Social Science Electronic Publishing, 2008, Available at SSRN: https://ssrn.com/abstract=1307182.

Rozanov, Andrew. Definitional challenges of dealing with sovereign wealth funds [J]. Asian Journal of International Law, 2011, 1.

Rozanov. Andrew. Sovereign wealth funds: Defining liabilities [J]. Revue d' Économie Financière, 2009, 9.

Rozanov. Andrew. Who holds the wealth of nations [J]. Central Banking Journal, 2005, 15.

S. Ghahramani. Sovereigns, Socially Responsible Investing, and the Enforcement of International Law t-hrough Portfolio Investment and Shareholder Activism: The Three Models [J]. University of Pennsylvania Journal of International Law, 2014, 35.

S. Prakash Sethi. Investing in Socially Responsible Companies is a must for Public Pension Funds [J]. Journal of Business Ethics, 2005, 56.

Saravanamuthu, Kala. Corporate Governance: Does any Size Fit? [J]. Advances in Public Interest Accounting, 2004, 11.

Schill S W. The Multilateralization of International Investment Law: The Emergence of a Multilateral System of Investment Protection on the Basis of Bilateral Treaties [J]. Ssrn Electronic Journal, 2008, 6.

Schueth S. Socially responsible investing in the United States [J]. Journal of business ethics, 2003, 43.

Schwarcz S L. Regulating complexity in financial markets [J]. Washington University Law Review, 2009, 87.

Shaughnessy, Patricia. Pre-arbitral urgent relief: the new SCC emergency arbitrator rules [J]. Journal of International Arbitration, 2010, 27.

SIF, US. Report on US sustainable, responsible and impact investing trends [J]. Washington, D. C. : US SIF, 2014.

Slawotsky J. Sovereign wealth funds and jurisdiction under the FSIA [J]. U. Pa. J. Bus. L. , 2008, 11.

Sornarajah, M. Sovereign wealth funds and the existing structure of the regulation of investments [J]. Asian Journal of International Law, 2011, 1.

Steven R. Ratner. Corporations and Human Rights: A Theory of Legal Responsibility [J]. Yale Law Journal, 2001, 111.

Sullivan R, Hachez N. Human Rights Norms for Business: The Missing Piece of the Ruggie Jigsaw—The Case of Institutional Investors [J]. Ssrn Electronic Journal, 2012.

Summers L. Funds that shake capitalist logic [J]. Financial Times, 2007, 29.

Terry, Laurel S. But What Will the WTO Disciplines Apply To—Distinguishing among Market Access, National Treatment and Article VI: 4 Measures When Applying the GATS to Legal Services [J]. Journal of the Professional Lawyer, 2003, 83.

Thomas N. Regulating Sovereign Wealth Funds Through Contract [J]. Duke Journal of Comparative & International Law, 2013, 24.

Thomas S, Chen J. China's Sovereign Wealth Funds: origins, development, and future roles [J]. Journal of Contemporary China, 2011, 70.

Trakman, Leon E. Status of Investor-State Arbitration: Resolving Investment Disputes under the Transpacific Partnership Agreement [J]. Journal of World Trade, 2014, 48.

Truman E M. Sovereign Wealth Funds: Is Asia Different? [J]. Social Science Electronic Publishing, 2011, Available at SSRN: https://ssrn.com/abstract = 1898787.

Truman E. Sovereign wealth funds: Threat or salvation? [J]. Peterson Institute, 2010.

UNCTAD. Taking of Property, UNCTAD Series on issues in international investment agreements [J]. New York and Geneva, 2000.

Van Der Zee E. Sovereign wealth funds and socially responsible investment: Dos and don'ts [J]. European Company Law, 2012, 9.

Van der Zee, Eva. In between Two Societal Actors: The Social and Environmental Responsibilities of Sovereign Wealth Funds [J]. University of Oslo Faculty of Law Research Paper No. 2017 – 11, 2016, 12.

Vandevelde K J, Dolzer R, Stevens M. Bilateral Investment Treaties [J]. International Law Update, 1993, 90.

Wagner, Markus. Regulatory Space in International Trade Law and International Investment Law [J]. University of Pennsylvania Journal of International Law, 2014, 36.

Weidemaier, W. Mark C. , and Mitu Gulati. Market Practice and the Evolution of Foreign Sovereign Immunity [J]. Law & Social Inquiry, 2018, 43.

William J. Moon. Essential Security Interests in International Investment Agreements [J]. Journal of International Economic Law, 2012, 15.

William T. Allen. Our Schizophrenic Conception of the Business Corporation [J]. Cardozo Law Review, 1992, 14.

Williams G. Socially responsible investment in Asia [J]. Social Space, 2010.

Zang, Michelle Q. Talking Across the Boundaries: Engagement between the WTO and ISDS Adjudicators [J]. Society of International Economic Law (SIEL), Sixth Biennial Global Conference; Pluri Courts Research Paper No. 18 – 02, 2018.

（三）法律法规

Agreement between the Federal Republic of Germany and the State of Kuwait for the Encouragement and Reciprocal Protection of Investments. 15 November 1997, http: //unctad. org/Sections/dite_tobedeleted/iia/docs/bits/germany_kuwait. pdf.

Agreement between Canada and the Czech Republic for the Promotion and Protection of Investments. 22 January 2012.

Agreement between Canada and the Slovak Republic for the Promotion and Protection of Investments. 14 March 2012 http: //unctad. org/Sections/dite _ tobedeleted/iia/docs/bits/Canada_slovakia_new. pdf, accessed 20 November 2018.

Agreement between the Federal Republic of Germany and the United Arab Emirates.

For the Promotion and Reciprocal Protection of Investments. 2 July 1999, http: //unctad. org/Sections/dite_tobedeleted/iia/docs/bits/UAE_Germany. pdf.

Agreement between the Government of the Kingdom of Saudi Arabia and the Government of Malaysia concerning the Promotion and Reciprocal Protection of Investments. 14 August 2001, http: //unctad. org/Sections/dite _ tobedeleted/iia/ docs/bits/saudi_malaysia. pdf.

Agreement between the Government of the Republic of India and the Government of the State of Qatar for the Reciprocal Promotion and Protection of Investments. 15 December 1999, http: //unctad. org/Sections/dite_tobedeleted/iia/docs/bits/India_Qatar. pdf.

Agreement between the Government of the Republic of Korea and the Government of the Kingdom of Saudi Arabia concerning the Reciprocal Encouragement and Protection of Investments. 19 February 2003, http: //unctad. org/Sections/dite_tobedeleted/iia/docs/bits/korea_saudiarabia. pdf.

Agreement between the Kingdom of Saudi Arabia and the Republic of Austria concerning the Encouragement and Reciprocal Protection of Investments. 25 July 2003, http: //unctad. org/Sections/dite_tobedeleted/iia/docs/bits/saudi_ austria. pdf.

Agreement between the Kingdom of Saudi Arabia and the Belgo Luxembourg Economic Union (B. L. E. U.)concer-ning the Reciprocal Promotion and Protection of Investments. 11 June 2004, http: //unctad. org/Sections/dite_ tobedeleted/iia/docs/bits/saudi_belg_lux. pdf.

Agreement between the Government of the Republic of India and Government of the Kingdom of Saudi Arabia concerning the Encouragement and R-eciprocal Protection of Investments. 20 May 2008, http: //unctad. org/Sections/dite _ tobedeleted/iia/docs/bits/India_Saudi% 20Arabia. pdf.

Agreement between the Czech Republic and the Kingdom of Saudi Arabia for the Encouragement and Reciprocal Protection of Investments. 13 March 2011, http: //unctad. org/Sections/dite_tobedeleted/iia/docs/bits/czech_saudi. pdf.

Agreement between the Government of the Kingdom of Saudi Arabia and the Government of Malay-sia concerning the Promotion and Reciprocal Protection of Investments. 14 August 2001, http: //unctad. org/Sections/dite _ tobedeleted/iia/docs/bits/saudi_malaysia. pdf.

Agreement between the Government of the Republic of India and Government of the Kingdom of Saudi Arabia concerning the Encouragement and R-eciprocal Protection of Investments. 20 May 2008, http: //unctad. org/Sections/dite _ tobedeleted/iia/docs/bits/India_Saudi% 20Arabia. pdf.

Agreement between the Czech Republic and the Kingdom of Saudi Arabia for the Encouragement and Reciprocal Prot-ection of Investments. 13 March 2011, http: //unctad. org/Sections/dite_tobedeleted/iia/docs/bits/czech_saudi. pdf.

Agreement between the Government of the Republic of India and the Government of the State of Qatar for the Reciprocal Promotion and Protection of Investments. 15 December 1999, http：//unctad. org/Sections/dite_tobedeleted/iia/docs/bits/India_Qatar. pdf.

Agreement between the Government of the United Arab Emirates and the Government of the Russian Federation on the Promotion and Reciprocal Protection of Investments. http：//unctad. org/Sections/dite _ tobedeleted/iia/docs/bits/UAE _ Russia. pdf.

Agreement Between the Government of the United Arab Emirates and the GOvernment of the United Kingdom of Great Britain and Northern Ireland for the Promotion and Protection of Investments. http：//unctad. org/Sections/dite _ tobedeleted/iia/docs/bits/UAE_UK. pdf.

Agreement between the State of Kuwait and the Republic of India for the Encouragement and Reciprocal Protection of Investments. 28 June 2003, http：//unctad. org/Sections/dite_tobedeleted/iia/docs/bits/India_Kuwait. pdf.

Convention on Jurisdictional Immunities of States and Their Property. UNITED NATIONS, http：//treaties. un. org/doc/source/RecentTexts/English_3_13. pdf.

Convention on the Settlement of Investment Disputes between States and Nationals of Other States. 14 October 1966, preamble.

Foreign Affairs and International Trade Canada (DFAIT), Canada's FIPA Model. 20 May 2004, http：//www. dfait-maeci. gc. ca/tna-nac/what_fipa-en. asp# structure.

Guidelines for the Observation and Exclusion of Companies from the Government.

Pension Fund Global's Investment Universe. https：//www. regjeringen. no/contentassets/7c9a364d2d1c474f8220965065695a4a/guidelines_observation_ exclusion 2016. pdf.

Norway 2007 Draft Model BIT, ARTICLE 5.

Principles Guiding Consideration of Foreign Government Related Investment in Australia. 17 February 2008.

Report of the Executive Directors on the Convention on the Settlement of Investment Disputes between States and Nationals of Other States. 18 March 1965.

The Ten Principles of the UN Global Compact Principle One：Human Rights. https：//www. unglobalcompact. org/what-is-gc/mission/principles/principle – 1.

The Ten Principles of the UN Global Compact Principle Two：Human

Rights. https://www. unglobalcompact. org/what-is-gc/mission/principles/principle −2.

The General Agreement on Tariffs and Trade. https://www. wto. org/english/docs_e/legal_e/gatt47_01_e. htm#articleX.

U. N. Hum. Rts. Comm. , General Comment 31 [80], The Nature of the General Legal Obligation Imposed on States Parties to the Covenant, § 8, U. N. Doc. CCPR/C/21/Rev. 1/Add. 13 (May 26, 2004).

U. N. Secretariat, Report of the Working Group on the Issue of Human Rights and Transnational Corporations and Other Business Enterprises, U. N. Doc. A/HRC/32/45, May 4, 2016.

（四）案例

AIG Capital Partners Inc. and Another v. Kazakhstan [2005] EWHC 2234 (Comm) 129 ILR 589.

Case C − 274/06, Commission of the European Communities v. Kingdom of Spain, [2008] ECR I −26.

Case C − 326/07, Commission of the European Communities v. Italian Republic, [2009].

Citigroup, Inc. v. Abu Dhabi Inv. Auth. , 776 F. 3d 126, 134.

Emilio Augustin Maff ezini v. Spain (ICSID Case No. ARB/97/7, Decision on Jurisdiction, 25 January 2000) and Salini v. Morocco (ICSID Case no. ARB/00/4, Decision on Jurisdiction, 23 July 2001).

Gustav F W Hamester GmbH&Co KG v. Republic of Ghana, ICSID Case No. ARB/07/24, Award of 18 June, 2010.

Nicaragua v. United States of America, Merits, Judgment of June 27, 1986, ICJ Reports 1984.

Jan de Nul NV and Dredging International NV v. Egypt, ICSID No. ARB/04113, Award of 6 November 2008.

Kuwait v. X, Swiss Federal Tribunal, 24 January 1994, EWCA Civ 575.

Metalclad Corporation v. The United Mexican States, ICSID Case No. ARB (AF) /97/1.

Methanex Corp. v. United States of America, Final Award, https://www. italaw. com/sites/default/files/case-documents/ita0529. pdf.

Occidental Exploration and Production Company v. The Republic of Ecuador, Award, ICSID Case No. ARB/06/11, https://www. italaw. com/sites/default/

files/case-documents/italaw1094. pdf.

Philip Morris Asia Limited v. The Commonwealth of Australia, UNCITRAL, PCA Case No. 2012 – 12.

Recommendation on Exclusion of Wal-Mart Stores (15 Nov. 2005), www. regjeringen. no/pages/1661427/Tilr% C3% A5dning% 20WM% 20eng% 20format. pdf.

Report of the Appellate Body. United States-Measures Affecting the Cross-Border Supply of Gambling and Betting Services, WT/DS285/AB/R, 7 April 2005.

Report of the Panel. United States-Measures Affecting the Cross-Border Supply of Gambling and Betting Services, WT/DS285/AB/R, 10 Nov. 2004.

State General Reserve Fund of the Sultanate of Oman v. Republic of Bulgaria, ICSID Case No. ARB/15/43.

United Parcel Services of America Inc v. Government of Canada, Award on the merits, May 24, 2007.

Trendtex Trading Corporation v. Central Bank of Nigeria, January 13, 1977, ILR.

Universal Declaration of Human Rights, G. A. Res. 217A, at 72, U. N. GAOR, 3d Sess. , 1st plen. mtg. , U. N. Doc. A/810 (Dec. 12, 1948) .

White Industries Australia Limited v Republic of India, UNCITRAL, Award (30 November 2011) .

Yukos Universal Limited (Isle of Man) v. The Russian Federation, Final Award, UNCITRAL, PCA Case No. AA 227, https: //www. italaw. com/sites/default/files/case-documents/italaw3279. pdf.

（五）新闻报道

ADIA Sues Petrobas Thanks to Operation Car Wash Results. SWFI (Mar. 21, 2017), http: //www. swfinstitute. org/swf-news/adia-sues-petrobras-thanks-to-operation-car-wash-results/.

Kit Chellel & Matthew Campbell, Goldman Sachs Wins Suit Over $ 1. 2 Billion.

Libyan Fund Losses. BLOOMBERG (Oct. 14, 2016, 9: 07 AM), https://www. bloomberg. com/news/articles/2016 – 10 – 14/goldman-sachs-wins-libya-investment-fund-s – 1 – 2 – billion-lawsuit.

Mark Landler, Norway Backs Its Ethics with Cash. N. Y. Times (May 4,

2007），http：//query. nytimes. com/gst/fullpage. html？res ＝ 9E01E1DB113EF937
A35756C0A9619C8B63&sec ＝ &spon.

Orr L. Abu Dhabi Loses Fight to Citi over Bailout. *Aicio News*，2013.

RBC Global Asset Management Report. Does Socially Responsible Investing
Hurt Investment Returns？（Sept. 2012）. http：//funds. rbcgam. com/＿ assets-
custom/pdf/RBC-GAM-does-SRI-hurt-investment-returns. pdf.

State-owned Enterprises Must Lead by Example on Business and Human Rights-
New UN Report. O-HCHR，June 17，2016.

Stoltenberg's 2nd Government Publisher Ministry of Finance："Two companies-
Wal-Mart and Freeport are being excluded from the Norwegian Government Pension Fund
Global's investment universe". 2006，https：//www. regjeringen. no/en/historical-
archive/Stoltenbergs － 2nd-Government/Ministry-of-Finance/Nyheter-og-pressemelding
er/pressemeldinger/2006/two-companies—wal-mart-and-freeport—/id104396/.